ensaios fundamentais

**artes visuais**

Sergio Cohn (Org.)

Azougue Editorial
2010

Coordenação editorial
**Amélia Cohn e Sergio Cohn**

Projeto gráfico e capa
**Carolina Noury**

Equipe Azougue
**Carolina Noury, Eduardo Coelho, Elisa Ramone, Evelyn Rocha, Filipe Gonçalves, Giselle Andrade, Ingrid Vieira, Ismar Tireli, Karina Lopes, Larissa Ribeiro, Lilian Diehl, Luana Maria e Marta Lozano**

Revisão
**Eduardo Coelho e Evelyn Rocha**

CIP-BRASIL. CATALOGAÇÃO-NA-FONTE
SINDICATO NACIONAL DOS EDITORES DE LIVROS, RJ
E52

    Ensaios fundamentais : artes plásticas / Sergio Cohn (Org.). - Rio de Janeiro : Beco do Azougue, 2010.

    Inclui bibliografia
    ISBN 978-85-7920-041-0

    1. Crítica de arte - Brasil. 2. Arte - Brasil. 3. Críticos de arte - Brasil. 4. Artistas - Brasil. I. Cohn, Sergio, 1974-.

10-4037.           CDD: 701.18
                   CDU: 7.072.3

13.08.10  26.08.10
020971

[ 2010 ]
Beco do Azougue Editorial Ltda.
Rua Jardim Botânico, 674 sala 605
CEP 22461-000 - Rio de Janeiro - RJ
Tel/fax 55_21_2259-7712

**www.azougue.com.br**
azougue - mais que uma editora, um pacto com a cultura

Apresentação

Ensaios fundamentais: é exatamente disso que se trata. Escritos que imprimiram seu timbre na criação e no debate quando publicados e depois persistiram como documentos de época e, sobretudo, como fontes de referências sempre renovadas. Não estamos falando de grandes tratados, mas sim de textos que conseguiram reunir num todo integrado a concisão da forma e a liberdade do pensamento. Ensaios, enfim. São escritos desse tipo, produzidos no Brasil em todos os campos da reflexão e do debate, que compõem a coleção que aqui se apresenta. Iremos buscá-los nos diversos domínios da arte, nas ciências e nas técnicas, na filosofia; enfim, onde quer que apareçam, da arquitetura à zoologia. Retomar a reflexão, os argumentos, as polêmicas de ontem e de agora para projetar seus desafios no futuro. Preservar e tornar acessível aquilo que se ia tornando remoto e no entanto importa, agora e sempre, na busca de fundamentos para o pensamento e a ação. E, também, afastar o risco de sempre reinventar a roda, ou de se esquecer de peças básicas da sua construção. Eis o nosso programa.

*

Os editores agradecem os ensaístas e seus representantes legais pela gentil autorização de reprodução dos textos.

Foi muito simpática e oportuna a iniciativa do Museu Lasar Segall, abrindo as suas portas para um ciclo de exposições da pintura brasileira contemporânea. A primeira mostra, dedicada aos precursores, reúne obras de Belmiro de Almeida, Eliseu D'Angelo Visconti e Artur Timóteo da Costa, pintores atuantes no momento em que ocorreu a exposição de Anita Malfatti e, a seguir, a grande virada modernista. A intenção dos organizadores foi, naturalmente, sugerir ao visitante que os olhasse tendo em mente essa reformulação da arte, e procurando vislumbrar neles certos traços do futuro.

Devemos aceitar a deixa, que é justa. Mas não conseguimos esquecer o passado, ao qual eles se ligam de modo muito mais profundo; e sentimos quase a necessidade prévia de pensar nos pintores que, embora mais plenamente acadêmicos do que eles, apresentam elementos renovadores em relação ao seu tempo. E que, portanto, seriam uma espécie de precursores destes precursores. Abramos um parêntese para eles.[1]

Para começar, Almeida Júnior, cujos quadros principais se acham expostos na pinacoteca do estado. Não é possível entender bem a pintura brasileira anterior ao modernismo sem uma referência à sua atuação, que ajudou a suprimir a monumentalidade das obras, a renovar os assuntos e as personagens, a vincular organicamente

---

1 As duas análises desenvolvidas na primeira parte deste estudo, a de Almeida Júnior e de Jorge Grimm, foram inspiradas diretamente nas ideias expostas por Ernest Gombrich em *Art and Ilusion*. Segundo o eminente historiador e crítico de arte é impossível recuperar a "inocência do olho", como queriam Ruskin e os impressionistas, pois as coisas jamais aparecem a um olho virgem, isento de "hábitos conceituais".
Ver é sempre um aprendizado, através do qual estabelecemos uma relação menos com a natureza que com os esquemas perceptivos anteriores. Mesmo na arte chamada naturalista o artista não transpõe para a tela o resultado neutro e objetivo de sua análise do mundo exterior, mas aplica à análise do real os esquemas perceptivos que herdou da tradição.
Deste modo, a história do gosto se apresenta como "a história das preferências", como a história das "diversas escolhas efetuadas entre certas alternativas", em situações determinadas. A segunda parte desta análise foi publicada no mesmo ano no jornal *Última Hora*. Por iniciativa da redação foram feitos cortes, introduzidos subtítulos e alterada a ordem da matéria – o que importou em deformação de alguns dos meus pontos de vista.

as figuras ao ambiente e talvez reformular o tratamento da luz. É com ele que ingressa pela primeira vez na pintura o homem brasileiro.

O seu mérito principal não deriva de ter pintado o caipira. Apreendido por uma observação convencional, este teria se transformado apenas num figurante a mais da nossa pintura, como é de certo modo o índio dos cronistas, o negro dos viajantes estrangeiros e a Iracema que em 1884 José Maria Medeiros põe numa praia bucólica em postura de ninfa. Coube a Almeida Júnior surpreender a verdade profunda de uma nova personagem; não apenas a aparência externa, os traços do rosto ou a maneira peculiar de se vestir, mas a dinâmica dos gestos – aquilo, enfim, que Marcel Mauss descreveu com tanta perspicácia num ensaio célebre, designado como "As técnicas do corpo". Essa acuidade de observação já reponta numa tela de mocidade como *O derrubador*. Pintada em Paris em 1871, trai, na presença do rochedo a concepção grandiosa do realismo; mas nos demais elementos, nos coqueiros, na natureza tropical do pequeno trecho de paisagem, nas feições mestiças da figura, exprime a nostalgia da pátria distante. É nosso, sobretudo, o jeito do homem se apoiar no instrumento, sentar-se, segurar o cigarro entre os dedos, manifestar no corpo largado a impressão de força cansada, a que Cândido Portinari parece não ter sido insensível.

Nas telas posteriores, principalmente as pintadas a partir de 1980, Almeida Júnior aprofunda a análise do comportamento corporal do homem do campo. Apreende a sua maneira canhestra de caminhar, sem nobreza, mantendo os joelhos meio dobrados enquanto apoia os pés no chão. Fixa-o em várias posições e nas diversas tarefas diárias, amolando o machado, arreiando o cavalo, empunhando a espingarda, picando fumo; ou nas horas de folga ponteando a viola. Surpreende-o na caça, acocorado e à espreita ou olhando de banda e esgueirando-se cautelosamente entre os arbustos, enquanto com a mão livre pede cautela ao companheiro.

Almeida Júnior empreende sozinho e sem precursores esta notação milagrosa do gesto, lutando contra as reminiscências artísticas, que lhe impunham, a cada momento a postura europeia civilizada – nos painéis sacros, nos históricos, nos quadros de gênero, nas composições alegóricas como nas realistas, na representação do povo como na das classes altas. Os próprios cronistas, tão atentos ao registrar os traços da cultura material dos índios, fracassam quando procuram lhes apreender os gestos. Os índios representados nas gravuras dos livros de Thévet, Léry, Hans Staden têm não só a mesma constituição física das personagens mitológicas das gravuras do Renascimento, como a mesma desenvoltura heroica. Se compararmos a sua maneira de empunhar o arco e a flecha com as registradas em nossos dias pelas fotografias dos etnógrafos, veremos que ela não deriva de uma observação fiel da realidade. Supondo reproduzir o que viam, os cronistas transpunham na verdade para a selva brasileira certos esquemas tradicionais que lhes pareciam "um ponto de partida bem mais verossímil". Uma gravura como a de Bandinelli, *O combate da razão e do amor*, por exemplo, pode ter servido de mediação entre o artista e a realidade insólita que tinha diante dos olhos – pois as posturas de Eros ou Cupido nas representações alegóricas do Amor (como a que estamos citando) lhes eram bem mais familiares que as poses guerreiras dos selvícolas, rudes e vulgares para um olhar europeu.

Por essas razões, não se deve procurar nos cronistas, ou nos viajantes estrangeiros um registro digno de fé das técnicas de corpo do brasileiro. Para que a representação artística se desvencilhasse, nesse particular, dos esquemas e preconceitos vigentes que lhe orientavam a visão, foi necessário que se estabelecesse um vínculo profundo entre o artista e a realidade nova do país. Isto só vai se dar a partir de Almeida Júnior, que teve o privilégio de moldar a sua personalidade forte na província, longe da influência da Corte. Quando em 1869 ingressa na Academia Imperial das Belas Artes do Rio de Janeiro para ser aluno de Vítor Meireles, ou mais tarde em Paris quando frequenta os cursos de Cabanel, já havia incorporado à sua visão do mundo a verdade dos gestos de sua gente. Nada o fará esquecer – nem a estadia na Europa – a experiência de menino de fazenda do interior paulista, que se gravara na memória de seu corpo e através da qual irá revitalizar a arte do Brasil.

Quanto à propalada invenção da luz brasileira, que um setor da crítica moderna lhe atribui, deve ser aceita com reserva e a meu ver deriva de outras fontes. De duas pelo menos: da doutrinação feita por Gonzaga Duque em suas crônicas, a favor do clareamento da paleta, e da influência decisiva exercida entre nós pelo ensino de Jorge Grimm. Acho que é do encontro desses dois fatores que se deve datar a nova relação do pintor brasileiro com a paisagem, a implantação de um esquema perceptivo inovador que, muito antes do impressionismo, já se havia difundido na França por intermédio da estética do *ar livre*.

Jorge Grimm chega ao Brasil em 1874. Em 1882 realiza no Museu Imperial das Artes e Ofícios uma grande exposição onde exibe 105 telas. São impressões dos vários lugares que percorreu antes de aportar aqui: Roma, Capri, Gênova, Florença, Túnis, Constantinopla; estudos da África, do Egito, de Portugal e mesmo do Brasil. Referindo-se ao acontecimento, Gonzaga Duque comenta num artigo transcrito mais tarde em *A arte brasileira*: *A natureza dos países em que Jorge Grimm esteve nos aparecia irradiante de luz e de cor, diante dos nossos olhos vadios, acostumados às tintas pálidas, anêmicas, miseravelmente doentias da maior parte de nossos pai-*

*sagistas*. Portanto, a visão de uma natureza colorida e iluminada não foi sugerida ao artista pela paisagem do país que ele mal conhecia, pois visitava pela primeira vez; nem pelos demais lugares por onde andou, que eram muito diversos entre si, como atmosfera e qualidade da luz. Essa visão, Grimm já trazia da Europa e não era um dado da observação – era um esquema cultural, um modo particular de ver o mundo, um saber enfim. Difundido na França pelos pintores de Barbizon, havia antecedido a sistematização dos impressionistas, preparando o terreno para as inovações mais radicais.

Foi esse esquema, importado e europeu, que Jorge Grimm implantou entre nós de 1882 a 1884, quando lecionou na Academia Imperial de Belas Artes. É bem possível que com o tempo e o contato com a luz ofuscante do Brasil, ele se haja transformado, exacerbando-se ainda mais.

Teria o ensino do professor alemão e os resultados obtidos pelos alunos, que trabalhavam com ele ao ar livre, influído na crítica de Gonzaga Duque? É possível. O certo é que fazendo bem mais tarde o comentário de uma exposição de Batista da Costa – aluno de outros mestres – louva a paleta do pintor, "fértil em vivos tons tropicais", a diversidade muito rica dos seus verdes e o emprego do amarelo: *Ah! os seus verdes são belos! estendem-se em todas as nuanças, desdobram-se orquestralmente em toda a variedade da sua gama. Da composição dos verdes participam largamente os amarelos, com que joga habilmente. O amarelo é uma tinta que domina a nossa paisagem, mistura-se em quase todos os meios-tons luminosos, expande-se vitoriosa nos claros rasgados pelo sol. Onde há luz há amarelo. É a diluição do sol [...] Também claros e intensos saem da sua paleta os vermelhos e os azuis, que se combinam em gradações sutis, e dão os recursos imitadores da imensa tinturaria da Natureza.* Na crônica "Paisagens", incluída no livro *Os contemporâneos* e dedicada à segunda exposição de Roberto Mendes, será ainda mais explícito e elogia a persistência do artista em fixar a luz tropical, comentando que "para conseguir a reprodução dessa luz, não basta a convivência dalgumas horas com a Natureza", é preciso "assisti-la cotidianamente". Só assim ele *terá o que deseja, porque ficará senhor das minudências do colorido, decomporá os efeitos do natural para compor os da imitação, poderá por conhecimentos próprios da influência dos raios solares sobre tais e tais cores estabelecer a aproximação dos seus tons, fundir os pormenores do ponto estudado em uma síntese estética do motivo, que é o quadro [...].* E termina: *Atendidos os valores pela decomposição dos raios solares na paisagem, obtido (sic) por isso as suas complementares, retido (sic) os dois ambientes, que tanto preocuparam Claude Monet na luz europeia, um formado pela iluminação solar, outro pela reverberação do objeto iluminado, o conjunto estará conseguido.*

Não cabe analisar aqui todas as implicações contidas neste trecho curioso; basta sublinhar que Gonzaga Duque está teorizando sobre a pintura, apoiado com bastante conhecimento de causa na estética do impressionismo. Baseada em mais este argumento, levanto a seguinte hipótese, sujeita é claro a verificações: no espaço que medeia entre a chegada ao Brasil de Jorge Grimm, em 1874, e a crônica de Gonzaga Duque sobre Roberto Mendes, em 1907, dá-se a divulgação entre nós de uma nova estética, segundo duas etapas distintas. Num primeiro momento, teríamos o ensino e a prática do *ar livre* com a imposição de uma nova sensibilidade cromática, devidos a Jorge Grimm; no segundo momento, a análise e a teoria da decomposição da cor pelos raios solares, propostas por Gonzaga Duque. É no contexto dessas ideias que se deveria estudar a produção dos discípulos do mestre alemão – Castagneto, Parreiras, Caron, Garcia y Vasques – para em seguida avaliar se auxiliaram, efetivamente, o estabelecimento de uma nova concepção de paisagem brasileira. Pois só o estudo das obras poderá decidir se o universo cromático que elas exprimem corresponde ao que supunha – ou desejava encontrar nelas – o olhar de Gonzaga Duque, enfastiado com a cor local, o claro-escuro, o apelo aos tons frios e a técnica do enevoamento da paisagem tradicional. Aí está uma indagação que cabe à crítica pesquisar.

Restaria discutir a contribuição de Almeida Júnior no que diz respeito à luz. A crítica está de acordo quando o aponta como marco divisório incontestável da pintura de cunho brasileiro, mas diverge quando se trata de situar onde, precisamente, se teria processado a inovação. Isto é, a reformulação que provocou no código se deu no nível dos temas, instaurando na pintura um certo regionalismo, ou no nível da notação cromática e luminosa, transpondo para a tela a tão propalada luz brasileira? Haveria, no entanto, a possibilidade de uma outra hipótese. – Almeida Júnior não inventou uma luz tipicamente nossa, pela simples razão já apontada, que a chamada luz brasileira não é um dado que deriva da observação, mas um esquema cultural importado. O que realizou, na esteira não dos impressionistas, como se tem dito, mas dos pintores acadêmicos secundários, foi uma acomodação entre dois sistemas diversos de notação, que coexistiam na mesma época na Europa; um inovador, outro retrógrado, adaptando-os à realidade brasileira.

Com efeito, certos pintores acadêmicos de cunho "pitoresco" cujas obras Almeida Júnior poderia ter visto na França, no decênio de 1880 – Jules Breton, Troyon, Rosa Bonheur, entre outros – apesar de alheios ao impressionismo, já vinham adotando alguns elementos parecidos com os preconizados pela sua estética, sobretudo quando, nas telas ainda convencionais, desejavam dar a impressão de ar livre.

Conservavam o código acadêmico em alguns elementos, no desenho, na composição, no modelado, no ilusionismo do volume, mas substituíam a luz atenuada por uma luz mais franca, solar, amarelecida, que esfarinhava um pouco os contornos e realçava as cores. Foi uma solução desse gênero, europeia e ambígua – pois a cavaleiro de dois sistemas de notação – que Almeida Júnior deve ter achado adequada para solucionar, sem causar rupturas violentas com a tradição, o problema da luz tropical. Isso explicaria certos parentescos insólitos, mas que intrigam bastante, entre a luz de *Caipira picando fumo*, *Amolação interrompida* e mesmo *A partida da monção*, e a luz de um quadro como *Caim fugindo à ira de Deus*, de Cormon, acadêmico empedernido, mas incorporando francamente as cores vivas postas em voga pelo impressionismo. Nesta perspectiva, e quanto à notação da luz, Almeida Júnior surgiria menos como um inovador do que como um pintor tradicional, que teria sofrido a influência do impressionismo indiretamente, através dos acadêmicos secundários e ajeitara esse sistema híbrido à luminosidade do país.

Para discutir melhor todos esses problemas, muito complexos, é que achei oportuno completar mentalmente a excelente exposição do Museu Lasar Segall com a evocação dos paisagistas e da fase *regionalista* de Almeida Júnior.

II

Feito este longo parêntese, que contém mais perguntas que respostas, retornemos à exposição, isto é, a Belmiro de Almeida, Eliseu Visconti e Artur Timóteo da Costa.

Os três pintores não gozam do mesmo prestígio e, dentre eles, apenas Eliseu foi sempre muito cotado junto ao público médio da burguesia. De certo modo foi o último pintor oficial anterior a 1922 e o seu nome está ligado a uma série de encomendas governamentais, entre elas a decoração do Teatro Municipal e da Biblioteca Nacional. A consagração da burguesia e do governo talvez tenham afastado da sua pintura a simpatia dos modernistas, que ao fazerem na época o balanço da arte brasileira, não tentam nenhuma avaliação da sua obra, nem mesmo para depois rejeitá-la, como Mário de Andrade fizera com os parnasianos em "Mestres do passado". Para o nacionalismo do programa da Semana, sobretudo de Mário, que era o mais consequente teórico de arte do período, Eliseu Visconti era um retardatário e um europeu, devendo portanto representar, na pintura, um pouco do que Henrique Oswald representava na música: um artista digno de admiração pela seriedade profissional com que dominava os seus meios expressivos, mas "teoricamente um inimigo". Dos críticos ligados ao modernismo, apenas Mário Pedrosa o focaliza com simpatia, fazendo datar de suas telas, a meu ver erroneamente, o início da nova paisagem do

Brasil. Nos últimos tempos se deve a Flávio Mota muito da reabilitação do pintor.

Os quadros expostos são numerosos e cobrem um período amplo, fazendo de Eliseu Visconti o artista mais bem representado da mostra. Através deles é possível apreender as suas características básicas, que são domínio técnico, erudição, versatilidade, elegância e mesmo certo pendor decadente. Desde o início da carreira Eliseu foi um excelente pintor. O autorretrato de mocidade já revela as qualidades raras do retratista, o domínio do claro-escuro e a sensibilidade linear no belo ritmo sinuoso que une o desenho da barba ao sombreado do pescoço. É bem sua a maneira de colocar o rosto na tela numa torsão acentuada, equilibrando o movimento do pescoço com a direção em sentido oposto do olhar – cuja expressão é em geral muito intensa. Nos retratos posteriores – autorretrato no jardim, retrato do filho – conservará aproximadamente a mesma solução, pendendo a cabeça para trás.

No entanto, apesar de excelente pintor, Eliseu Visconti não é um artista de personalidade muito definida. Quando, como um impressionista tardio, chega ao apogeu do domínio artesanal, a escola a que se filiara mais de perto havia completado o seu ciclo e a arte atravessava um período de grande renovação. Sua trajetória reflete as tendências diversas que vai cruzando pelo caminho e às vezes incorpora à pintura – o pontilhismo, o simbolismo, o linearismo *art nouveau*, o pré-rafaelismo. Era natural que a sua obra acabasse se ressentindo dessa disponibilidade estilística e que as direções contraditórias marcassem as fases cronológicas diferentes de sua evolução. Mas algumas vezes as tendências conflitantes coexistem na mesma tela, ameaçando a sua unidade geral.

Nesta mostra, duas telas, pelo menos, parecem correr esse risco. A primeira é *A família*, quadro muito bonito que, à primeira vista, surpreende pela virtuosidade. O tratamento das vestimentas, a colocação admirável das figuras no espaço, sobretudo a frontalidade da menina, lembram demais Renoir. No entanto, se atentarmos bem na fatura, percebemos que a realização do rosto não é impressionista; o modelado se prende antes aos ensinamentos da academia, é unido, esmaltado, obtido através das gradações sutilíssimas do rosa. Eliseu não usou a pincelada partida, nem decompôs as cores usando as complementares; pintou segundo as regras tradicionais, limitando-se a estender *por cima* da tela já trabalhada uma poalha de pontos multicores, numa técnica que seria antes de Seurat. Estamos bem longe do crepitar incessante de luz e sombra dos quadros de Monet ou da luminosidade epidérmica, porejada dos quadros de Renoir.

*A casa do pintor em Santa Teresa* repete a mesma indecisão estilística. A parte esquerda da tela é admirável e os planos se organizam numa dosagem perfeita de sombra e luz, volumes e atmosfera. A vegetação é tratada com uma pincelada curta e vibrante e o esquema cromático é muito suave. No entanto, do lado direito da tela, Visconti não soube equilibrar os elementos estruturais (a casa e o muro) e a matéria mais leve dos verdes. O espaço resultou compartimentado em demasia, contrastando vivamente com a concepção fluida da outra metade. Tem-se a impressão que a moldura enfeixou duas telas diferentes, uma mais próxima de Sisley, outra de Cézanne.

A tensão entre duas inclinações diversas, uma objetiva e colorística assentada no impressionismo e outra subjetiva e linear, aparentando-se ao simbolismo, podem no entanto se harmonizar. É o caso de *Moça no trigal*, obra encantadora. As duas figurinhas que aparecem à direita e ao alto são quase uma citação das meninas mergulhadas no capim que Renoir representou em *Chemim Montant dans les hautes herbes*. Mas o recolhimento da figura, a delicadeza etérea das pinceladas longas nas hastes do trigo, o ramalhete de flores silvestres, apontam para o japonesismo ornamental da época. No entanto a tela tem estilo e unidade.

Característica do período simbolista é *A crisálida*, uma das obras mais fascinantes da mostra. O quadro não tem data, mas o assunto, a preocupação com a luz, com a linha, o decorativismo oriental, traem as tendências *art nouveau* e a situam bem no início do século. O jogo dos três planos é requintado: a bordadura das árvores separa com a sua renda de sombras chinesas o primeiro plano mergulhado na penumbra do segundo plano, cruamente iluminado. Toda a luminosidade se concentra na réstia de sol onde surgem estruturadas e calcárias as casas, e logo mais a linha seca do mar. Ofuscado pela claridade, o observador fora da tela mal consegue divisar a personagem do primeiro plano, que submerge indistinta na sombra úmida e misteriosa das folhagens.

Em *Recanto do morro de Santo Antônio*, tela mais recente e regida por um princípio tão diverso, Eliseu Visconti repete, curiosamente, o mesmo esquema cromático do quadro anterior, que parecia ter sido emprestado a um vaso de Gallé: o vermelho acobreado se opõe aos verdes escurecidos, as tonalidades são profundas e os contrastes menos estridentes que os utilizados pelos impressionistas. Não há mais oposição entre figura e fundo e a tela inteira é entretecida gravemente de luz e sombra.

À medida que alcança o pleno domínio de seus meios expressivos, o pintor abandona as características rítmicas e ornamentais do período simbolista. A visão interior cede lugar à necessidade de estruturar picturalmente a tela e a pincelada se torna mais larga, mais incorporada. No *Retrato do filho*, no *Autorretrato* da velhice, já não há mais predomínio do desenho e o óleo é trabalhado com um vigor que se diria expressionista, se sob as cores agressivas palpitasse um pouco mais de tormento.

Dos pintores presentes à exposição, é Belmiro de Almeida que tem sido analisado pela crítica com maior interesse. Aracy Amaral, em *Artes plásticas na Semana de 22*, já o havia situado como precursor, referindo-se à modernidade de suas telas *Dampierre* e *Mulher em círculos*, ambas da coleção de José Paulo Moreira da Fonseca. Mal representado nesta mostra, Belmiro se faz, porém, notar num grande quadro, *Retrato de senhora*.

A lição que está por trás desta obra admirável é ainda a do impressionismo. A colocação do rosto na tela, no entanto, é de todos os tempos. Corresponde à tradição retratística comemorativa, à "representação numismática do perfil" de que fala Longhi e que ocorre desde o Quatrocento. Esta variante apresenta alguma afinidade com o retrato de Irma Blumer, de Manet, ao reter a delicadeza do perfil entre as duas massas poderosas do chapéu e do corpete.

Apesar de discreto e bem educado, o *Retrato de senhora* é particularmente inovador, sobretudo levando-se em conta o acanhado meio artístico brasileiro. Se o compararmos com outra tela de Belmiro também exposta, o *Retrato de Palmira de Almeida*, feito em 1887, este parece correto mas sem garra. A pose do modelo é seca, o corpete foi trabalhado com uma pincelada hirta e a figura é tragada pelo fundo, se apagando na monotonia dos castanhos. Dois anos mais tarde o artista retoma a solução de maneira inspirada. Conserva o rosto de perfil, mas gira o torso na direção do espectador, conseguindo uma pose muito mais graciosa e flexível; reaviva intensamente o esquema cromático, opondo o rosa da epiderme ao azul radioso do vestido. Mas sobretudo, inventa um novo modelado.

No primeiro retrato, havia recoberto com o óleo, de maneira uniforme, tanto as zonas de luz como as zonas de sombra; no segundo retrato, trabalha uma e outra de modo diverso. Depois de espalhar uma camada de base pelo trecho que tem de colorir, pinta apenas as zonas iluminadas, deixando que nas outras a sombra se defina por uma espécie de ausência de tinta, de silêncio da cor.

É no tratamento do rosto e das pregas do corpete que se pode observar melhor este processo. Ao pintar a epiderme, de um rosa radiante e luminoso, tem-se a impressão que Belmiro optou por uma solução sem claro-escuro, como Manet havia feito com o rosto de Olímpia. Mas atentando melhor, vê-se que o rosto da mulher não só existe como volume, mas foi tratado em relevo, dando a ilusão da terceira dimensão. O óleo se acumula nos pontos mais salientes que retêm a luz: nas maçãs da face, no queixo, na ponta do nariz, no lóbulo da orelha – para escassear no contorno do perfil, no desenho dos lábios, na linha divisória entre o pescoço e a face, na região da nuca. A mesma técnica é utilizada na fatura impecável do corpete, onde o azul intenso e iluminado do tecido alteia nas pregas do busto, opondo-se às zonas de sombra das dobras. Estas, mal recobertas pela tinta, subtraem-se opacas, absorvendo a luz e produzindo um efeito quase ilusionista de baixo relevo. Seurat já havia usado o mesmo processo em seus desenhos inigualáveis, mas visando resultados opostos: para determinar as zonas densas de sombra, cobria violentamente toda a superfície, deixando nas zonas de luz emergir fervilhante o grão grosso do papel Michallet, mal resvalado pela ponta macia e oleosa do lápis Conté.

O retrato da menina não apresenta interesse, mas há na exposição um bonito estudo a aquarela e duas amostras do talento de caricaturista de Belmiro de Almeida.

Esta última faceta de sua personalidade merece uma ligeira referência. A caricatura foi uma constante na sua realização plástica e Belmiro deve a ela grande parte do prestígio que desfrutou em vida. É provável que o exercício cotidiano da sátira lhe tenha aguçado o senso de observação, alertando-o para o ridículo das pessoas e das situações e minando o convencionalismo da formação acadêmica, que nele era rigorosa, como atestam seus quadros muito bem pintados. O hábito de desmistificar os costumes, as convenções, as verdades estabelecidas, deve ter abalado um pouco a crença num ideal absoluto de beleza. Por isso, talvez lhe tenha sido mais fácil que os companheiros de geração aceitar a novidade e incorporá-la ao seu universo expressivo. Isso explicaria experiências como as que realizou nos dois quadros citados da coleção de José Paulo Moreira da Fonseca e o tom peculiar de uma tela como *Arrufos*, do Museu Nacional. Pois o que faz com que esta obra, de rigorosa fatura acadêmica, não naufrague no anedótico e no convencional é o tom docemente irônico com que a cena é focalizada. A *pruderie* da crítica a tomou sempre como uma disputa conjugal, mas na verdade ela representa a introdução revolucionária na pintura da época do tema do adultério, tão explorado pelo *vaudeville*, pelo folhetim e pela caricatura de costumes.

Menos conhecido que seus companheiros de exposição, Artur Timóteo da Costa surge no entanto, nesta mostra, como o pintor de personalidade mais definida. Se Eliseu Visconti é de certo modo um eclético e Belmiro um experimentador, Timóteo da Costa só consegue exprimir a si próprio. Também encontramos nele as marcas do neo-impressionismo, sobretudo em *Passeio Público do Rio de Janeiro*, quadro muito curioso como cor, envolto num mormaço pesado e amarelo, que deveria ter feito o encanto de Gonzaga Duque. A tendência a retrabalhar a matéria, depois da tela pintada, aprisionando as formas numa esteira ou achamalotando-a em círculos concêntricos, como se golpeasse a tinta ainda fresca com um pincel grande e seco (numa técnica semelhante à dos pintores de parede) se revela em duas telas e parece um cacoete nervoso, neste candidato à loucura.

As obras que o representam traduzem um temperamento vigoroso, servido às vezes por uma pincelada rude, fulminante. As duas paisagens expostas são construídas com um grande senso de economia. Indiferente à análise dos detalhes, o pintor reduz o mundo exterior a um equilíbrio de verticais e horizontais, de volumes, ritmos, alternâncias de zonas de luz e zonas de sombra. O sentimento que tem da paisagem não é retórico e sim profundamente impregnado de dramaticidade. Uma tela como *Paisagem do Rio de Janeiro*, apesar do título, parece completamente alheia a qualquer intenção de fidelidade ao real; através do contraste admirável do primeiro plano violáceo e do segundo, tão poderoso como a luz e matéria, o que se apreende é apenas a alma atormentada do artista. Não creio que existam na época, no Brasil, muitos exemplos semelhantes do uso expressivo da cor.

A exposição apresenta três retratos de sua autoria, todos dignos de exame. O mais convencional é o *Retrato de uma pintora*, de bela fatura, muito equilibrado na sua composição triangular, onde sobressai a pincelada certeira que define a gola da capa. É com a mesma precisão que no *Retrato do pintor A. Bracet* executa o toque luminoso do colarinho e dispõe as zonas de luz e de sombra. *A Dama de verde* enfeixa, com grande felicidade de realização, o conjunto de suas qualidades, isto é, o domínio do claro-escuro, a sensibilidade de colorista e o senso estrutural.

São ainda de Timóteo da Costa o pior e o melhor quadro da exposição. O primeiro é *O idílio*, onde tudo é ruim, o desenho dos nus, a cor, o assunto, a concepção ingênua de uma felicidade paradisíaca, expressa sobretudo no emblema dos cisnes que nadam entrelaçados.

O quadro mais importante é *A forja*. A crítica assinala o fato de Artur Timóteo ter trabalhado na Casa da Moeda, onde juntamente com o irmão João Timóteo, também pintor, desenhou selos e moedas. Mas esse dado biográfico não parece suficiente para explicar a introdução do tema do operário, no elenco de assuntos surrados da pintura brasileira do período. A tela é de 1911 – momento em que o pintor realizou *Interior*, quadrinho também exposto na mostra e cheio de interesse. A essa altura, já tinha se difundido na Europa o tema do operário, sobretudo nos países atingidos pelo impacto da Revolução Industrial. Celebrado pelo romance, o assunto ainda era pouco comum na pintura, onde se firma com o cubismo, para generalizar-se com o expressionismo.

O quadro de Timóteo da Costa não é surpreendente apenas por representar o operário, mas por focalizá-lo na sua dura labuta e pelo tratamento expressivo que dá aos vários elementos que o compõem. No grande espaço da forja veem-se dois homens, desrelacionados entre si mas fundidos, cada um de seu lado, às peças mecânicas da oficina. O da direita desaparece na sombra, meio soterrado pela enorme engrenagem, o da esquerda nos dá as costas e é maciço e escultório como uma figura de Millet. O olhar do observador penetra na tela pela mancha luminosa de sua camiseta, segue pelo braço musculoso, gira na manivela à sua frente, alcança o círculo de luz e depois cruza o grande espaço vazio, da esquerda para a direita, seguindo a diagonal levemente flexionada das polias. Impulsionados pelo colorido os olhos acompanham o esplendor cromático crescente, que passa do vermelho ao azul, para explodir no topo, na luminosidade ofuscante do amarelo. Na grande tela não há vestígio de desenho e tudo contribui para a expressão dramática do todo: o assunto, a composição, o peso dos volumes, a cor, as linhas de força, a pincelada. Esta ressurge, num dos momentos mais inspirados de Artur Timóteo da Costa, vigorosa e precisa na tensão muscular do pescoço, no braço estendido e na mão do operário; leve e transparente, na admirável massa cromática do fundo. Não tenho receio de afirmar que este é o quadro mais importante da mostra.

A notável exposição do Museu Lasar Segall veio demonstrar a existência no Brasil de uma pintura de origem acadêmica que, presa aos preceitos das escolas de belas artes daqui e da Europa, apresenta no entanto muitos elementos de interesse. A análise mesmo superficial das obras do período revela que um princípio vago de renovação pairava no ar e penetrava de maneira desordenada e esporádica nas telas. A brusca explosão da Semana de Arte Moderna de 1922, atualizando do dia para a noite a pesquisa artística e implantando uma estética normativa como o nacionalismo, impediu durante algumas dezenas de anos que se divisassem no passado recente esses elementos esparsos de modernidade. Cabe ao crítico de hoje, livre das paixões, reexaminá-los à luz de outra perspectiva.

Do modernismo à abstração
(1910-1950)
*Aracy Amaral*

Era demasiado provinciano o ambiente artístico de São Paulo, em 1913, quando o pintor russo Lasar Segall expôs obras que evidenciavam um expressionismo que seria desenvolvido pelo artista a partir da Primeira Guerra Mundial. Por essa razão sua exposição não suscitou nenhuma reação. No entanto, Oswald de Andrade regressou nesse mesmo ano da Europa, com a novidade do Manifesto Futurista de Marinetti, e iniciou uma campanha a favor da renovação artística. Contrariamente ao que se pensava até pouco tempo atrás, a segunda década de nosso século [xx] chegou a ser, no Brasil, uma das mais agitadas no plano das ideias, sobretudo no eixo São Paulo – Rio.

A Primeira Guerra Mundial parece ter sido um poderoso catalisador que gerou novas situações e atitudes. A industrialização, todavia incipiente em São Paulo no começo do século, se desenvolveu impulsionada pelo comércio com os grandes centros produtores do exterior, e o estado paulista começou a viver uma grande euforia desenvolvimentista. Ao mesmo tempo a guerra aumentou o sentimento nacionalista. Em 1915, intelectuais e poetas foram à estação de trem de São Paulo receber o poeta Olavo Bilac, que vinha do Rio de Janeiro para dar uma série de conferências como marco de uma campanha a favor do serviço militar obrigatório. Durante esta década o cinema brasileiro realizaria também uma série de produções dedicadas a exaltar temas patrióticos ou retomando histórias baseadas em temas indígenas. Se na literatura surge o regionalismo – cujo exemplo amplamente difundido é *Juca Mulato* (1917), de Menotti del Picchia –, na arquitetura, o arquiteto português Ricardo Severo lança em São Paulo o estilo neocolonial, com a intenção, segundo ele, de voltar às nossas tradições coloniais de origem lusitana, em contraposição ao ecletismo exacerbado vigente nas grandes residências paulistas e ao neoclassicismo dos novos edifícios públicos.

Nesses anos, a população do estado de São Paulo aumentava com a chegada de milhares de imigrantes, italianos em sua maioria. Daí a origem peninsular dos movimentos operários anarquistas da cidade. A primeira grande greve geral de 1917 em São Paulo significou um marco na luta dos trabalhadores por suas reivindicações.

Procedente dos Estados Unidos, onde viveu o efervescente meio artístico nova-iorquino da Primeira Guerra Mundial, Anita Malfatti, que havia estudado antes em Berlim, estava em dia com relação aos últimos movimentos internacionais. Em seu regresso ao Brasil, em 1917, sua pintura era decididamente *fauve*. Plena de vitalidade. *Homem amarelo* (1915/1916), *Estudante russa* (c. 1915), *O farol de Monhegan* (1915), *A boba* (1915), são telas que, independentemente da época em que foram realizadas, passaram à história da arte do Brasil por qualidade. Em dezembro desse mesmo ano, estimulada por Di Cavalcanti e Oswald de Andrade, realizou uma exposição com as obras que trazia de Nova York. Um artigo reacionário do escritor Monteiro Lobato, publicado no principal jornal de São Paulo, e posteriormente intitulado "Paranoia ou mistificação?", provocou um escândalo na exposição, que ia transcorrendo em ambiente tranquilo. Cancelaram-se várias aquisições e a jovem artista, sem apoio familiar, foi defendida na imprensa por Oswald de Andrade, enquanto Mário de Andrade escrevia um soneto em sua homenagem. A agitação produzida por esse escândalo incitou os artistas renovadores a reunirem-se. Junto a Di Cavalcanti, que estudava direito em São Paulo e fazia também ilustrações e caricaturas para sobreviver, se formaria um grupo com Oswald, Mário e, de regresso da Itália, Brecheret. A eles se uniriam, pouco depois, Menotti del Picchia, John Graz e Regina Gomide Graz, e escritores como Sérgio Milliet e Rubens Borba de Morais, de volta da Europa. O grupo já era então conhecido como "futurista" ou "modernista", pelas ideias renovadoras que seus membros traziam de suas permanências na Europa. Desse modo, quando em fevereiro de 1922 se realizou em São Paulo a Semana de Arte Moderna, o grupo se achava já formado e contava com adesões de ausentes, como o pintor Rego Monteiro, que havia voltado de Paris, e Brecheret, na capital francesa com uma bolsa do governo do estado de São Paulo.

De 1920 a 1950, o meio artístico brasileiro foi atualizando sua informação em relação à Escola de Paris. Atualmente podemos dizer que o modernismo dos anos 1920 representa a culminação da influência da França, iniciada com a implantação da chamada Missão Francesa, na segunda década do século XIX. Ao mesmo tempo, na década dos anos 1930 e no começo dos anos 1940 pode se assinalar uma importância menor das vanguardas internacionais e uma preocupação maior pelo popular e o social. Somente na última década deste período são dados os primeiros passos que permitirão o surgimento da abstração no país. Até fins da década de 1940, os arquitetos apenas prestavam atenção aos movimentos construtivos europeus. Entre 1949 e 1950, quando apareciam em São Paulo os primeiros ensaios abstrato-geométricos, os artistas estavam com olhos postos no neoplasticismo do holandês Piet Mondrian, mas em 1951, com a I bienal, a atenção se dirige aos concretos da Suíça.

No Rio de Janeiro a origem do movimento abstrato seria diferente. Mário Pedrosa despertaria a atenção pela psicologia da *Gestalt,* e Nise da Silveira, em seu trabalho no Centro Psiquiátrico Nacional Pedro II, no Engenho de Dentro, trabalhava a pintura de alienados, tratando o tema da abstração como uma expansão da personalidade, sem controle racional.

Mas voltemos aos anos 1920. Qual seria a diferença entre esta década com relação aos anos anteriores? Para dizer a verdade, não foi nem o público nem o mercado artístico (quase inexistente), que pouco mudariam. O que faz a diferença é que as novidades que surgiram em fins da década anterior, sobretudo a partir da exposição de Anita Malfatti, chegam agora de maneira mais diversificada nas contribuições dos diversos artistas que haviam estudado em Paris ou que viviam na Europa, como Goeldi, Tarsila, Brecheret, Gomide, Graz, Di Cavalcanti, Ismael Néri, Rego Monteiro, além de Segall, expressionista radicado em São Paulo desde 1924. Esses artistas realizariam exposições individuais nas quais aportariam as últimas informações da Escola de Paris a um meio provinciano como era o das duas grandes cidades brasileiras: Rio de Janeiro e São Paulo.

Em São Paulo, desde a exposição de Anita Malfatti em 1917, se desenvolveu a agitação artística mais intensa dessa década entre os modernistas, grupo de artistas que aspiravam conseguir uma alteração radical, em termos de abertura antiacadêmica, do que fazia então na arte no país.

O grupo, apoiado por jovens literatos e estudiosos, como os poetas Mário de Andrade, Oswald de Andrade, Manuel Bandeira, Menotti del Picchia, Sérgio Milliet, Rubens Borba de Morais, entre outros, tiveram patrocinadores social e financeiramente poderosos, como Paulo Prado, Graça Aranha e, mais tarde, dona Olívia Guedes Penteado. Em fevereiro de 1922, realizaram, no Teatro Municipal de São Paulo, a Semana de Arte Moderna, que provocou escândalo, com um festival que durou três noites, com recitais de poesia e música, exposição de artes plásticas e conferências. O objetivo do grupo (integrado por músicos, poetas, escritores, arquitetos e artistas plásticos) era, segundo definiu Mário de Andrade, lutar pelo "direito permanente da busca estética, a atualização da inteligência artística brasileira, e a estabilização de uma consciência criadora nacional".

Fenômeno importante nesta década de 1920 é o aparecimento do nacionalismo, a partir da Primeira Guerra Mundial, quando o país, com sua indústria nascente, toma consciência de suas novas potencialidades. Além disso, com o motivo das comemorações do Centenário da Independência do Brasil, em 1922, se produz uma aceitação inédita da nossa cultura, e inclusive uma grande curiosidade pela maneira de ser brasileira. Essa atitude é oposta à do século XIX, quando estava implícito o desejo de imitar os comportamentos europeus e se recusavam complexadamente nossas características próprias. Esse novo espírito "nativista" se revelaria com ênfase nas decorações das ruas do Rio de Janeiro, preparadas para a Grande Feira Internacional de 1922. Na música popular, os ritmos afro-brasileiros apareciam agora com grande aceitação e, embora essa afirmação de nossa realidade já tivesse aparecido na literatura com o indianismo do final do século XIX – e também com Euclides da Cunha (*Os sertões*, 1902) e Graça Aranha (*Canaã*, 1902) –, ressurgirá no regionalismo da poesia e da prosa da segunda década. Também apareceu na arquitetura – embora com conotação equivocada, pois se imitava um "colonial" que não era nosso, mas de origem mexicana ou segundo uma fantasia do século XVIII português – o neocolonial, que se opunha aos ecletismos de fim e começo de século.

Portanto, a fonte em que beberam nossos "modernistas" era dupla e contraditória: por um lado, a informação internacional, sobretudo de origem francesa (embora o fundamento da nova pintura *fauve* de Anita Malfatti fosse o expressionismo), e, por outro, um nativismo que se evidenciaria na inspiração e busca de nossas raízes (nos anos 1920 também se iniciam as investigações de nosso folclore). Vicente do Rego Monteiro deixa testemunho dessas preocupações já em suas aquarelas de 1921 e em suas pinturas de toda a década, assim como Tarsila se inspiraria nas cidades do interior de Minas para criar o clima poético-mágico que se desenvolveria em suas pinturas pau-brasil dos anos 1920, baseadas nas lições do cubismo, do mesmo modo que a série antropofágica de 1928 e 1929.

Em Paris, a convivência com músicos, escritores e pintores (Villa-Lobos, Oswald de Andrade, Tarsila, Sérgio Milliet, Di Cavalcanti, Rego Monteiro e Brecheret) e personalidades como Blaise Cendrars – que nessa década esteve três vezes no Brasil –, a proximidade com Léger, Cocteau e Brancusi, entre outros, estimulava vivamente esta primeira geração modernista. Resultado destes contatos seria a esplêndida pintura de Tarsila, em que, nessa década, a preocupação construtiva (influência de seus mestres Lhote, Gleizes e Léger) se unia a uma sensibilidade profundamente brasileira, o que se refletia no calor e na atmosfera de suas telas. Di Cavalcanti também passaria um breve tempo em Paris, onde conheceria as obras cubistas e pós-cubistas, regressando ao Brasil com um vocabulário próprio e seu tema preferido, a mulata brasileira.

O *art déco* influiria substancialmente em vários artistas brasileiros da época, a saber, Tarsila, Brecheret, Ismael Néri, que foi nosso primeiro surrealista, morto prematuramente, assim como Antônio Gomide, John Graz e Regina Gomide Graz, precursores da decoração moderna entre nós. Curiosamente, ao que parece, escaparam ao fascínio dos motivos do *art déco* os artistas que tiveram maior familiaridade com o expressionismo, como Anita Malfatti, Alberto da Veiga Guignard e Flávio de Carvalho.

São Paulo, centro artístico da década, praticamente não teria locais estáveis para que os artistas expusessem suas obras. Os locais eram alugados e as mostras se realizavam irregularmente. O mercado de arte somente oferecia possibilidades aos artistas acadêmicos, e embora os modernistas divulgassem suas ideias em revistas – como *Klaxon* (1922), *Estética* (1925), *Terra Roxa* (1926), *Verde* (1927) e *Revista de Antropofagia* (1928) –, estavam longe de constituir um único núcleo de artistas no Rio de Janeiro e em São Paulo.

Junto aos modernistas, além dos artistas de transição como Eliseu Visconti, Georgina de Albuquerque e Henrique Cavaleiro, no incipiente mercado local triunfavam os acadêmicos consagrados ou mais jovens, como Pedro Alexandrino, Oscar Pereira da Silva, Levino Fânzeres, Antônio Parreiras, entre outros. Por outro lado, desenvolveram intensa atividade, em São Paulo dos anos 1920, artistas que podemos chamar "independentes", não relacionados com os modernistas, quase todos vinculados com a média e alta burguesia – por uma questão de impossibilidade de comunicação entre classes sociais diferentes –, quase sempre autores de uma arte próxima ao impressionismo, sem relação com o academicismo.

Como disse recentemente o gravador Odetto Guersoni, as correntes modernistas e dos artistas independentes correriam paralelas em São Paulo. Seus componentes se aproximariam bastante uns dos outros através das exposições coletivas dos anos 1930, mas se uniriam numa única classe – os artistas contemporâneos –, sem maior preocupação em refletir as vanguardas ou ater-se à pintura como pintura (como nos tempos da Família Artística Paulista dos anos 1930) somente a partir de fins da década de 1940, com a criação dos museus de arte de São Paulo.

Reunidos em salões particulares, debatendo suas posições na imprensa, com mecenas da alta sociedade, o elitismo dos modernistas não passaria inadvertido para os mais sensíveis, como Di Cavalcanti, que expressou sua amargura por esta característica do movimento; como Mário de Andrade, um dos teóricos do movimento e que, em 1928, escrevia que o grupo "vive isolado e amparado apenas na sua própria convicção". Por essa razão, Andrade afirmava que se tratava de uma minoria que constituía *o único setor da nação que faz do problema artístico nacional um caso de preocupação quase exclusiva. Apesar disso, não representa nada da realidade brasileira. Está fora de nosso ritmo social, fora de nossa inconstância econômica, fora da preocupação brasileira. Se esta minoria está aclimatada dentro da realidade brasileira e vive na intimidade com o Brasil, a realidade brasileira, em troca, não se acostumou a viver em intimidade com ela. Por tudo isto me vejo obrigado a verificar"* – termina Mário de Andrade – *"que a dita minoria não representa nada dentro da vida contemporânea do país, no que diz respeito às artes plásticas.*

No entanto, o próprio Mário de Andrade reconheceu que, indubitavelmente, por sua insubordinação ao *status* acadêmico vigente, o movimento modernista preparou o clima que agitou o país em toda a década, desde revolta do forte de Copacabana em 1922 e a revolução de Isidoro Lopes em São Paulo em 1924, até a ascensão de Vargas em 1930, que terminou com o período da Primeira República.

Algumas exposições estrangeiras traziam informações renovadoras ao apresentar obras originais de artistas da Escola de Paris. Em 1930, Rego Monteiro, pintor pernambucano residente em Paris e muito relacionado com o meio artístico daquela cidade, organizou, com Géo-Charles, uma grande mostra, que se exibiria em Recife, Rio de Janeiro e São Paulo e uma pequena exposição de obras de colecionadores particulares, entre as quais contavam pinturas de Braque, Picasso, Léger, Delaunay, junto a obras de Segall e Tarsila. Ao mesmo tempo, exposições alemãs no Rio e em São Paulo, realizadas em 1928, 1929 e 1930, não somente mostravam objetos de difusão funcional inéditos entre nós, mas também novos conceitos de museografia moderna. Destacavam-se também, pela qualidade dos artistas expostos com a supervisão de Theodor Heuberger, que animaria desde então – durante várias décadas – movimentos artísticos (assim como acontecimentos musicais de grande importância para a renovação e formação de novas gerações de compositores e do público musical) vinculados às artes decorativas, como, por exemplo, Grande Exposição de Livros e Artes Gráficas (1930), que se realizou no Rio de Janeiro, em São Paulo, Montevidéu e Buenos Aires. Novidades da época eram as pinturas de grandes expressionistas alemães, Kaethe Kollwitz, Max Beckmann, Lovis Corinth, Willi Baumeister, Ernst Barlach, George Grosz, Schmidt-Rottluff, Lyonel Feininger e Kokoschka, entre muitos outros.

Um jovem artista, como Lívio Abramo, tocado especialmente por estas exposições, produziu dentro da linha expressionista uma obra gráfica importante no Brasil, área onde, sem dúvida, um dos pioneiros foi Osvaldo Goeldi, de grande sensibilidade luminosa.

A preocupação pelo ser humano e pelo contexto social seria uma constante em toda a década de 1930. Na verdade, como consequência da crise de 1929 e da subida de Vargas ao poder, se desarticularam fortunas familiares locais consideradas estáveis, mas não se produziu a renovação social esperada. Em compensação, sobreveio um paternalismo por parte do Estado, evidente na relação com as classes trabalhadoras, às quais se outorgou direitos merecidos, até então postergados.

Em função da recessão econômica, a vida social também sofreria mudanças importantes. No que se refere ao meio artístico, já não sobreviveram os salões dos anos 1920, com suas tertúlias de literatos e artistas viajantes.

A partir de 1931, com o Salão Revolucionário, o Rio de Janeiro conheceu melhor as novas tendências com a presença de artistas modernistas de São Paulo, que estimularam o ambiente artístico da cidade. Um grupo de jovens artistas – como Ado Malagoli, Edson Mota, José Pancetti, Milton Dacosta, Proença Sigaud, Martinho de Haro e Joaquim Tenreiro, entre outros – uniu-se para desenvolver um trabalho de ateliê conjunto. Nos primeiros tempos diziam "ateliê", que paradoxalmente se situava no edifício da mesma Escola Nacional de Belas Artes, cujas ideias eram recusadas por esses jovens. Ao longo da década de 1930 este grupo realizou, em convívio com trabalhos sem mestres, uma pintura de *métier* (ofício), sem nenhuma preocupação vanguardista.

Nos anos 1930, entretanto, surgiu no Rio de Janeiro uma grande personalidade artística que atraiu à capital federal a admiração de todos os jovens artistas do país. Referimo-nos à aparição de Cândido Portinari, que, em 1929, ganhou o prêmio acadêmico de viagem ao exterior. Ao regressar da Europa em 1931, aderiu às ideias dos modernos. Em 1933, realizou pinturas inspiradas nos trabalhos agrícolas brasileiros, cujo tema central era o trabalhador, fortemente influenciadas pelo muralismo mexicano. A consagração definitiva que consolidou o seu prestígio no Brasil foi a obtenção da Segunda Menção Honrosa na Exposição de Arte Moderna do Instituto Carnegie, nos Estados Unidos. Como resultado imediato deste reconhecimento, o governo Vargas o encarregou da decoração de grandes obras públicas. Encomendaram-lhe os afrescos do edifício do Ministério de Educação e Cultura, marco importante da arquitetura moderna do Brasil, então em construção no Rio de Janeiro. Realizou três painéis para o Pavilhão do Brasil na Feira Mundial de Nova York, ocasião em que, ao entrar em contato com a obra de Picasso, já presente no Museu de Arte Moderna de Nova York (MoMA), sua obra começou a sofrer a influência do artista espanhol: preponderância do desenho sobre a pintura, deformações angulosas nas formas humanas, intenso dramatismo.

Depois de expor com grande repercussão no Rio de Janeiro, Portinari expôs, em 1940, no MoMA de Nova York, e, em 1946, na Galeria Charpentier, em Paris, o que se considerou uma afirmação de seu êxito artístico. Exaltado como "pintor oficial" do período Vargas, em contradição com suas ideias de esquerda, foi chamado a realizar painéis decorativos para as rádios Tupi e Difusora, de Rio de Janeiro e São Paulo, na década de 1940. Houve então uma confluência, do ponto de vista da denúncia social (paralela à sua pintura histórico-épica), entre esse artista e escritores do Nordeste brasileiro, como José Lins do Rego, Jorge Amado, Graciliano Ramos e José Américo de Almeida, que colocam a problemática social como motivo principal de sua produção, a partir de uma clara postura ideológica.

Considerado até agora como um período de "sedimentação das conquistas modernistas", a década de 1930 em São Paulo é, segundo nossa opinião, um momento de intensa atividade, que viu passar para o primeiro plano artistas que se encontravam antes na penumbra, como Aldo Bonadei, Alfredo Volpi, Paulo Rossi Osir, Clóvis Graciano, Francisco Rebolo, entre outros, em razão de uma maior maturidade do meio artístico. Quase todos procedentes da classe operária, imigrantes de origem italiana na grande maioria, ou filhos de imigrantes, que participaram ativamente de mostras coletivas, numerosas em São Paulo nesses anos. Realizavam uma boa pintura, às vezes vinculada ao expressionismo, mas frequentemente com uma luminosidade e uma cor que eram o resultado de uma busca formal essencial. Em meados dos anos 1930, esse grupo fundaria a Família Artística Paulista, nome inspirado em seu congênere de Milão, e realizaria exposições em São Paulo e no Rio de Janeiro com crescente número de adesões. Seus temas constantes eram a natureza-morta, a paisagem suburbana, o retrato, as cenas urbanas.

Datam dessa época as associações de breve mas significativa duração, como a Sociedade Pró-Arte Moderna (SPAM) e o Clube dos Artistas Modernos (CAM). Este último organizou conferências polêmicas sobre a arte proletária na URSS, sobre desenhos de loucos e sobre figuras importantes como Kaethe Kollwitz e David Siqueiros. Foram promovidos exposições e intercâmbios entre São Paulo e Rio de Janeiro, antes inexistentes. Nesses anos também ocorreram o Salão Paulista de Belas Artes e, finalmente, os Salões de Maio, realizados em 1937, 1938 e 1939. O segundo deles foi a verdadeira antecipação das bienais de São Paulo, com a presença de surrealistas e artistas ingleses. O terceiro contou com a prestigiosa contribuição de artistas como Alberto Magnelli e Alexander Calder. O CAM foi fundado e dirigido por Flávio de Carvalho, que pertence à segunda geração modernista, autor em 1927 de um projeto funcional – recusado – para o Palácio do Governo de São Paulo, de um experimento teatral fechado pela polícia e, em 1931, do primeiro *happening* em terras latino-americanas, no que quase foi linchado pela multidão enfurecida, por cruzar em sentido contrário, sem tirar o chapéu, uma procissão de Corpus Christi, em programação deliberada, depois registrada em livro e intitulada *Experiência número 2* (1931).

No Rio de Janeiro vai se impondo também a regularidade das exposições. Celso Kelly escreveu, em 1938, que a Associação de Artistas Brasileiros se caracterizava no Rio como "a mais dinâmica das associações de seu gênero" pela regularidade de suas exposições de artistas de formação europeia, como o escultor Bruno Giorgi, que influíram, de certa forma, na diversificação de tendências, sobretudo no Rio de Janeiro.

Em meados dos anos 1940, surge nas artes plásticas brasileiras o expressionismo, como consequência da resistência à ditadura de Getúlio Vargas – regime cujo fim coincide com o término da Segunda Guerra Mundial, em 1945 –, dos problemas sociais cada dia mais urgentes, e também da presença ativa de Portinari. Na década anterior, esta tendência se via, por exemplo, na gravura de Lívio Abramo; agora se observa nos trabalhos juvenis de iniciantes como Marcelo Grassmann, Otávio Araújo, Luiz Sacilotto e Lothar Charoux.

Marcando o começo da projeção da arte brasileira no exterior, junto ao "fenômeno Portinari", os anos 1940 assistirão ao aparecimento do Livro *Brazil builds* (1943), que saudaria a moderna arquitetura brasileira nos Estados Unidos, coincidindo com uma exposição com o mesmo título no MoMA de Nova York; assim como o prêmio assinalado a Bernard Rudofsky, residente em São Paulo, um dos cinco latino-americanos premiados em *design* pelo mesmo museu nova-iorquino. Neste último caso, tratava-se de uma competição organizada, em 1941, entre os participantes da América Latina, sobre objetos do mobiliário criados com materiais e métodos locais de produção. Rudofsky apresentou projetos de móveis com estruturas de madeira e ferro, realizados com fibras brasileiras, como caroá, juta, cânhamo e algodão.

Duas grandes exposições circulantes francesas de mestres contemporâneos causaram grande interesse em São Paulo e no Rio em 1940 e em 1945, além da seleção de arte norte-americana, que se realizou poucos anos antes, como marco de uma política de boa vizinhança (a que se deveu o prestígio de Portinari nesses anos nos Estados Unidos). Por outro lado, cerca de cem artistas brasileiros foram apresentados na Inglaterra, em 1944, em uma mostra para obter fundos para a Royal Air Force durante a guerra. Quase ao mesmo tempo, rompendo um grande silêncio, o escritor Marques Rebelo organizou, em 1945, uma exposição de vinte pintores brasileiros, que circulou por alguns países da América do Sul e mereceu comentários escritos dos críticos Cipriano Vitureira, em Montevidéu, e de Romero Brest, em Buenos Aires. A publicação deste último foi, na verdade, o primeiro escrito extenso sobre a pintura brasileira contemporânea.

Em 1944, para estimular as artes, o governador de Minas Gerais, Juscelino Kubitschek – mais tarde presidente da República – convidou o pintor Alberto da Veiga Guignard, paisagista e retratista de rara sensibilidade poética, para dirigir a Escola de Arte de Belo Horizonte, renovando assim esse meio artístico. Papel similar desempenharia em Curitiba, influindo fortemente no meio local, o pintor italiano Guido Viaro, que, ao radicar-se no Sul do país, continuou a liderança cultural do escandinavo Andersen no Paraná.

Se em São Paulo, em meados dos anos 1940, os nomes mais promissores da arte eram Volpi, Rebolo, Graciano e Bonadei, no Rio de Janeiro o crítico Rubem Navarra cita, na revista *Sur* de Buenos Aires, como os artistas vivos mais "destacados da pintura brasileira": Portinari, Guignard, Pancetti e Cícero Dias, este último pernambucano residente em Paris.

No Rio Grande, no extremo sul do país, artistas jovens, a partir da segunda metade dos anos 1940, começam a reunir-se em torno de Vasco Prado, Danúbio Gonçalves e Carlos Scliar, como consequência dos contatos deste último artista com Leopoldo Méndez e o ateliê de Gráfica Popular Mexicana. É evidente a ambição ao muralismo, ao anseio por uma arte social e a participação no Movimento Mundial da Paz, criado em 1948. Entre 1950 e 1955, cria-se o Clube dos Amigos da Gravura de Porto Alegre.

A afinidade de postura ideológica com os primeiros muralistas mexicanos provocaria, a partir dos anos 1950, em Recife, e no Nordeste, em torno do escultor Abelardo da Hora, a abertura do Ateliê Coletivo. Em Pernambuco, esse grupo abriria à classe média a prática da arte, privilégio até então das classes altas, como evidenciam os grandes nomes da pintura pernambucana da primeira metade do século xx: Vicente do Rego Monteiro, Cícero Dias e Francisco Brennand.

Nas grandes cidades, como São Paulo e Rio de Janeiro, eram raras as galerias de arte moderna – como Heuberger (1936) no Rio e Casa e Jardim (1938) em São Paulo, ambas do mesmo proprietário – e somente em meados dos anos 1940 surgiriam as primeiras galerias mais ativas, como Askanazy no Rio e Domus em São Paulo.

Para dizer a verdade, até o início dos anos 1950, o mercado local era quase inexistente e a maioria dos artistas tinha outra profissão para garantir sua subsistência.

Por sua vez, a crítica de arte no Brasil até metade do século estava em mãos de jornalistas, literatos e poetas, como Sérgio Milliet, Mário de Andrade, Geraldo Ferraz, Luís Martins e Rubem Navarra. A partir dos anos 1940, aparecem outras figuras destacadas, como Lourival Gomes Machado e Mário Pedrosa. Este último sustentou uma tese sobre a "Teoria da afetividade da forma", no Rio de Janeiro, em 1948. Pedrosa começou a apoiar artistas cariocas que experimentavam as novas tendências e que, gradualmente, se interessavam pela abstração, entre eles, Lygia Clark.

Em São Paulo, o crítico argentino Romero Brest pronunciou, em 1948, inflamadas conferências que suscitaram uma polêmica em torno da importância da arquitetura e seu caráter construtivo no contexto da arte contemporânea. Essas ideias receberiam vigoroso impulso a partir da I Bienal de São Paulo em 1951, com a representação suíça e com a mostra de Max Bill, que obteve grande êxito em São Paulo, em 1950.

Mário de Andrade, já em 1938, Sérgio Milliet até 1940 e Luís Martins em 1946, sustentaram em São Paulo a necessidade de criar museus para os artistas contemporâneos, seguindo o exemplo de outros países ocidentais. No entanto, foi somente em 1947, no período do pós-guerra, próspero para o Brasil, que Assis Chateaubriand, proprietário de uma cadeia de diários, revistas, rádios e, posteriormente, emissoras de televisão, fundou o Museu de Arte de São Paulo – MASP. Esse museu, dirigido por Pietro Maria Bardi, desenvolveu uma atividade até então desconhecida entre nós: cursos de iniciação artística, conferências, exposições. O museu conta também com um acervo permanente que abarca desde a arte do renascimento até o impressionismo.

A concepção de "museu vivo" foi também o objetivo perseguido pelo industrial Matarazzo Sobrinho, que criou o Museu de Arte Moderna de São Paulo em 1948, no mesmo ano em que nascia o Museu de Arte Moderna do Rio de Janeiro e com as mesmas metas. O MAM de São Paulo (que foi o início do Museu de Arte Contemporânea da USP, a partir de 1963) começou a funcionar em 1949, sob a direção do crítico belga Léon Degand. Nele se realizou a grande exposição internacional "Do figurativismo ao abstracionismo" e foi, desde o começo, um fator preponderante no Brasil para a difusão da informação internacional. A mesma função tiveram as Bienais de São Paulo, a partir de 1951, criadas também por Matarazzo Sobrinho e que influenciaram significativamente as atuais tendências da arte local.

# Pintura Pau-brasil e Antropofagia
*Tarsila do Amaral*

Foi por ocasião da visita de Blaise Cendrars à nossa terra que eu, sem premeditação, sem desejo de fazer escola, realizei, em 1924, a pintura a que chamaram pau-brasil.

Impregnada de cubismo, teórica e praticamente, só enxergando Léger, Glaizes, Lhote, meus mestres em Paris; depois de diversas entrevistas sobre o movimento cubista, dadas a vários jornais brasileiros, senti, recém-chegada da Europa, um deslumbramento diante das decorações populares das casas de moradia de São João-del Rei, Tiradentes, Mariana, Congonhas do Campos, Sabará, Ouro Preto e outras pequenas cidades de Minas, cheias de poesia popular. Retorno à tradição, à simplicidade.

Íamos num grupo à descoberta do Brasil: dona Olívia Guedes Penteado à frente, com a sua sensibilidade, o seu encanto, o seu prestígio social, o seu apoio aos artistas modernos. Blaise Cendrars, Oswald de Andrade, Mário de Andrade, Gofredo da Silva Teles, René Thiollier, Oswald de Andrade Filho, então menino, e eu.

As decorações murais de um modesto corredor de hotel; o forro das salas, feito de taquarinhas coloridas e trançadas; as pinturas das igrejas, simples e comoventes, executadas com amor e devoção por artistas anônimos; o Aleijadinho, nas suas estátuas e nas linhas geniais da sua arquitetura religiosa, tudo era motivo para as nossas exclamações admirativas. Encontrei em Minas as cores que adorava em criança. Ensinaram-me depois que eram feias e caipiras. Segui o ramerrão do gosto apurado... Mas depois vinguei-me da opressão, passando-as para as minhas telas: azul puríssimo, rosa violáceo, amarelo vivo, verde cantante, tudo em gradações mais ou menos fortes, conforme a mistura de branco. Pintura limpa, sobretudo, sem medo de cânones convencionais. Liberdade e sinceridade, uma certa estilização que a adaptava à época moderna. Contornos nítidos, dando a impressão perfeita da distância que separa um objeto de outro. Daí o êxito que obtive na galeria Percier, rua La Boetie, em Paris, quando fiz, em 1926, a minha primeira exposição. Passei por um exame prévio. O senhor Level, diretor da galeria, apesar da apresentação de Cendrars, não podia comprometer-se com uma nova expositora desconhecida. Pretextou não haver vaga. Iria, contudo, ao meu estúdio pra ver meus trabalhos. Quando lhe mostrei o *Morro da favela*, negros, negrinhos, bichos, roupas secando ao sol, entre cores tropicais, quadro esse pertencente hoje a Francisco da Silva Teles, perguntou-me: "Quando deseja expor?" Estava aprovada. Figuraria na rua da arte vanguardista de Paris. Exultei. A crítica parisiense, espontânea (sem que eu gastasse um franco de reclame, em contrário ao que dizem alguns colegas pouco benevolentes), a crítica parisiense me foi favorável. No *vernissage* a colecionadora madame Tachard adquiriu a *Adoration*, aquele negro beiçudo de mãos postas ante a imagem do Divino, rodeada de flores, azul, rosa, branco, moldura de Pierre Legrain. A pombinha de cera colorida, comprada aqui numa cidadezinha do interior e que Cendrars me dera de presente, servira de modelo. Os anjos caipiras, com suas asas de cores variadas como bandeiras de devoção, hoje pertencentes a Julio Prestes, tiveram também os seua fãs entre os críticos.

Maurice Raynal dizia: "A senhora Tarsila traz do Brasil com as primícias de uma renovação artística, os primeiros sintomas da decadência nessa grande nação das influências acadêmicas internacionais que até agora têm apagado a sua personalidade. Eis aqui cenas autóctones ou de imaginação, puramente brasileiras: paisagens dos arredores de São Paulo, famílias de negros, crianças no santuário e esses anjos de um misticismo inteiramente animal [...]". Etc.

André Warnod comentava: "Azul, verde, rosa, tudo cru, belas cores como as festas do Ano Bom e imagens de primeira comunhão. Agradavel à vista, cheio de contentamento exuberante, de alegria radiosa, de felicidade sorridente [...]" Etc.

Os conhecidos críticos de arte Christian Zervos, Maximilien Gauthier, Louis Mauxcelles, Serge Romoff, G. de Pawlovski, Raymond Cogniat, falaram com simpatia sobre a pintura pau-brasil, assim como Antônio Ferro, Mário de Andrade, Assis Chateaubriand, Plínio Salgado, Antônio de Alcântara Machado, Menotti del Picchia, Manuel Bandeira, Álvaro Moreira, Renato Almeida, Paulo Silveira, Luís Anibal Falcão, Ascenso Ferreira e outros. Teve também, naturalmente, os seus adversários.

Cendrars me mandava em Paris cartas entusiásticas: "Vive votre belle peinture!" E Paulo Prado disse tudo, quando afirmava que sentia um pedaço da nossa terra, avistando ao longe, na vitrina da galeria Percier, um tela minha bem pau-brasil.

As críticas acima transcritas têm uma finalidade: elucidar e confirmar com documentos que esse movimento teve repercussão dentro da pintura brasileira, assim como o teve, na literatura, a poesia pau-brasil de Oswald de Andrade.

*

O movimento antropofágico de 1923 teve sua origem numa tela minha que se chamou *Abaporu*, antropófago: uma figura solitária monstruosa, pés imensos, sentada numa planície verde, o braço dobrado repousando num joelho, a mão sustentando o peso-pena da cabecinha minúscula. Em frente, um cactus explodindo numa flor absurda. Essa tela foi esboçada a 11 de janeiro de 1928. Oswald de Andrade e Raul Bopp – o criador do afamado poema *Cobra Norato* – chocados ambos diante do *Abaporú*, contemplaram-no longamente. Imaginativos, sentiram que dali poderia surgir um grande movimento intelectual.

Agora um parêntese: alguns anos depois, Sofia Caversassi Villalva, temperamento de artista, irradiando beleza e sensibilidade, dizia que as minhas telas antropofágicas se pareciam aos seus sonhos. Só então compreendi que eu mesma havia realizado imagens subconscientes, sugeridas por histórias que ouvira em criança: a casa assombrada, a voz do alto que gritava do forro "eu caio" e deixava cair um pé (que me parecia imenso), "eu caio", caía outro pé, e depois a mão, outra mão, e o corpo inteiro, para o terror da criançada.

O movimento antropofágico teve a sua fase pré-antropofágica, antes da pintura pau-brasil, em 1923, quando executei em Paris um quadro bastante discutido, a *Negra*, figura sentada com dois robustos toros de pernas cruzadas, uma arroba de seio pesando sobre o braço, lábios enormes, pendentes, cabeça proporcionalmente pequena. A *Negra* já anunciava o antropofagismo. O desenho dessa figura serviu para a capa dos poemas de *Le formose*, que Blaise Cendrars escreveu sobre a viagem ao Brasil, em 1924.

Como dizia, o *Abaporu* impressionou profundamente. Sugeria a criatura fatalizada, presa à terra com seus enormes e pesados pés. Um símbolo. Um movimento se formaria em torno dela. Ali se concentrava o Brasil, o "inferno verde". Fundou-se o Clube de Antropofagia, com uma revista sob a direção de Antônio de Alcântara Machado e Raul Bopp. Oswald de Andrade lançou seu manifesto, as adesões seguiram-se rápidas. A 14 de fevereiro de 1928, muito antes do aparecimento do primeiro número da revista, que saiu em maio, Plínio Salgado já escrevia no *Correio Paulistano*: ... *Tarsila do Amaral, de que Blaise Cendrars disse que seria capaz de provocar um movimento literário... na Rússia. Não. Tarsila é capaz de provocar um movimento literário no Brasil... Ela traz indicações notáveis dessas grandes forças elementares a que estou me referindo. Duas de suas telas principalmente têm um profundo sentido do "meio cósmico" e da "verdade racial". Fê-las sem sentir, porque o artista não pretende nunca outra coisa senão fixar um pensamento. E esse pensamento, muitas vezes, é uma revelação profética.*

Na primeira fase (ou primeira dentição) da *Revista de Antropofagia* colaboraram, além dos seus fundadores, Oswald de Andrade, Raul Bopp e Antônio de Alcântara Machado, Mário de Andrade, Osvaldo Costa, Augusto Meyer, Abiguar Bastos, Guilherme de Almeida, Plínio Salgado, Alvaro Moreyra, Jorge Fernandes, Rosário Fusco, Yan de Almeida Prado, Marques Rebelo, Manuel Bandeira, Brasil Pinheiro Machado, José Américo de Almeida, Rui Cirne Lima, Maria Clemencia (Buenos Aires), Menotti del Picchia, Abgar Renault, Murillo Mendes, Nicolás Fusco Sansone (Montevidéu), Carlos Drummond de Andrade, Pedro Nava, Ascenso Ferreira, Achilles Vivacqua, Mário Graciotti, Ascânio Lopes, Jaime Griz, Luís da Câmara Cascudo, Antonio Gomide, Henrique de Resende, Guilhermino César, Alberto Dézon, Peryllo D'oliveira, Franklin Nascimento, Azevedo Corrêa Filho, Sebastião Dias, A. de Almeida Camargo, A. de Limeira Tejo, Mateus Cavalcante, Josué de Castro, Júlio Paternostro, Ubaldino de Senra, Silvestre Machado, L. Sousa Costa, Camilo Soares, Charles Lúcifer, F. de San Tiago Dantas, Rubens de Morais, Nelson Tabajara, Walter Benevides, Emílio Moura, João Dornas Filho, Pedro Dantas, Augusto Schmidt.

Na Europa o crítico de arte Waldemar Georges, a respeito de uma exposição de pintura que realizei em 1928, escreveu sobre "Tarsila et l'anthropophagie", comentando o movimento brasileiro de retorno ao índio, dono do solo, onde "a alegria é a prova dos nove", como dizia o manifesto antropofágico.

Krishnamurti mandou de Paris uma saudação, reproduzida em fac-símile no número 8 da revista. Escritores ilustres deram sua colaboração. De Max Jacob, foi publicado, também em fac-símile, no número 6, o seguinte pensamento: "À la Revista de Anthropophagia – Les grands hommes sont modestes, c'est la famille qui porte leur orgueil comme des reliques".

A revista saiu de maio de 1928 a  fevereiro de 1929.

De março a julho desse mesmo ano, o seu órgão oficial foi uma página semanal do *Diário de S. Paulo*. Nessa "segunda dentição", aderiram e colaboraram Oswald de Andrade, Osvaldo Costa, Geraldo Ferraz, Jorge de Lima, Júlio Paternostro, Benjamin Peret (do grupo surrealista francês), Raul Bopp, Barbosa Rodrigues, Clóvis de Guamão, Pagú, Álvaro Moreyra, Di Cavalcanti, Mário de Andrade, Galeão Coutinho, Jaime Adour da Câmara, Augusto Meyer, José Isaac Penes, Heitor Marçal, Achilles Vivacqua, Nelson Foot, Hermes Lima, Edmundo Lys, Jurandir Manfredini, Cícero Dias, Felippe de Oliveira, Dante Milano, Osvaldo Goeldi, Bruno de Meneses, Eneida, Ernani Vieira, Paulo de Oliveira, Aníbal Machado, Sant'Ana Marques, Campos Ribeiro, Muniz Barreto, Orlando Morais, Garcia de Resende, João Dornas Filho,

Ascenso Ferreira, Limeira Tejo, Dolour [Dulce do Amaral, filha de Tarsila], Luis de Castro, Genuíno de Castro, Murilo Mendes e eu.

O movimento empolgou, escandalizou, irritou, entusiasmou, enfureceu, cresceu com adesões do norte ao sul do Brasil, além das simpatias de intelectuais dos países vizinhos. Repercutiu também em Paris com protestos de indignação em torno do meu quadro *Anthropophagia*. Uma tarde, Geraldo Ferraz – o açougueiro – correu alucinado à casa de Osvaldo Costa para comunicar que a revista tinha sido suspensa pelo diretor do *Diário de S. Paulo*, em vista do monte de cartas recebidas de leitores do jornal, reclamando contra aquela página dissolvente de todos os cânones burgueses. Pobre revista! Com ela morreu o movimento antropofágico...

# A Bienal de lá pra cá
*Mário Pedrosa*

Tomando um ângulo de visão histórica necessário a quem quer apreender a marcha da arte moderna no Brasil no seu todo até a abertura da Bienal de São Paulo, convém determo-nos sobre as circunstâncias que a criaram. A primeira Bienal, em 1951, foi um ato que pareceu na época aos olhos de seu próprio criador, Francisco Matarazzo Sobrinho, como um gesto, uma iniciativa do momento, que não obrigava necessariamente a seguimentos. Assim como quem joga uma semente de sapoti no terreiro da casa para ver se pega. É claro estar pressuposto no gesto que tivesse o sujeito experimentado da fruta e gostado. O fato é que pelo menos ele já havia em 1948 criado também o seu museu de arte, como Assis Chateaubriand o dele, menos de um ano antes. Somente que, no seu, Cicilo (Matarazzo) acrescentara a designação essencial e inapelável de "moderna". Quando de volta de uma das suas idas e vindas anuais à Itália, talvez já com a ideia de uma "Bienal" na cabeça, como vira de passagem por Veneza, interpelou o segundo diretor de seu museu, com menos de um ano, sobre "quanto custava uma bienal". Esse diretor, professor eminente e escritor de arte, Lourival Gomes Machado, cuja morte prematura para as artes e a cultura brasileira responde exatamente ao famoso lugar comum da lacuna irreparável, enquanto aos amigos ficou uma saudade aberta, assustou-se, temendo que o desdobramento e os encargos gigantescos decorrentes da iniciativa fossem matar o museu ainda em botão (e na verdade o Museu nunca, por isso mesmo, chegou a ser um autêntico museu e acabou sumariamente dissolvido, o seu acervo expedido, em troca de favores e títulos, para a Universidade de São Paulo, e suas instalações museográficas apropriadas para servir de fundo à Fundação Bienal de São Paulo, entidade privada autônoma).[1]

---

1 O "Museu de Arte Moderna", recentemente instalado numa dependência de Ibirapuera, cedida pelo Prefeito Faria Lima, é sobrevivência do antigo Museu, e que se deve a uma parte dos velhos sócios, inconformados com a sua dissolução, instituição que já havia grangeado merecido renome no Brasil e no estrangeiro, e se tornado uma tradição cultural viva de São Paulo. À frente desses sócios inconformados colocou-se Oscar Pedroso Horta.

O fundador do MAM e da Bienal pertencia a outra família de espíritos, vinha de outros meios, jogava outro jogo. O diretor do museu era apenas um jovem intelectual, forrado de uma bagagem cultural séria, já afeito, entretanto, à disciplina do professor que não só tem de transmitir a seus alunos o que sabe, como medir de imediato as consequências desse ministrar de saber aos estudantes. A disciplina aprendida como professor lhe era necessária para as responsabilidades de técnico qualificado à frente de uma instituição cultural, também de contato permanente com o público. O outro não. Grande homem de negócios, jogava como um autêntico capitão de indústria da época, daqueles cujos moldes foram tão bem descritos por Schumpeter. E, com efeito, a primeira Bienal foi uma pura jogada de improvisação. A sorte ajudou, como é costume acontecer aos grandes capitães de indústria (é a história mesma do capitalismo), ao seu fundador. A realização tocou a imaginação dos paulistas, e o resultado é que Francisco Matarazzo Sobrinho é chamado a presidir as comemorações do Quarto Centenário da fundação de São Paulo, em 1953. Ora, entre os projetos da comemoração se ia inserir, com toda naturalidade, a realização de uma segunda bienal: a ideia vingava. A estrela do industrial empreendedor subia no horizonte, soprada ainda mais pela coincidência singular, embora no fundo não fortuita, de estar respectivamente na governança do estado de São Paulo um famoso "gerente" que por temperamento e afinidades era muito próximo à família dos homens de negócios e capitães de indústria audaciosos: Ademar de Barros; e na governança da cidade de São Paulo outra figura não menos famosa pela audácia de seu jogo político e cuja ascensão em flexa e meteórica na política brasileira apenas começava: Jânio Quadros. Sob um aspecto fortuito, sob uma aparência aventureira, o gesto súbito no alto da superestrutura correspondia, entretanto, cá embaixo na infraestrutura a um dinamismo novo que movia as energias produtivas de São Paulo.

Na década decisiva de 1940-1950, em que toma impulso o surto de industrialização através do mecanismo de substituição das importações, a população urbana do país cresceu a 45%, quando num aumento populacional de dez milhões e quinhentos mil pessoas cinco milhões e oitocentos mil são absorvidas pelo setor urbano. As cidades brasileiras de ponta a ponta crescem. As de cem mil habitantes crescem em número e absorvem 47% do acréscimo urbano, enquanto as metrópoles chamam a si percentagem ainda maior desses brasileiros: são milhões que deixam a roça, o isolamento da vida rural em troca da fermentação cosmopolita da vida urbana. Concomitantemente com esse deslocamento brutal de gente para as cidades, a classe operária brasileira nessa década mais do que dobrou. Ao mesmo tempo que o capitalismo brasileiro-paulista recebe o sangue dessa mais valia que entra em torrente pelos portões a dentro das fábricas novas que se vão abrindo em São Paulo, descem nos portos e aeroportos do Rio e de São Paulo, na mesma década, novas camadas de imigrantes que diferentemente dos das primeiras vagas imigratórias do início da República e começo do século não vêm com contrato de trabalho para as fazendas de café, mas com bens, capitais e *know-how* para aqui mesmo instalar negócios, fábricas, empresas. Esses homens que fogem às catástrofes políticas e sociais do Velho Mundo trazem também com eles certas experiências, certos gostos pessoais, certa bagagem cultural em suma. (Modesta, não nos iludamos tampouco.) Considere-se ainda que, pelo censo de 1950, a população paulistana contava, segundo as atividades profissionais, 1.754.000 trabalhadores industriais e de serviços de toda espécie do setor terciário, representando 60% de seus habitantes. Em face dessa cifra é interessante reter que 50% dos novos empresários dessa época vêm de fora, do estrangeiro. De um lado, são capitalistas batidos pelas intempéries da Europa, à procura de uma nova pátria; do outro, são milhões de brasileiros açoitados de suas terras no interior pela miséria endêmica, em busca de um ganha-pão mais seguro na metrópole sedenta de força de trabalho, e que já fazem em São Paulo 60% de seus assalariados ativos, contando o censo nessa massa inclusive "maiores" de dez anos. Esses assalariados constituíam um fluxo ininterrupto de força de trabalho, virgem e ignorante, logo explorável ao máximo; os capitalistas novos na terra carregavam esperanças e otimismo, já sequiosos de contribuir para as atividades do terciário da sua cidade, que dão prestígio, satisfações e são fontes de gozo e lazer. A base de animação social para iniciativas de consumo conspícuo do teor das bienais não estava, portanto, ausente.

Que efeitos, que repercussões trouxe para a expansão da arte moderna no Brasil a série de bienais que se sucederam à primeira? Antes de tudo, a Bienal de São Paulo veio ampliar os horizontes da arte brasileira. Criada literalmente nos moldes da Bienal de Veneza, seu primeiro resultado foi o de romper o círculo fechado em que se desenrolavam as atividades artísticas do Brasil, tirando-as de um isolacionismo provinciano. Ela proporcionou um encontro internacional em nossa terra, ao facultar aos artistas e ao público brasileiros o contato direto com o que se fazia de mais "novo" e demais audacioso no mundo. Para muitos isso foi um bem, para outros isso foi um mal. Na realidade, como todo fenômeno vivo, há nele um lado bom e um lado mau, um aspecto positivo e um aspecto negativo ou contraditório. De fato, esse contato era inevitável, pois nenhum país e o nosso em particular, poderia desenvolver-se no isolacionismo, fechado autenticamente às influências, ao comércio com o mundo exterior. O mercantilismo internacional que descobriu o Brasil o fez, o arrastou desde os seus primeiros dias ao tráfico marítimo internacional fundado então exclusivamente na lei da pirataria, explorou-o incessante e monopolisticamente como colônia até entregá-lo à exploração mais intensiva, mais sistemática, mais sábia do imperialismo, contemporaneamente. Pois até essa exploração incessante, desde o seu nascer até agora, teve e tem seus aspectos positivos.

Muito e muito antes de se falar tanto em "lei do desenvolvimento desigual" que Lênin tentou formular, na base da observação empírica dos fatos da política internacional, o jovem Marx da *Ideologia alemã* mostrava como nas sociedades em desenvolvimento as diferentes condições que aparecem primeiramente como condições de atividade pessoal, e depois como entraves dessa mesma atividade, constituem no curso do desenvolvimento histórico uma série contínua de formas de comércio, cuja conexão consiste em que, no lugar da antiga forma de comércio transformada em entrave é posta uma outra forma respondente a forças produtivas mais desenvolvidas e, por conseguinte, ao modo mais avançado da atividade pessoal dos indivíduos, o qual, por sua vez, se torna um entrave e então é substituído por outro... Em compensação, em países como os EUA que, numa época já desenvolvida, começam pelo início, o desenvolvimento opera-se muito depressa. E eis a explicação para o fenômeno: tais países não têm *pressuposições naturais fora dos indivíduos que neles se estabelecem* e que a isso foram impelidos pelas formas de comércio dos velhos países, as quais não respondem às suas necessidades. Eles começam, pois com os indivíduos mais avançados dos velhos países e consequentemente com a forma de comércio mais desenvolvida correspondente a esses últimos, antes mesmo desta forma poder triunfar nesses velhos países. Assim, segundo Marx, os países novos se iniciam com os indivíduos mais avançados dos velhos países ou com a forma de comércio mais avançada correspondente àqueles países. Ao exemplo dos Estados Unidos se pode acrescentar os do Brasil, Argentina, Rússia e as novas colônias em geral. Marx estende o fenômeno a todas as colônias antigas: Cartago, colônias gregas, Islândia nos séculos XI e XII. A mesma coisa, esclarece Marx, acompanha a conquista, quando é importada, toda pronta no país conquistado, a forma de comércio exercida no outro solo. Trotsky, na base dessas importações todas prontas de atividades e técnicas mais adiantadas nos países atrasados ou dependentes – um país, por exemplo, que não chegou ainda a linhas férreas mas já adotou a linha aérea – tentou complementar a fórmula do desenvolvimento desigual com a que designou como do "desenvolvimento combinado".

Há técnicas também que, como a estrutura de comércio, são importadas "todas prontas". Lewis Mumford deu, sem provavelmente conhecer a fórmula, um exemplo no plano cultural desse "combinado" quando salientou a importação integral para o Sul dos Estados Unidos das formas neoclássicas da arquitetura em voga nos velhos países europeus, importação aliás que se estendeu aos países latinos do Novo Mundo na sua fase da independência e em outros países europeus em processo de modernização e revolução pela mesma época. Certas contribuições arquitetônicas nossas da época colonial, sobretudo do barroco de Minas Gerais foram imersas ou olvidadas na torrente das importações modernizantes.

O fenômeno, aliás, torna a repetir-se com a arquitetura racional moderna, importada toda pronta ao tempo da ditadura, que constitui a segunda fase da evolução da arte moderna no nosso país. É de novo na terceira fase dessa evolução, que precisamente começa com as bienais, quando as formas mais avançadas da atividade artística entram em massa no país pelo conduto daquelas.

O Brasil, ao nascer, entra em cheio no circuito do comércio escravo, quando o tráfico negreiro está no apogeu no mundo, e, simultaneamente, adota o barroco, a moderníssima arte da contrarreforma, e são precisamente os seus soldados mais devotados, os seus propagandistas mais competentes – os jesuítas – que vêm para o Brasil impor à nossa população indígena todas as formas de trabalho, comércio, religião, educação, arte que a contrarreforma propugna. Na época da independência, elc importa a forma de comércio mais desenvolvida que vem da Inglaterra e na arquitetura e nas artes em geral as formas neoclássicas da França, da Itália, etc. Com a Revolução de 1930 e a implantação da ditadura, esta importa, todas prontas, as formas de comércio contingentado e de medidas de salvação contra os estragos das crises de superprodução dos grandes países (Estados Unidos) e as formas mais avançadas da arquitetura moderna. Finalmente, depois da guerra, ao fim da ditadura, mas com a intensificação do segundo surto da industrialização, importam-se estruturas tecnológicas inteiras, formas de comércio mais complexas, a fórmula intacta da Bienal de Veneza e as formas mais atrevidas das artes plásticas.

Voltemos agora à Bienal, e ao seu campo específico. Graças a ela, o nosso público tomou conhecimento dos maiores movimentos artísticos do século. A II Bienal trouxe de uma só vez o cubismo, o futurismo, o neoplasticismo, além de retrospectivas dos maiores mestres de nosso tempo, Picasso, Mondrian, Klee, Münch, Ensor, Laurens, Moore, Morini, Calder e outros enquanto as seguintes trouxeram o expressionismo, o surrealismo além de retrospectivas de outros grandes mestres: Léger, Morandi, Chagall, Pollock. Tornando-se centro de atração para todos os artistas do Brasil, a Bienal pôde, por sua vez, despertar um movimento interno de aproximação artística entre as diversas províncias culturais do país, e notadamente entre os dois principais centros, Rio e São Paulo. Os localismos regionais renitentes deste ou daquele centro começam a ser vencidos na vastidão continental do Brasil.

A irradiação da Bienal não se limitou, entretanto, ao país; cedo extravasou de nossas fronteiras, e atraindo a atenção dos meios artísticos dos países vizinhos, permitiu que se intensificasse o intercâmbio cultural entre o Brasil e as nações latino-americanas. E sobre esses países, mesmo os mais remotos e isolados, exercem a mesma influência que sobre os centros regionais do Brasil. Na época das bienais, São Paulo tornava-se, com efeito, um centro vivo de contato e intercâmbio de impressões e de ideias entre críticos e artistas do mundo, mas sobretudo da América Latina.

Nem todos os progressos, contudo, se fazem em contra-movimentos, sem retrocessos, e sem perigo: a Bienal paulista não escapou a essa dialética. Ao arrancar o Brasil de seu doce e pachorrento isolacionismo, ela o lançou na arena da moda internacional, na arena das especulações não somente comerciais, mas de escusas combinações pessoais e mesmo nacionais em torno de prêmios, etc., política de prestígio entre delegações nacionais, política de cambalachos entre indivíduos. A mostra de arte passa a ser feita de arte, e os *marchands* passam a dominar. As leis do mercado capitalista não perdoam: a arte, uma vez que assume valor de câmbio, torna-se mercadoria, como qualquer presunto.

## A primeira Bienal

Em 1951, com a abertura da I Bienal de São Paulo, os artistas de maior renome na época, alguns deles formados na Europa, como Lasar Segall, Victor Brecheret, Bruno Giorgi, Osvaldo Goeldi, foram convidados a participar com salas especiais na representação brasileira do certame. Formados ou não na Europa, todos demonstravam maior ou menor ligação com os temas de nossa realidade física ou histórico-cultural. Segall, Portinari e Di Cavalcanti foram convidados na qualidade de *os* pintores; Brecheret e Bruno Giorgi, na qualidade de *os* escultores e Osvaldo Goeldi e Lívio Abramo na de *os* gravadores. Não houve distinção especial para desenhistas, apesar de no regulamento da instituição constar o desenho como seção autônoma, com direito a grande prêmio também. Não se considerava assim que houvesse no nosso meio artístico *os* desenhistas. Pela distinção do convite especial, foram aqueles artistas consagrados oficialmente pela Bienal como os grandes mestres da arte brasileira, nos seus respectivos ofícios.

Com a passagem do tempo não se sabe bem, hoje, por que foram excluídos da distinção duas glórias vivas da fase da Semana de Arte Moderna, de 1922, Anita Malfatti, participante de primeira plana da Semana e Tarsila do Amaral, ainda então em plena forma. E também Alfredo Volpi, um mestre pintor como os outros, embora ainda não consagrado fora do meio. E mais Alberto Guignard, com uma bagagem pictórica já considerável e de renome em círculos mais amplos, embora sobretudo do Rio e de Belo Horizonte, ou também José Pancetti, uma estrela brilhante e já com a distinção de ter sido mandado participar pelo Brasil da Bienal de Veneza de 1950, um ano antes da abertura da nossa primeira Bienal. E todos esses nomes tiveram de se submeter a um júri de seleção e ao limite regulamentar de cinco quadros para a massa dos pretendentes. Para o nível, ou melhor, as preocupações e os critérios estéticos da época, isso não tinha explicação. A direção artística do Museu de Arte Moderna e, pois, da Bienal (entregue a Lourival Gomes Machado, perfeitamente consciente da situação) tendo em vista certamente maior comodidade na apresentação de número mais restrito de salas especiais, cedeu a considerações de prestígio: nos meios sociais e cultos, os três pintores em questão eram indiscutivelmente os que gozavam de maior prestígio.

Lasar Segall foi, como se sabe, o primeiro a apresentar pintura moderna no Brasil, ou sua própria pintura expressionista que já então, em 1913, decalcava algo na escalada "moderna" em relação ao cubismo e ao abstracionismo (coube entretanto a Anita Malfatti a glória de ter despertado com sua mostra individual de 1917, também expressionista vcia germânica, as iras da opinião conservadora, representada então infelizmente por um nome já glorioso das letras brasileiras, Monteiro Lobato, o genial criador do *Sítio do Pica-pau Amarelo*, contrabalançado – agora felizmente – pelo apoio entusiástico a Malfatti que lhe deu nome bem mais jovem mas não menos consagrado pela posteridade, o do formidável poeta de *Pauliceia desvairada*, Mário de Andrade).

Não foi contudo Segall um pintor cultural, existencialmente brasileiro (não se emite com isso nenhuma apreciação pejorativa à sua obra). Sua arte, decididamente sombria e pessimista, não o é à maneira brasileira, temperamental ou sentimental, ingênua e extrovertida, mas interiorizada, profunda, nutrida numa concepção filosófica do mundo, e essa carga de tristeza se sente mesmo quando os temas que trata são de natureza risonha ou festiva. Sua pintura, na base de terras, é de tons baixos, de quem olha as coisas de perto (mesmo a paisagem de Campos de Jordão) com parcimônia, atenção, amor e sentimento para, das anotações ricas de tons, de achados primorosos, de acidentes finamente observados somar-se uma imagem que já está cá dentro no artista e não lá fora nas manchas dos boizinhos da serra, nos capins e nas flores do caminho. Suas cores não se recortam no ar, embcbidas em luz local. Seus focos de iluminação são interiores. Ao lado de um Volpi ou de uma

Tarsila, de um Pancetti e de um Guignard, Segall é um grande pintor nostálgico, de uma saudade que vem dos tempos e não de uma lufada de tristeza de uma tarde tropical que nos entorpece, como em Pancetti, de uma noite que nos enternece, como em Guignard. Não deixou seguidores a não ser Luci Citti Ferreira, que emigrou do Brasil com a honra do ter sido objeto de retratos do mestre, os mais belos, os mais profundos que jamais se pintaram no Brasil, por longo tempo, enquanto serenamente amadurecia de espírito e de ofício nossa Yolanda Mohaly, cuja hora de reconhecimento chegou quando foi a grande laureada de pintura da VIII Bienal.

Cândido Portinari, que estava na Bienal representado em todas as suas fases, com exceção da fase primeira brodowsquiana, apresenta uma obra cheia de drama humano. No entanto, ele também é na sua pintura, mais espetacular, mais eloquente que sombrio ou triste. Com os gravadores, com Goeldi, é que se expressam, pela primeira vez verdadeiramente, os temas noturnos e dos sofrimentos abafados e solitários do homem desamparado da sorte, do marginal. Com os pintores, salvo Segall, para quem a tragédia humana é a condição de criar, o elemento trágico e dramático da vida é secundário ou inexistente. Mesmo em Di Cavalcanti com sua predileção pelos tons surdos, os ambientes fechados e densos do conviver humano popular, o conviver sobrepaira à condição de vida. Quanto a Portinari, suas cores são, em geral, chapadas, claras e sem mistério à medida que avança na iniciação modernista, pois começou com terras inspiradas na terra roxa de Brodowsqui. Seu soberbo modelado é classicamente separado das cores, ao passo que Tarsila, Volpi, Guignard e Pancetti se dão às cores pelas cores. Volpi é, aliás, o mestre da cor pura no Brasil.

Ao abrir-se da Bienal, em 1951, no local do antigo Trianon, na avenida Paulista, onde se ergue hoje o Museu de Arte, era Portinari, sem dúvida, o maior "nome" da pintura brasileira, quase sinônimo para o povo como Picasso para o mundo, de "arte moderna" ou "futurista". Sua poderosa aparelhagem artesanal lhe permitia excepcional ecletismo de maneiras, escolas e experiência. Ele era um artista social por excelência. Com isso queremos dizer que sua inspiração vinha de fora, do convívio cultural, das influências determinantes no momento, dos problemas da época. Sua vocação era "política" não no sentido estrito da palavra, pois nunca foi um "político" mesmo quando se candidatou, e foi eleito, no duro, senador pelo PCB; mas num sentido amplo, de gosto da convivência, do comércio social, participação. Magnificamente armado artesanalmente, ouvia e gostava de captar ideias e sugestões dos meios intelectuais que apreciava. Aqui, permitam-se, num parêntese, uma nota pessoal: em Washington, durante a guerra, quando Cândido Portinari chegou para pintar os painéis da Biblioteca do Congresso, retomamos a velha camaradagem e o velho papo de outros tempos. Um dia, ele havia acabado o painel dedicado ao ouro de garimpo. Era o painel mais audacioso e expressivo do cunjunto, e este um dos mais felizes na obra portinaresca. Comentava eu, entusiasticamente, a maneira atrevida com que o pintor reduzia os detalhes figurativos, pé, nariz, cabeça, camisa, peneira, batel, água, pedra etc., a manchas coloridas, a signos, a formas geométricas como triângulos, por exemplo, para realçar a força plástica significativa do todo, quando ele, com aquele seu jeitão esperto, à caipira, e bonachão, interrompe: "Pois é, eu aqui me sinto mais livre que no Brasil. Os literatos me atrapalham." Ele queria dizer com isso que as ideias forçosamente literárias dos intelectuais amigos interfeririam frequentemente com as suas, ou os seus projetos puramente pictóricos. E ele nunca soube, com efeito, se livrar delas. No princípio de sua carreira, eu também, então seu amigo e frequentador, me incluo entre aqueles intelectuais. Exemplo: a insistência com que todos nós procurávamos incutir nele a importância "culminante" dos muralistas mexicanos não só quanto à temática, mas inclusive quanto à técnica. E Portinari manda *incontinenti* buscar no México uma pistola de pintar, preconizada então por Siqueiros em suas andanças por aqui, como *nec plus ultra* em matéria de arte social e coletiva. Experimenta-a, e vem decepcionado nos dizer que não serve, não dá matéria e a cor é chata, plana.

Ele tinha no fundo o gosto coloquial do narrador, do comentador de temas em voga. No plano, porém, das realizações pictóricas, eram os aspectos técnicos particulares que o interessavam: magnífica fusão ótica de tons que obteve nesta ou naquela de suas telas, e nos mostra com um prazer misturado de certo orgulho artesanal; ou ainda quando faz um achado, um pormenor até então inesperado na obra de um grande mestre de sua particular devoção, um Delacroix, um Bonnard. As preocupações do bom artesão eram o que mais espontaneamente aparecia nele. Se, de início, seu tributo às invenções revolucionárias no plano sobretudo das deformações do desenho clássico à Picasso foi considerável, ou mesmo sua chave para sair do aprendizado acadêmico e iniciar-se na "maneira" moderna, depois virou-se, como já vimos, para os aspectos sociais da Escola dos Muralistas mexicanos, onde se distinguiu Rivera pelo esquema formal linear alongado, em parte tirado do vocabulário giottesco, e pelas cores ralas chapadas de capa, mas repeliu dele e dos outros a ausência do modelado, para ele a essência mesma da boa pintura. Toda a série dos *Retirantes* se distingue das obras paralelas dos mexicanos, a despeito da semelhança temática, pela procura de uma boa matéria, por esse modelado. A partir dessas aquisições, tomadas daqui e de acolá, acabou o pintor por conseguir um modo próprio, que afinal o marcou como um dos momentos importantes da pintura brasileira. Não foi, entretanto, Portinari um colorista; não foi tampouco um retratista excepcional, para o que lhe faltava o gosto do instantâneo psicológico, da marcação sintética dos planos da figura ou da cabeça no espaço; não foi um inventor de formas nem jamais se deixou arrebatar pelo ímpeto de um ritmo linear autônomo ou criativo. Mas foi, sem dúvida, um grande artista do Brasil pelo poder de absorção que tinha no agregar para definir a sua obra tudo o que lhe podia interessar e pelo didatismo permanente que lhe emprestava, no desejo de responder a uma demanda que sentia existir no ar e de assim atuar sobre o meio social ambiente.

Emiliano Di Cavalcanti, carioca de origem paraibana – seu pai foi alto oficial da polícia do Estado ao tempo de instalação da República – mal teve tempo de esperar que a mãe descesse de bordo de navio procedente do Norte para nascer. Na primeira Bienal, entre os grandes era o mais brasileiro. E era natural que o fosse senão pelo tema, pelo motivo. Já instalado nas mulatas brasileiras pedestalizadas pelo carnaval, familiarizado com as cenas da vida suburbana carioca de que foi o primeiro a nela detetar e a trazer para a pintura a marca de uma civilização plebeia urbana, carregava Di nos seus pincéis um jogo de cores baixas com contracanto de tons altos, embora apenas marcado por um ritmo linear hesitante, pesado, num espaço sempre fechado, apinhado de gente. Seu modo era deixar-se ficar sensual como um gato sobre cochins, todo entregue às delícias de uma boa matéria que, por vezes, de pormenor na composição, passava a tema. Técnica, esteticamente era, contudo, filho adotivo da Escola de Paris (o modelado simples de Léger, o traçado, os azuis líricos de Dufy), onde esteve várias vezes e vivera por longos anos. Esse artista hedonístico, indefeso às seduções da vida, não foi, porém, um desligado das ideias gerais – há um intelectual nele – armou-se mesmo de uma concepção do mundo, já antes das modas de mais tarde, precursor, pois, aqui também: cenas e tipos populares de seu repertório disso dão testemunho. Mas as ideias nele são imersas naquele seu mundo primeiro, no sólio das sensações, e marcam-se por isso mesmo, e facilmente, ao contato pegajoso das coisas terrenas. Boêmio de raça, sua verdade está na contingência do cotidiano, que o prende aos outros, e o faz submisso aos primeiros acenos da sereia, prenhe de encantos e pecados. Nunca subiu ele desse nível existencial às representações abstratas, alegóricas ou ideológicas, de situações patéticas ou de dramas sociais que aprendeu com a cabeça mas não conheceu com o corpo, como fizeram os outros mestres brasileiros de seu tempo, Segall, Portinari ou mesmo Tarsila. Mais preso à matéria que outros, seu hedonismo foi sempre a condição para contradizer-se constantemente e, contradizendo-se, alcançar por vezes a plenitude de uma arte liberta de compromissos.

A escultura de Victor Brecheret, marcada por uma formação romana, apesar da ascendência francesa, foi sempre um volume pleno que não chegava, entretanto, à macicez densa, pesada da matéria para a qual, no fundo, não dava importância. Essa constância reflete uma predileção, a predileção do escultor pelos contornos lineares precisos quase maneiristas, cuja função na sua obra era definir a superfície externa, onde o desenhista que era gostava de incisir um sutil grafismo de motivos indianistas. Pagava assim o escultor o seu tributo às ideias estéticas que estavam no ar, na literatura modernista do tempo, nas lucubrações teóricas-estéticas dos Andrade, Oswald e Mário, desenvolvidos desde pelo menos *Pau-Brasil* do primeiro e *Pauliceia Desvairada* do segundo. Não era Brecheret uma organização mental poderosa; era um sólido e simples artesão que seria ingênuo não fora a longa convivência em Paris. Ele foi, com Malfatti, o tacape que manejaram os poetas paulistas de 1920 contra os reacionários e pelo advento da estética modernista, assim como na geração ulterior, na de 1930, esse papel coube a Portinari. Seja como for, o *Monumento às bandeiras* que lhe encomendaram para comemorar o primeiro centenário da Independência permaneceu mais de trinta anos olvidado no ateliê do artista, sob os protestos de Mário de Andrade e outros, até 1953, quando foi colocado em praça pública, em Ibirapuera, para comemorar o quarto centenário da fundação de São Paulo. Nessa longa distância no tempo entre a concepção da obra e a sua implantação na rua, o monumento envelheceu. Resta, entretanto, como a expressão sintética e congelada no tempo das concepções que fizeram a glória da Semana de Arte Moderna. É um atestado cultural vivo, mas artisticamente morto como toda estilização.

De volta à cidade natal, em 1939, depois de vinte anos de permanência na Itália e em seguida na França, Bruno Giorgi chega como um desconhecido, aos 34 anos, mas com um métier formado, aluno que foi de Maillol, e é o primeiro desses artistas ilustres inteiramente estranho à Semana e às suas tradições. Sua tématica é mais abstrata e alegórica, e não é por acaso se a primeira obra importante dele realizada no Brasil foi o *Monumento à juventude* para os jardins do Ministério da Educação e Cultura, então em vias de construção.

Giorgi vai encontrar em São Paulo uma grande personalidade artística, de origem ítalo-alemã, Ernesto de Fiori, instalado ali desde 1936, fugido das nuvens negras que se acumulavam nos céus da Europa. Escultor de raça, cujas figuras magistralmente bem lançadas são de uma elegância que já é produto da forma e não de estilo. Morto em 1945, deixou uma obra preciosa, mal conhecida e que, infelizmente, não fez caminho aos mais jovens de casa. Não era de Fiori apenas um escultor de grandes méritos, era também excelente pintor. Sua obra pictórica tinha tal envergadura que chegou a influenciar – único entre os contemporâneos no mundo – o próprio Volpi. Sua pintura de espírito francamente moderno era toda em planos e em cores chapadas, em contrastes, ou apenas transidas de branco, sem modelado, clara estrutura formal, de rasgada bidimensionalidade. De Fiori não deixou atrás de si toda a ressonância que era de se esperar de seus ensinamentos e da própria obra. A ditadura, que no Rio em torno do Ministério da Educação, como uma catedral, arrebanhou arquitetos e artistas plásticos; que em Belo Horizonte descobriu Oscar Niemeyer ainda em botão e com ele fez Pampulha, para a qual Portinari foi chamado a dar a sua contribuição para um exemplo de integração das artes na capelinha local que ainda não se havia alcançado no Brasil, desde o Aleijadinho; em São Paulo, apesar das grandes remodelações "urbanísticas" que sofria a capital paulistana, a ditadura nada fez de mesmo nível, e um artista das dimensões de de Fiori passou por ali em branca nuvem (o fato atesta o provincianismo acentuado no meio).

O vendaval da guerra ainda tangeu outros pássaros dos céus da Europa para o Brasil. No Rio, pela mesma época de de Fiori instalou-se uma personalidade vigorosa e singular, A. Lescoschek, que tinha mais ar de oficial de cavalaria austríaco que de artista. Teve ele papel importante na formação de vários artistas brasileiros, hoje maduros e de nomeada. Manteve inclusive curso de desenho e gravura na Fundação Getúlio Vargas. Por sua orientação passaram muitos; entre outros, Fayga Ostrower e Ivan Serpa, que foram rivais, no seu curso, como os alunos mais destacados. Lescoschek botou-se pouco depois de terminada a guerra para a sua Áustria, onde voltou, ao que parece, a exercer velhas atividades políticas. Era um gravador severo, de formação clássica. E no Rio ainda se aninharam num verdadeiro recolhimento uma portuguesa e um húngaro não comuns, filhos espirituais de Paris, Maria Helena e Arpad Szenes. De volta a Paris, onde se transformou numa verdadeira estrela da pintura abstrata mundial, sob o nome de Vieira da Silva, deixou por aqui algumas telas em que o peso da poesia numa pintura magnífica se sentia: uma narrativa do inefável e do onírico em espaços interiores, já de inquietantes perspectivas, onde o mistério do cotidiano era também o cotidiano do mistério. Quando ganhou o grande prêmio da nossa VI Bienal, sua obra em que a pintura e a poesia continuavam unidas deixa ver agora que é a pintura que conduz o fio de sua imaginação. Quanto a Arpad Szenes, ensina de tal modo pintura, desenho, arte. É um estranho *métier* o que ensina, e tão *estranho* que o estranho que com ele aprenderam, por exemplo, Lygia Clark ou Almir Mavignier, não esqueceram nunca, mesmo quando o que passaram a fazer contraria tudo o que Arpad transmitiu. Grande pintor que vive na sombra, que ama a sombra, a pintura de Arpad se é "cosa mentale" é principalmente um pensamento que não é traduzível senão em pintura. Não foi por acaso que quem os descobriu no Rio, quem os acolheu, quem os alojou numa singular pensão de russas num velho casarão do Flamengo foi um poeta, e que poeta, Murilo Mendes e, como se vê, grande crítico também. Mas não é só: foi ele ainda quem descobriu vinte anos antes o gênio de Ismael Néri.

Bruno Giorgi veio também da Europa açoitado pelo vendaval político, o fascismo primeiro que o correu da Itália e a Grande Guerra depois que o expulsou da França. A hora artística brasileira lhe foi entretanto oportuna, apesar de reinar a ditadura estadonovista. Mas esta à cata de prestígio (artigo de consumo indispensável aos ditadores), num país sem tradições culturais e com uma opinião pública incompetente e incapaz de opinar mesmo sobre coisas mais decisivas que arte, se decidiu a proteger os modernismos, pelo menos no campo "inocente" das artes plásticas e no muito menos inocente da arquitetura (graças sobretudo à conjuntura de contar com um ministro da Educação e Cultura bem cercado de intelectuais esclarecidos). Com efeito, não tardou que o escultor recém-chegado de Paris passasse a exercer sua presença nos meios artísticos do Rio, onde a escultura, mais do que uma parenta pobre, era autêntica borralheira.

Esse borralho acabou sendo efetivamente representado por um probo artista, heroica e anacronicamente fiel à lição de seu mestre, Bourdelle; com efeito, apesar da solidão e da terrível adversidade, em longos e longos anos, Celso Antônio continuou (e continua) intratável no que tange à intocabilidade de suas concepções. Ficou tristemente famoso pela covardia das autoridades da época o caso do *Monumento ao trabalhador nacional,* encomendado nos bons tempos modernizantes do populismo demagógico ao escultor da *Moça em pé.* A escultura feita sobre um modelo negro tinha proporções quase faraônicas. Assustou-se o cliente ou o mecenas oficial, exigindo do escultor que cobrisse o membro. Inaugurado o monumento em praça pública, um movimento popular foi forjado contra o Trabalhador que, ao parecer, saía do banho envolto em uma pequena toalha. E mandou sem perda de tempo retirar o monumento aos olhos dos transeuntes. Ainda existirá a obra? Era em pedra.

Sem dúvida, o maneirismo elegante de Bruno Giorgi era mais palatável ao gosto oficial e, naturalmente, ao gosto dos burgueses já progressistas da época. Justiça, porém, lhe seja feita. A obra de Giorgi acrescentou uma nota de modernização à provinciana escultura de então. E era pelo menos lógico que ao discípulo de Bourdelle fizesse *pendant* o discípulo de Maillol. Mas o que ela trazia era principalmente um ritmo linear, que termina por penetrar a massa para vazá-la, à maneira de Moore e alcançar uma imagem que é imediatamente apreendida pelo olhar, sem desenvolvimento de surpresa, ora elegante, ora idealista ou pré-formada em função do ritmo inicial. E este é rigorosamente ditado pela linha de contorno do desenho. A obra deste escultor é para ser lida como em relevo, mesmo quando a forma é gorda e cheia. É que ele guardou sempre, mesmo na fase de influência de Moore, uma espécie de vocação vegetal, ou uma procura de forma que raramente ultrapassa a estilização. E nunca atinge a profundeza do espaço, a tridimensionalidade. Derivação ainda de Maillol? Ou antes rebento tardio, longínquo da *art nouveau?*

Talvez se possa hoje, olhando para trás, ver no episódio Celso Antônio o fim de uma fase intermediária do modernismo brasileiro, entre a fase da Semana de Arte Moderna que foi o prólogo e a da Bienal, que é a do triunfo.

**Entre a Semana e as Bienais**

Essa fase intermediária (já que falamos nela) foi aberta pela Revolução de 1930, e assinala-se pela intervenção do Estado não só no domínio econômico e político como no cultural. A intervenção iniciou-se no plano artístico primeiramente pela nomeação revolucionária de Lúcio Costa, o futuro definidor da ideia de Brasília, para a direção da Escola Nacional de Belas Artes de que resultou o desmembramento da arcaica instituição do ensino da arquitetura, que vai, enfim, assumir a necessária autonomia na nossa Faculdade Nacional de Arquitetura. Poucos anos depois, por um ato de puro teor burocrático, à feição também dos despotismos esclarecidos de outras eras (quando se institucionalizaram as academias) um salão nacional de arte moderna é tirado, como Eva da costela de Adão, do vetusto S. N. B. A., cujas origens longínquas remontam ao império, e a tarefa precípua que tinha era mandar todos os anos, graças a uma medalha de ouro obtida num concurso convencional, um babaquara caboclo frequentar mais uma academia em Paris ou Roma. Portinari foi o primeiro a sair daquele moinho de mediocridades coroadas um artista vivo. A justiça manda ainda que se assinale ter sido Milton Dacosta o primeiro salvado da Divisão Moderna do mesmo galão, precedido porém de Pancetti, que teve também sua viagem ao estrangeiro, onde já havia estado, aliás, várias vezes, e mesmo ali vivido muitos anos.

É a época em que se inicia o surto sensacional da arquitetura moderna do Brasil, sobretudo a arquitetura monumental de palácios e projetos suntuários oficiais. Foi o momento da primeira geração de arquitetos modernos brasileiros. Uma falange de figuras jovens de primeiro plano tomou o Brasil, e fez deste, ao terminar da Segunda Guerra, um país de vanguarda arquitetônica. O país foi mesmo, por um instante, o paraíso dos arquitetos, pois que nele estes só consideravam o programa e o partido e se davam ao luxo de todas as experimentações em materiais novos (vidro, alumínio etc., como se brincou com eles), inovações modernistas, caprichos (o brinquedo dos *brise-soleil* e *basculantes* até em fachadas de sombra, dos balanços gratuitos) e até obsessões detalhistas e acabistas. Tudo isso ficava por conta do cliente para inveja, por exemplo, de um Alvar Aalto que ao passar por aqui quando premiou nova estrela ascendente da arquitetura, Sérgio Bernardes, pela ductilidade no uso de material novo, já na II Bienal, lamentava-se de ter ele mesmo de fazer às suas custas e na própria residência em Helsinque experiências e inovações de que andasse cogitando (por isso mesmo a Finlândia, país pobre, tem, a partir desse mestre, uma arquitetura bem plantada no solo, homogênea, revolucionária nos processos de construção, no uso do material (a madeira), nas articulações de estrutura, nas soluções especiais e, *last but not least,* barata).

De qualquer modo, essa primeira geração brasileira cumpriu seu momento histórico de lançadora no Brasil das ideias fundamentais da revolução na arquitetura, com todas as implicações de ordem geral e social e de ordem técnica daí decorrentes.[2]

Ela veio como muitíssimas outras coisas e instituições do alto e do exterior. Sem o Estado e o Estado ditatorial, a introdução da nova arquitetura no país teria sido feita pelos canais privados e, portanto, de modo mais esporádico e gradual. A maneira súbita, maciça, em grande escala, de caráter suntuário, burocrático, monumental, com que foi introduzida não se teria dado. E sobretudo jovens talentos como um Niemeyer, um Reidy não teriam tido a oportunidade de suas vertiginosas carreiras. Outrora, quando o espírito do liberalismo ainda era predominante, intelectuais e homens provectos costumavam lamentar que tudo fosse feito por meio do Estado. Ora, tudo no Brasil, desde pelo menos o rei dom João II e Tomé de Sousa, tem sido feito pelo Estado, seja a Coroa portuguesa, seja a Coroa imperial, e mesmo a Primeira República, com sua constituição liberal, o trabalho enfim tornado livre, a livre concorrência e os capitais internacionais sobretudo ingleses que entraram, promovendo o progresso e carreando as riquezas.

A essa geração de pioneiros deve-se acrescentar o nome de um autêntico precursor, Warchavchik, que tentou fazer, timidamente, já antes de 1930, verdadeiras amostragens em escala privada do que depois, sob o bafejo oficial, se ia realizar em grande no Rio de Janeiro. Com efeito, Warchavchik, emigrado para o Brasil pratica-

---

2 Provavelmente sua maior contribuição foi o uso sistemático do concreto, provando ser este tão durável, elástico, maleável quanto o ferro, e tão versátil a ser capaz de atender a todas as especulações da imaginação plástica de Oscar Niemeyer.

mente ao mesmo tempo que Segall ainda nos inícios de 1920, constrói a primeira casa no Brasil segundo a fórmula "moderna": toda em planos geométricos, que era o que mais se admirava nas construções do tempo, inclusive o teto, marcando-se assim o momento em que a estética cubista exerceu uma hegemonia sobre todos os ramos de arte. Além do realce deliberado dos planos, a outra regra indiscutível era a supressão do supérfluo com o banimento de toda ornamentação, na linha do pensamento ético-estético de Van de Velde e da Bauhaus, segundo o qual o que fosse racional seria funcional e o que fosse funcional acabaria por ser belo ou como tal consagrado (nesta linha de pensamento estava ainda Le Corbusier do tempo da "casa, máquina de viver" até explodir no palácio da Justiça de Chandigard e curvar-se, contrito, ao peso das próprias profundezas e nos dar Ronchamp). E ainda na sua via precursora o nosso Warchavchik, sobre quem Geraldo Ferraz escreveu um livro primoroso, editado pelo Museu de Arte de São Paulo, expôs em 1930 uma casa que ele mesmo chamou "modernista", numa tentativa de integração das artes, sob a presidência da arquitetura, indo da pintura e escultura a murais, decorações e jardinagem. A iniciativa teve sobretudo valor demonstrativo, valor didático.

Assim, a segunda fase da arte moderna no Brasil seria inconcebível sem a liderança desse grupo de jovens arquitetos do Rio e de São Paulo. E o que ele trouxe, talvez sem muita consciência disso, ou pôs em circulação como ideia central, e que Warchavchik tentara definir com sua "casa modernista" em São Paulo, foi precisamente a ideia de uma arquitetura integracionista.[3] E quando o projeto do Ministério da Educação e Cultura foi lançado a arquitetura tomou o comando geral, e chamou para com ela colaborar Portinari com decoração em azulejos de uma parede externa, painéis no interior e, finalmente, a grande empreitada dos afrescos sobre os cultivos da cana-de-açúcar, fumo, café e algodão (talvez sua obra-prima). Foram estes, cremos, os primeiros afrescos em grande escala realizados no Brasil, precedidos, porém, das tentativas muito mais modestas e também de ordem privada de A. G. Gomide, curiosa e simpática personalidade, nascido em 1895 em Itapetininga e morto em 1965. À sua maneira individual, desempenhou ele papel bastante importante nos idos de 1920. Embora não participante direto da Semana (estava ausente do Brasil) esteve perfeitamente integrado no seu clima e preocupações por vocação didática e gosto

3 Em 1959, a propósito da construção de Brasília, houve um Congresso Internacional de Críticos de Arte com a colaboração de arquitetos, urbanistas, teóricos, organizado pela seção brasileira da Associação Internacional de Críticos, então sob a presidência de nosso saudoso Sérgio Milliet, sobre o tema: "A cidade nova, síntese das artes". O congresso reuniu-se em Brasília no Palácio da Justiça, ainda desnudo, e depois em São Paulo e no Rio de Janeiro. Os Anais do Congresso contêm uma documentação completa e preciosa do que nele foi discutido. Quanto à ideia central, suas conclusões foram: 1) Brasília não era modelo de integração nem de síntese; 2) A ideia de integração das artes é uma ideia superada ou inconcebível numa civilização dilacerada como a nossa, e em tão diferentes níveis de desenvolvimento.

da pesquisa em outros ramos decorativos como o vitral, o afresco, etc. Nos meados de 1920 tivemos ocasião de ver afrescos seus em sua própria casa (*A ceia*) e depois, por encomenda particular executa o artista afrescos para a residência de dona Olívia Penteado, a patrona dos modernistas, e pouco mais tarde, entre 1933 e 1934, outra *Santa ceia* em parede interna da casa de um saudoso intelectual ativo na época da Semana e depois até à morte no mundo das artes: Carlos Pinto Alves.

Assim, se em São Paulo, em surto de crescimento demográfico e industrial, as coisas se fazem através dos particulares, embora em menor escala, no Rio, a capital da República, as grandes iniciativas vêm do Estado, do governo. Não foi somente Portinari que foi chamado a participar da criação do Ministério da Educação e Cultura: também mais um pintor, como Guignard, que ali tem dois excelentes quadros, de sua fase ainda surrealista, e escultores como Bruno Giorgi, Celso Antônio, Ceschiatti, bem mais jovem e pela primeira vez, no Brasil ou no Ocidente em época contemporânea, um artista é oficialmente convocado a colaborar da obra coletiva exclusivamente como jardinista. Desde então Roberto Burle Marx, que inicia assim sua carreira de paisagista muito jovem ainda, o faz com a glória de ter sido o primeiro da sua especialidade a participar regularmente, organicamente da aventura fascinante da arquitetura e urbanística moderna. Transformou-se pelas circunstâncias numa espécie de Le Nôtre caboclo.

Aqui se pode pegar ao concreto uma diferença marcante entre a primeira fase da Semana de Arte Moderna e a fase intermediária. Naquela trata-se de levar ao público através do escândalo ou da terapêutica de choque espécimes da revolução modernista que vai pelo mundo. Um punhado de artistas plásticos, de poetas, literatos, músicos que se proclamam "modernos" e se reúnem, em nome desse modernismo, para se apresentar ao burguês provinciano. Cada ramo de arte mostra com seus artigos seus representantes. Todos estão ali na pressuposição de que são individualidades geniais. Agora, na segunda fase, o pensamento dominante já tem certa conotação social e coletiva, e não é por acaso se o verdadeiro protagonista é o arquiteto.[4] Na terceira fase, e das bienais, o pêndulo volta às artes individuais, e a hegemonia passa à pintura, como era na Europa.

Dessa primeira geração de arquitetos, algumas das principais figuras já se foram, como em São Paulo Rino, Levi, brilhante ponta de fila, e o lançador da primeira epístola aos cristãos, quando de Roma – onde ainda estudava – deitou seu manifesto

---

4 Dessa consciência e responsabilidade social o nome a destacar é a de Vilanova Artigas, não só grande arquiteto, como grande professor que fez de seu departamento da Faculdade de Arquitetura de São Paulo um centro propulsor daquilo que Gropius chamou de "arquitetura total", mas no âmbito ecológico e cultural do país.

ao povo (1928) pelo advento da moderna arquitetura; ou esse admirável homem e mestre arquiteto entre os maiores que foi Afonso Eduardo Reidy, no Rio, desfalcado também prematuramente de dois dos três Robertos, irmãos no sangue e na boa linhagem profissional, abridores igualmente de caminho (o edifício pioneiro da ABI). E ainda em plena mocidade há que lembrar com o pesar profundo do primeiro dia de sua morte, uma das estrelas mais promissoras da geração, Atílio Correia Lima, que vai mostrar numa só obra as relações profundas que se estabeleceram no Brasil entre a criatividade espacial na arquitetura e a criatividade da arte abstrata brasileira dos anos ulteriores. Queremos nos referir àquilo que ainda hoje se pode considerar uma joia da arquitetura moderna brasileira, a estação de Hidroaviões, transformada num clube de oficiais da Aeronáutica. Em nenhum momento a intuição do espaço apreendido foi mais felizmente captada num aparelho arquitetônico de proporções mais ao ponto em suas vivas, tensas articulações do que naquela singela construção de Correia Lima. Passados tantos anos, ela nada perdeu de sua vitalidade espacial, de sua organicidade, apesar de embrutecida por terem montado sobre os degraus livres da escadinha em caracol ligando o piso ao andar superior um corrimão maciço, que quase fez daquela pura linha em espiral a riscar o espaço um tubo insólito (dizem que o "melhoramento" introduzido foi feito para evitar que curiosos olhassem os baixos das mulheres ao subirem). De qualquer modo, olhando-se agora a pequena obra do malogrado arquiteto, após a experiência estética adquirida em todos esses anos de arte moderna e de bienais no Brasil não se há de exagerar demais ao proclamar ser ela umas das *obras abstratas* mais belas ou mais perfeitas que se criaram por aqui.

Nesses anos de hegemonia da arquitetura no campo das artes, a prodigalidade edilícia estatal não ficou isolada. Ela foi sustentada por uma formidável reafirmação dos negócios, que se iniciou com a famosa "febre" de construções, ou, com mais precisão, uma especulação imobiliária sem limites. Foi então que São Paulo bateu todos os recordes nas construções, isto é, daquela especulação, tornando-se a metrópole onde mais se edificava no mundo, a ponto de superar mesmo Chicago ou Nova York, ao fazer uma casa por hora ou ainda menos tempo. O crescimento anárquico de nossas capitais, como o escândalo dos loteamentos selvagens sem o menor vislumbre de consciência social, teve aí seu apogeu. O milagre, como se diz, da iniciativa privada fez misérias, e no verdadeiro sentido da palavra. Os arquitetos não tiveram tempo nem gosto para analisar de perto a natureza do milagre. E foram, querendo ou não, cúmplices da selvageria urbanística que depois dos estragos de Copacabana, tornando-o o bairro mais odiento do Rio, tomou conta da nossa cara cidade de São Sebastião do Rio de Janeiro, cuja intrínseca paisagem pede apenas que a deixem como está, que não a violem, e parem de trepar hotéis hiltonianos no topo dos morros espetaculares ou de tapar com fileiras de blocos de arranha-céus rendosos e tristes as mais lindas encostas. Pondo-se à parte os aspectos sociais das favelas, que é o lado negativo de todo progresso urbanístico capitalista, uma coisa é evidente, e precisa que se diga: os barracos improvisados e clandestinos que se estruturam de morro acima nas favelas integram-se, mal ou bem, na paisagem; as construções modernas com licença urbanística ferem-na, e brutalmente. Mas o caso de São Paulo talvez ainda seja pior; é, de qualquer modo, mais grave, pois a iniciativa privada sempre foi ali mais poderosa do que aqui, e em geral sua paisagem citadina ou é obra dos homens ou simplesmente não existe. A natureza não ajudando, o desastre é maior. E assim o Centro, onde outrora se assentava a simpática cidade provinciana sobre as colinas em torno do Convento dos Padres, foi transformado num irrespirável antro de medonhos arranha-céus, tão anárquicos quanto um denso burgo medieval ou tão antissociais quanto o núcleo urbano de Nova York, Chicago ou outro qualquer. Seu mal ganha os bairros adjacentes e vai pela periferia de modo que a formidável metrópole é hoje uma triste e caótica aglomeração de gente que se empurra de manhã à noite para ganhar dinheiro. A arquitetura arte, a arquitetura atividade cultural transformou-se num mito, que ainda não foi, mas precisa ser denunciado, sem no entanto, o que é pior, se tornar por isso em atividade social mais racional e consciente numa técnica construtiva reformulada em função das condições de pobreza do vasto país do interior ou em função da revolução tecnológica que prossegue pelo mundo quanto a materiais, quanto a processos de edificar, quanto à emergente libertação dos limites de localização. (Para vencer a barreira do subdesenvolvimento, o Brasil carece de toda sorte de reformulações, inclusive no plano arquitetônico.) Mas, afinal, de qualquer modo, o progresso capitalista veio carreando tudo na sua torrente. Inclusive as artes – e de novo – a arquitetura para as bienais, que vão começar.

Da década de 1920 para a de 1930 grandes acontecimentos políticos sacudiram o Brasil de sul ao norte, e São Paulo tornou-se o ponto nevrálgico da revolução, embora o poder central continuasse no Rio, as forças subjevadas viessem do Rio Grande do Sul, com os provisórios, de Minas e do Nordeste. São Paulo foi ocupada militarmente, com um interventor militar de fora, um autêntico tenente. Em nenhum estado da federação o processo de transformação político e social foi mais acentuado do que na terra de Piratininga. As convulsões ali foram maiores, e terminaram com a revolta da burguesia e pequena burguesia paulista, em nome da reconstitucionalização geral e da autonomia do estado. A divisão de classes já num sentido moderno foi maior em São Paulo. Se Higienópolis, o bairro aristocrático, era hostil ao novo poder revolucionário, o Braz proletário era favorável. E já lhe manifestava sua ingênua simpatia. Mas em 1920 esse Braz ou esse Cambuci capazes de manifestar de público ou coletivamente essa simpatia política ainda não haviam crescido bastante. Por isso mesmo, se foi Higienópolis que fez a Semana de Arte Moderna em 1922, foram o Cambuci e adjacências que fizeram a Família Artística Paulista, na outra etapa. Se o local em que se realizou a Semana foi o majestoso *foyer* do Teatro Municipal de São Paulo, a sede da Família era numa sala do edifício Santa Helena, no largo da Sé, onde desde 1933 se localizava a maior parte dos sindicatos operários novos, criados com a revolução.

São Paulo de 1920 para 1930 mudou muito na sua estrutura social e demográfica. Este dado demográfico do Censo de 1950 dá o sentido dessa mudança. De 1901 a 1920 só de imigrantes italianos entraram ali novecentos mil. Mesmo que a massa dessa imigração fosse destinada às fazendas de café do interior, pouco a pouco parte considerável dela, e a mais ativa e empreendedora, vinha já com os filhos instalar-se nos bairros proletários do Cambuci, Braz, Mooca, Lapa. Essa massa imigratória cessou às vésperas da Semana. Mas antes dela, na década anterior, com a abolição do braço escravo, deu-se a primeira grande entrada de trabalhadores livres, procedentes de Portugal, Itália, Espanha e outros países. Nessa primeira leva de colonos é que vieram esses sujeitos enérgicos e empreendedores que aqui fundaram verdadeiras dinastias de homens de negócio, industriais, fazendeiros como os Matarazzo e outros que criaram o São Paulo para além do café. Muitos outros dentre estes cujos nomes nos são familiares não chegaram a fazer fortuna, mas deixaram descendentes que iriam trazer sua contribuição às artes, às letras, à imprensa do país, como um Menotti del Picchia, um Alfredo Volpi, um Lívio Abramo, mais moço, pois nascido em 1903, filho de uma dessas personalidades típicas da época, com energia e inteligência também para empreender mil coisas, como os outros ou antes dos outros, mas sem ser tocado pela graça da fortuna. Daqueles nomes mencionados, só o poeta de *I-Juca Pirama* pôde aristocratizar-se bastante para, em 1922, passar além do Largo da Sé, atravessar o Viaduto do Chá e vir participar com a gente do outro lado das demonstrações da Semana. Os outros, ou o outro, da idade dos artistas participantes da Semana, nascido nos idos de 1890, como todos aqueles, ou mais precisamente em 1896, na Itália ainda, mas para aqui trazido pelos pais, aos dois anos de vida, isto é, na primeira leva, já era pintor de cavalete, e bem lançado, quando se realizou a Semana. Mas proletário, pintor de parede de profissão, os fazedores da Semana não tinham conhecimento dele, como ele e seus companheiros de convivência, e pintura tampouco talvez tivessem sabido dela. Do largo da Sé não passavam; deste era para trás, para o Cambuci, para o Braz. É que nesses bairros imperavam os ofícios e as oficinas do artesanato. Volpi, já bom pintor, numa veia nada acadêmica mas antes impressionista ou pós-impressionista, à maneira italiana, estava perfeitamente qualificado para tomar parte na Semana. Faltava-lhe, porém, o *status* social para a prévia convivência com seus promotores. E, muito caracteristicamente, ainda era ele no plano profissional um pintor de paredes, e com outros companheiros do meio que como ele pintavam, desenhavam, trocavam ideias sobre os progressos que faziam na "bela pintura". Eram todos oficiais em vias de passar a mestres de obra. Foi este o ambiente em que nasceu muito depois o núcleo da Família Artística Paulista, muito bem instruído por Mário de Andrade, quando deu o nome ao grupo e sobre ele escreveu, em 1937. Aliás, o próprio Mário só veio a conhecer Volpi por essa época quando, segundo este, juntos confraternizaram num porre.

Uma atmosfera intelectual paira sobre a Semana; uma atmosfera profissional pairava modestamente sobre a Família. As generosas aspirações nacionalistas que moviam vários poetas e artistas participantes da Semana foram desembocar em movimentos literários, sociais e políticos; uns, com maior originalidade, como por exemplo a antropofagia, de natureza filosófica-estética interpretativa da formação brasileira; outros como o verde-amarelismo, já de franco teor reacionário e que foi degenerar sem tardança no integralismo.

As ideias políticas revolucionárias vieram à tona com a crise das instituições e a crise econômica do café, que deram por um momento, sobretudo em São Paulo, ligeiros sintomas de vacância de poder. Oswald de Andrade, numa profissão de fé comunista, rompeu com a própria classe, a aristocracia do café, vencida e decadente, convertido por um momento à ideologia do Partido Comunista de então e à revolução proletária. Ao lado e em oposição à Sociedade Paulista de Arte Moderna, fundada por antigos promotores da Semana já agora acusados de granfinos, aristocratas e reacionários, lança-se o Clube de Arte Moderna. Flávio de Carvalho, seu organizador e animador, intelectual de alta têmpera, artista de múltiplas possibilidades, rico e desabusado, também oriundo de velha família paulista, enche o meio paulistano com os ecos de suas atividades e seus desafios. Ele adota como lema, talvez sem o saber, a velha palavra de ordem dos surrealistas, lançada por Louis Aragon, então um dos seus mais brilhantes paladinos, de "o escândalo pelo escândalo". Assim, numa exposição de sua pintura, denuncia ele mesmo em carta anônima aos jornais e à polícia quadros obscenos que lá estão à mostra, em autêntica ofensa ao pudor. Feita a denúncia, arma-se o escândalo, e o público corre à exposição antes dela ser fechada pela polícia. Ou então é a *Experiência n. 2*, delicioso livro em que narra com detalhes e ilustrações a ameaça de linchamento que sofreu e o medo que teve por ter desafiado o sentimento piedoso de milhares de fiéis que acompanhavam uma procissão, ao conservar o chapéu na cabeça. Outro "escândalo", mas este de real profundeza ética e estética, foram os belos desenhos que fez dos vários momentos de agonia da mãe. Flávio de Carvalho atingiu aqui seu apogeu como homem e como artista. O seu CAM, até ser fechado pela política sob o velho pretexto de subversividade e orgias, foi uma tribuna de debates bastante livre. Ali se expôs, pela primeira vez no país, a obra revolucionária da formidável gravadora alemã, Kaethe Kollwitz, a amiga de Rosa Luxemburgo. Houve, a propósito, conferência seguida de debate sobre "as tendências sociais da arte", do ponto de vista marxista,[5] o que ainda não se havia feito no Brasil. Foi por esse tempo que apareceram os primeiros artistas brasileiros com mensagem social consciente. Ao lado de um Osvaldo Goeldi surge, mais moço, um novo gravador de força que é Lívio Abramo. É ele o primeiro artista, ao que saiba, a transpor para a xilo o tema da luta de classes: o operário na fábrica, o operário coletivamente em protesto, a velha fábrica de tecidos com o seu perfil recortado, grades e chaminés eretas como uma infantaria em face do inimigo e, em volta, pela acidentada topografia adjacente, o casario operário, em grupos, trepados pelas elevações como troços emboscados de assantes (guerrilheiros?). Havia nas xilos e linóleos de Abramo, num desenho límpido e forte, um acento caloroso de solidariedade de classe.

Por essa época, Tarsila estava em sua fase social, quando nos deu algumas telas como *Operários* e *Segunda classe*, em que transparecem todas as suas simpatias proletárias, expressas por uma profunda compaixão pelos humildes. No plano pictórico, são telas magníficas, num esquema de cores muito diverso do esquema anterior, em cuja realização a artista pôs todo o seu amor. A grande pintora pagou essas simpatias com a prisão em que foi jogada por sua própria classe, com outro pintor ilustre, Di Cavalcanti, e vários intelectuais, durante os dias do levante paulista de 1932. O ambiente de alta tensão social e de crise institucional não permitia mais as explosões puramente estéticas ou culturais da Semana.

A polêmica não era mais artística, mas declaradamente política. O nazismo vitorioso na Alemanha estimulou os fascistas caboclos a vestirem camisa verde, fazerem saudação de braço estendido, arranjarem um *führer* nacional, armarem-se e saírem à rua espancando homens de esquerda onde encontrassem, e desfilando

---

5 O conferencista da ocasião foi o autor do presente trabalho.

com sua milícia militarizada de milhares de homens até cerimônia de juramento à bandeira no largo da Sé, em frente ao edifício Santa Helena, onde tinha sede a Federação Paulista dos Sindicatos dos Trabalhadores, recém-criada. O aparato militar e acintoso da cerimônia visava, conforme a tática nazista da conquista da rua antes da tomada do poder, intimidar os trabalhadores e ameaçar a própria existência de seus sindicatos de classe. Apesar de inexperiente ainda, a Federação compreendeu o perigo e o sentido da manobra e da ameaça. Então, a seu apelo, uma frente única de todas as esquerdas se formou com o fito expresso de, em face da passiva neutralidade do governo, dispersar pela violência aquele desfile. A 7 de outubro de 1934, com efeito, o povo em massa dos bairros proletários acorreu ao largo da Sé armado de qualquer coisa (pau, faca, foice, espingarda, pistola) e dissolveu no peito (centenas de feridos, uma dezena de mortos dum lado e do outro, muitíssimas prisões) a parada dos galinhas verdes que nunca mais desfilaram pelas ruas de São Paulo. Continuaram, porém, a fazê-lo no Rio até o golpe estadonovista de novembro de 1937, com que, com a sua cumplicidade, a ditadura liberal indefinida de 1930 se define fascista, e o senhor Filinto Müller, esse lídimo democrata de hoje, é elevado à categoria de Himmler para instituir pela primeira vez o terror nazista em nossa terra. Precisamente naquele ano, organizava-se a Família Artística Paulista que, afastando toda espécie de polêmica, política ou estética, entre "modernos" e "acadêmicos", concentra-se sobre questões de *métier*, de ofício; ela refletia assim, no fundo, uma mentalidade artesanal que era realmente a de seus membros, em geral.

As preocupações profissionais vinham à tona por toda parte e as preocupações ideológicas ou políticas passavam para trás. O Estado Novo, de âmbito totalitário, não permitia mais polêmicas ou discussões livres de idcias, nem veleidades políticas ou ideológicas autônomas. A era dos clubes de arte "moderna" estava morta; não por acaso surge, em seu lugar, o Sindicato de Artistas Plásticos. Cuide doravante cada um de seus negócios privados, de seus afazeres profissionais: o resto é com o Estado... Novo.

Um clima morno se instala. Os dias monótonos e sufocantes da ditadura se prolongam. Salões disso e daquilo se abrem e se fecham, com maior ou menor brilho, e somem não deixando eco. Exposições individuais deste ou daquele artista se fazem ora em São Paulo, ora no Rio. Uma nova geração de artistas, pintores sobretudo, começa a dar o seu recado. Mas personalidades marcantes são raras. As galerias de arte são praticamente inexistentes. O mercado de arte, uma excentricidade. A guerra começa e a guerra acaba, e uma nova inquietaçao geral toma conta dos espíritos; a ditadura esboroa-se. A agitação política aumenta. A fermentação estética recomeça, e é a moda dos museus: em São Paulo, o de Arte, em 1947, e o de Arte Moderna, em 1948; o MAM no Rio, em 1949. Estava-se às vésperas da Bienal.

## Às vésperas da Bienal

Pouco antes da abertura da I Bienal, com a retomada do comércio mundial, e consequente intensificação das comunicações internacionais, a França, à cata de retemperar seu prestígio muito abalado com a guerra, manda primeiro que qualquer outra nação uma mostra ambulante coletiva de arte francesa do século XIX aos contemporâneos; era uma retrospectiva não muito completa, e ressentindo-se de certo conservadorismo na sua seleção. O senhor Germain Bazin, o engomado conservador-chefe do Louvre, estava longe de ser um homem em dia. René Huighe, este um eminente escritor de arte, também passou por aqui pela mesma época com uma mostra moderna francesa; apesar do brilho de suas conferências e das analogias por vezes curiosas que estabelecia entre este ou aquele artista, não ia, contudo, além da Escola de Paris tradicional, cujos limites bordejavam entre um surrealismo corrigido *à la* Balthus, um pós-cubismo francês *à la* Bazaine e um expressionismo moderado à la Guiber, morto de pouco, o seu herói. O esforço propagandístico francês impressionou o grande público, mas não convenceu as gerações mais novas ansiosas por expressões mais audazes e revolucionárias: o mundo após a guerra vitoriosa contra as forças do mal, o obscurantismo nazi-fascista, não ia ser totalmente outro?

Cedo, no entanto, dois acontecimentos artísticos importantes vieram revelar àquelas gerações mostras das novas tendências. Trata-se de duas exposições capitais que se realizaram, uma no Rio de Janeiro, no salão do Ministério da Educação e Cultura, em 1948, de iniciativa de Henrique Mindlin, e outra em São Paulo, na sede do Museu de Arte, organizada por seu diretor, P.M. Bardi. Essas duas mostras indicam, sobretudo aos jovens, que Paris não é mais a capital propulsora das artes no mundo que foi durante séculos. Eis aqui duas expressões de vanguarda as mais avançadas, e que não vêm de Paris, que são mesmo desdenhadas ou desconhecidas em Paris: Alexander Calder e Max Bill. Este, só agora neste fim de ano último, é revelado em Paris, numa grande exposição retrospectiva no Museu de Arte Moderna, e ali consagrado pela crítica. O outro, embora vivendo parte do tempo em Paris, ou mesmo no interior da França, era considerado, e isso nos meios artísticos, mais como uma personalidade curiosa que um artista criador. Em 1943, de Nova York, onde vivia, Mário Pedrosa escreveu para o *Correio da Manhã* um longo artigo sobre Calder, comentando sua extraordinária exposição no Museu de Arte Moderna da grande cidade. A mostra dele no Rio exibia um grande artista *sui generis* que, pela própria maneira jovial e genial com que se apresentava em pessoa e na obra, parecia a muitos espíritos da Europa e daqui também, e dos mais avisados, como não se enquadrando na concepção que tinham da escultura. Esta exposição teve também uma evidente significação histórica: era a primeira vez que se apresentava ao Brasil no plano das artes plásticas um grande artista norte-americano. Ele veio sem nenhum bafejo oficial de seu país. Fazia então o governo de Washington uma política cultural de *laissez-faire*. Quer dizer, não tinha ainda política cultural própria. Ainda praticava um liberalismo provinciano, neste como em outros domínios. A arte livre de Calder era totalmente ignorada dos meios oficiais. O próprio *establishment* a olhava com reservas, porque ainda não ganhara os galardões da fama nos meios internacionais, nem preço nos mercados de arte (a competição ferrenha, em todos os domínios, aberta com a guerra fria – Truman – apenas começava, limitada porém então ao campo econômico e político). Como só agora se verifica, Calder mostrava-se precursor de certa arte desmistificada de nossos dias, com seus estábiles e móbiles, seu circo de brinquedo, seu humor, seu prosaísmo, seu plebeísmo de materiais sujeitos a desgaste imediato (arame, paus, cacos de vidros etc.) e, consequentemente, a serem substituídos sem perda da sacrossanta unicidade.

Quanto à mostra de Max Bill, admiravelmente organizada no Museu de Arte de São Paulo, em 1950, foi uma revelação para os artistas mais inquietos e jovens do Rio e de São Paulo e para a crítica militante. Bill nos dava um conjunto completo de toda a sua obra, desde as séries em progressão de formas geométricas elementares, o processo das aproximações cromáticas de limite-não-limite até as construções espaciais fundadas em figuras topológicas como a fita de Moebius, de onde saiu a admirável *Unidade tripartida,* grande prêmio de escultura da Primeira Bienal de São Paulo, também um dos raros prêmios revolucionários dos longos anos de bienais nossas. Pode-se dizer que o importante movimento concretista brasileiro e argentino teve seu primeiro ponto de apoio nessa demonstração de Bill, então o mais insigne representante da arte concreta suíça e mundial, se excluímos o nome do grande precursor esquecido em Paris, morto faz alguns anos, o belga Vantongerloo, mestre confessado de Bill, seu testamenteiro. O que seduzia os moços nessa arte era o antirromantismo declarado, a soberba pretensão de fazer uma arte calculada matematicamente, desenvolvida sobre uma ideia perfeitamente definida e exposta, e não nos momentos vagos ou subjetivos de inspiração para os quais não poderia haver critérios de julgamento precisos ou não aleatórios (este trabalho dedicado ao campo específico das artes plásticas não abarca o movimento concreto na poesia que, por sua importância nacional e internacional, merece estudo à parte).

E que mais? Que há de mais peculiar ou de mais importante no campo cultural-artístico no Brasil antes da Bienal? Dois acontecimentos nesse plano e mesmo no plano educacional e antropológico interessam de perto as atividades e a criação artística em geral. E que vieram mesmo romper a estreiteza de concepções convencionais, acadêmicas e velhos preconceitos intelectualistas reinantes quanto à natureza do fenômeno artístico em geral, incluindo neste a formação e a psicologia dos próprios artistas. Tais preconceitos dominaram não somente nos meios acadêmicos oficiais, mas mesmo nos meios modernistas mais avançados.

O primeiro desses acontecimentos se deu no campo da educação artística e da psicologia infantil, e foi sem dúvida uma verdadeira revolução pedagógica que começou no Brasil quando se criou a primeira escola de arte para crianças no país: a Escolinha de Arte de Augusto Rodrigues, cujos talentos demonstravam não serem apenas os de um gráfico, de um desenhista, mas também os de um fino educador. E como base de orientação de sua escolinha, Augusto Rodrigues teve o bom gosto ou a perspicácia de escolher a obra fundamental de Herbert Read, a *Educação pela arte*. Na mesma linha de abordagem surgiram outras escolinhas como a de Ivan Serpa, que se revelou, então, através das primeiras exposições de arte infantil no Museu de Arte Moderna (dando este com isso já prova de rara abertura para o problema da criação artística), ao lado de suas altas qualidades plásticas, um extraordinário condutor de crianças no campo do exercício criativo. A liberdade criadora das crianças sob seu desvelo se tornou exemplar, e disso saíram alguns exemplos de arte infantil dos mais belos que se conhecem no país.

Mais importante ainda foi a iniciativa da doutora Nise da Silveira, ao organizar no Centro Psiquiátrico do Engenho de Dentro uma seção de Terapêutica Ocupacional para seus internados. Desta iniciativa, de resultados fecundos no campo propriamente psiquiátrico, brotaram duas admiráveis e absolutamente pioneiras exposições de arte de enorme relevância cultural, estética e psíquica. Uma, a primeira, no Ministério de Educação, onde se teve a revelação de um artista de gênio, Rafael, cujos desenhos André Breton, ao vê-los, proclamou superiores aos de Matisse. A outra, bem depois, no saguão da Câmara de Vereadores, então sob a presidência, *excusez du peu*, de não outra personalidade que de um dos maiores poetas deste país, Jorge de Lima. Outro jovem pintor de então, Almir Mavignier, o primeiro a enveredar no Rio pelo caminho do abstracionismo, sob a influência das ideias da *Gestalpsychologie*, divulgadas e aplicadas à arte por Mário Pedrosa em tese (1949) para concurso na Faculdade de Arquitetura, foi a alma daquelas mostras, na qualidade de assistente da doutora Nise da Silveira. Além do trabalho capital de orientação psiquiátrica, espiritual e ética de Nise da Silveira, a Almir, a seu entusiasmo, desvelo e sensibilidade se deve a revelação dos artistas da "Arte Virgem" em Engenho de Dentro, que Leon Degand, o primeiro diretor do Museu de Arte Moderna de F. Matarazzo, ao visitá-los no Centro, chamou de "A Escola de Paris do Brasil". Inclusive de outro pintor de gênio, Emygdio de Barros, de quem se fez uma exposição individuial no IBEU, então com sede na rua Senador Vergueiro. Emygdio chegou, aliás, a participar da representação brasileira à Bienal de Veneza, em 1952. A grande exposição de arte virgem que se realizou no saguão da Câmara dos Vereadores realizou-se também no Museu de Arte Moderna de São Paulo, onde outro psiquiatra eminente, o doutor Osório César, mantinha no Hospital do Juquery, com notável êxito e diferente orientação científica, uma seção equivalente à do Centro do Rio de Janeiro.

No plano científico, psicológico e estético, tais acontecimentos indicavam a ebulição em ideias e concepções que começavam a agitar o corpo cultural e artístico do Rio e de São Paulo, com repercussões maiores ou menores pelos estados. Independentemente dos próprios artistas, por vezes sem consciência do que se passava em profundidade no campo cultural, o mundo das artes ia-se ampliando e perdendo pouco a pouco o que havia de restrito, de preconceitual, de elitismo nas concepções circulantes sobre a matéria, mesmo nos meios mais "avançados" do Brasil.

A "arte moderna" ia mostrar-se, assim, muito mais do que uma simples moda ou escola, como qualquer das inúmeras que passaram pela história contemporânea (e incluindo-se nesta a *art nouveau* e ampliando-a também, o rococó e o neoclássico), um movimento cultural da maior transcendência. Primeiro que tudo vinha revelar o que se havia esquecido no curso do desenvolvimento da civilização burguesa, de seu racionalismo abstrato, consequente à supremacia da economia capitalista com suas relações de produção fundadas no mercado, onde as coisas perdem a realidade concreta, e transferidas ao plano das superestruturas em escala mundial: que a arte em nenhum momento da evolução humana foi monopólio ou produto do progresso econômico e intelectual. Foi, entretanto, em nome dessa supremacia econômica e política e dos conhecimentos que adquiriam sistematicamente reduzidos a normas lógicas esvaziadas de seu conteúdo contraditório, que as burguesias nacionais europeias passaram a proclamar ter também a supremacia e o monopólio da "grande" arte, das "belas artes", desde o advento do chamado milagre grego, em que querem encontrar suas origens ou seu modelo.[6]

---

6 O "milagre grego" em arte é ideologia das burguesias ascendentes da Europa (italianas!) e que atingiu também o próprio Karl Marx, inexperiente nessas matérias e fatalmente desconhecedor das descobertas arqueológicas e antropológicas do fim do século.

No entanto, por uma dessas reviravoltas dialéticas da história, a própria expansão imperialista que se inicia pelo fim do século vai abrir à arte ocidental o contato com as culturas dos povos primitivos, ainda em estágios tribais, comunitários ou pré-capitalistas. Desse contato é que, se não nasce, desenvolve-se o que será a "arte moderna". O impacto desse contato foi tremendo sobre as ciências sociais, da sociologia à antropologia, à etnografia, à psicologia social que até então se desenrolavam independentemente das investigações de campo por analogias e dedução conforme a lógica formal, de natureza idealista ou mistificadora, ou por algumas induções e intuições geniais isoladas de seus sábios.

A ideia da superioridade branca sobre os outros povos da periferia econômica e cultural começava a ser batida em brecha pelo próprio desenvolvimento das ciências sociais e culturais na época imperialista. A arte moderna é, em grande parte, resultante dessa dialética cultural. Assim, ao mesmo tempo que o imperialismo conquista, explora e destrói as economias, o viver e as culturas autóctones desses povos "bárbaros", a arte que se começa a fazer no Ocidente vai enriquecer-se com a contribuição das forças culturais até então insuspeitas desses mesmos povos (revelação dos *ukyo-e,* estampas populares japonesas, sobre os impressionistas e pós-impressionistas, influência dos fetiches negros sobre os cubistas; a revolução da escultura branca sob o impacto da escultura pré-colombiana mexicana; o impacto da arte de todo o arquipélago polinésico e Oceania, da arte dos remos do Kmer e do Camboja, da arte arcaica e das cíclades gregas elevadas acima da arte clássica sob Péricles etc., etc., transtornam a visão e a sensibilidade das novas gerações artísticas da Europa, desde Van Gogh e Gauguin).

Mas, igualmente, pela mesma época, em função das contradições da própria sociedade e cultura metropolitanas, outra abertura, outra conquista, desta vez na vertical, em profundeza, descobre um novo mundo já suspeito de existir mas até então desprezado ou ignorado pelos preconceitos racionalistas intelectualistas dessa mesma cultura burguesa. Trata-se dentro do próprio homem do mundo do inconsciente, afinal cientificamente isolado e destacado por Sigmund Freud, e de que decorre por uma boa parte o revolucionário desenvolvimento das psicologias em profundidade que iam trazer ao conhecimento humano uma nova dimensão. Com essa ampliação dimensional estava-se afinal apto a discernir no homem, além de uma racionalidade em botão permanentemente estorvada pelas estruturas sociais de classe, uma necessidade incoercível de fabulação, como compensação, sem dúvida, a um domínio imperfeito sobre a natureza e que se exterioriza, incessantemente, nas criações míticas dos povos primitivos no seu longo e doloroso processo de passar da natureza à cultura; na imaginária infantil desimpedida e, aos trancos e barrancos, nessa insopitável necessidade de expressão que está em todo ser vivo, em todo ser humano, são, psicótico ou inocente.

## Época das Bienais

O alargamento das fronteiras criadoras artísticas, contribuição fundamental da arte moderna na história de nosso tempo, que começou a verificar-se timidamente, isoladamente no Brasil antes da abertura da Bienal de São Paulo, vai ser apresentado ao público, empiricamente e em vasta escala, com aquela abertura. O terreno estava preparado a colher todas as semeaduras. E logo às primeiras bienais dá-se a vitória do abstracionismo sobre o velho figurativismo por todo o país, apesar de algumas resistências regionais aqui e acolá. Infelizmente daquele início não participou Cícero Dias, o primeiro pintor brasileiro de justo renome que, partindo de um regionalismo poético cheio de fantasia, numa conotação já surrealista quando do Brasil partiu, chegou a um abstracionismo universal para cujo ingrediente entravam sobretudo as cores, a luz de seu Pernambuco nativo. Ele teria dado mais peso com a autoridade de sua presença ao pequeno time abstrato brasileiro de jovens desconhecidos (Almir Mavignier, Serpa, Maluf, então estudante de arquitetura e que ganhou o concurso de cartazes para a 1ª Bienal). Os velhos mestres consagrados resmungam (sobretudo Segall). Mas não são ouvidos. E aqui não há como não parar sobre esse fenômeno insólito que se deu na Argentina e no Brasil, e, por ricochete, em outros países da América do Sul, em contraste com a atualidade artística da Europa, dos Estados Unidos e do Japão. Referimo-nos à forma mais severa e duradoura que tomou o abstracionismo: a geométrica, logo a desembocar no concretismo e ulteriormente no "neoconcretismo".

Baseado nos fundamentos da estética do concretismo de Vantongerloo-Bill logo se formou em São Paulo um grupo de artistas jovens e entusiastas em torno de Waldemar Cordeiro, cuja inquietação teórica fez dele um centro propulsor de ideias, por vezes incômodo ou estéril, mas frequentemente estimulante: um Geraldo Barros, de formação já diferente, pois participou com Mavignier, Palatnik dos nossos entusiasmos pelos artistas de Engenho de Dentro e foi o primeiro a fazer da fotografia dita de arte, não esse enlanguescimento pictórico do gosto convencional, mas uma experiência viril de imagens instantâneas ou fixadas, simultâneas ou dissolvidas em signos da vida e do espaço urbanístico; um Luís Sacilotto, de origem proletária, jovem escultor de talento; Kasmer Féjer, escultor também e experimentador original em vários materiais da produção industrial moderna; Lothar Charoux, sereno e tranquilo desenhista de formas seriadas e ritmos sutis; e pintores como Hermelindo Fiaminghi e Maurício Nogueira Lima, com algumas realizações de nível dentro dos cânones concretistas; Judith Luand, e não pertencentes ao grupo, mas como companheiros de estrada: um Hercules Barsotti, artista de alta sensibilidade plástica, e Willys de Castro, mais jovem, também rico de ideias e de finura. Seja qual for o mérito ou demérito deles – e alguns são dotados de real valor e com uma bagagem artística ponderável – foram esses os únicos que, ao abrir-se a I Bienal, já tinham um ponto de vista estético formado, e a receberam não como basbaques ou negativamente, como acadêmicos reacionários; mas com um critério, certo ou errado (não vem ao caso), que os tornava capazes de aferir do que viam de um modo atualizado ou menos arbitrário e individualístico. O mesmo se pode dizer do grupo afim do Rio.

Houve, com efeito, idêntico fenômeno de aglutinação no Rio de Janeiro, onde Almir Mavignier, com o seu entusiasmo, Alicia Abrão Palatnik, que se entrega então a uma pesquisa de cor por meio da luz, e na I Bienal conseguiu ver aceita, mas fora do regulamento e de seus prêmios, para os quais não se enquadrava em nenhuma categoria, sua maquininha cinecromática (ideia que lhe veio do caleidoscópio). O júri internacional, movido também pelos preconceitos de categorias então irremovíveis, só por forte pressão de alguns de seus membros concordou em fazer constar de ata uma recomendação para que a direção do Museu adquirisse a maquininha para seu acervo. Ivan Serpa, membro também do grupo, está presente na mesma Bienal, como Mavignier e Palatnik, e com uma tela abstrata geométrica levanta o prêmio destinado a artista jovem. E, tempos depois, Serpa atrai por suas atividades de professor toda uma turma de jovens artistas que vão ter ulteriormente real renome, e é Décio Vieira, esse *dandy* de bom gosto infalível, e Aluísio Carvão, já então excelente artesão e pintor de ricas especulações plásticas; Lygia Pape, então dedicada à xilo, como a única a representar na categoria a corrente concretista, antes de desenvolver todas as suas possibilidades criativas na fase neoconcreta e posteriormente; e mais o jovem estudante de arquitetura, João José, e os caçulas, Hélio, já com a marca de sua profundeza e originalidade, e César Oiticica, seu irmão, hoje arquiteto. De Belo Horizonte, Amilcar de Castro, seduzido pelo rigor plástico do concretismo, adere às ideias do grupo e inicia experiências espaciais que vão-se cristalizar numa escultura de planos desdobrados que, em seu desenvolvimento, nos dá a mais poderosa expressão espacial plástica da escultura brasileira contemporânea; e Mary Vieira que, como Amilcar, foi discípula de Guignard, com quem aprendeu a pintar retratos à maneira do mestre. Mary Vieira, pouco tempo depois da abertura da primeira Bienal e sob o impacto da obra de Bill, segue para Zurique, onde se instala numa vida austera e solitária para iniciar-se na arte concreta. Bill é o seu mestre, não no sentido didático convencional, mas num sentido mais lato, pois na realidade tudo se resume em visitas da jovem iniciada ao ateliê do mestre para consultá-lo sobre as ideias em que está trabalhando em casa ou sobre modelos que está construindo no papel. O resto é a influência natural e a ascendência também natural que um grande espírito exerce sobre artistas começantes. Em 1953, apresenta-se à II Bienal com algumas obras (entre estas a bela *Coluna centrimental*, adquirida pelo Museu de Arte Moderna do Rio), todas rigorosamente conforme os cânones concretistas, e nas quais se há influência billiana já revelam, contudo, algumas das qualidades próprias que a artista vai desenvolver depois como a clareza cristalina das soluções, o bom acabamento no artesanato e na ideia, a ciência das articulações no espaço, o pendor formal clássico, a monumentalidade. O seu isolamento na Suíça, onde as ideias e as coisas resistem ao tempo e aperfeiçoam-se, permitiu que ela seguisse sua linha de desenvolvimento, sem descontinuidade, imperturbavelmente, do concretismo suíço inicial às belas soluções movediças atuais em que se a escultura varia ou se desenrola pela manipulação do espectador, não se transforma propriamente, pois se mantém ereta no seu pedestal. E depois é Lygia Clark que, de volta de Paris, onde foi estudar pintura entre outros com Léger, se integra ao grupo dos abstratos cariocas e pela mediação de Mondrian, de Albers e a lição concretista, inicia sua carreira difícil. De fato, partindo do quadro sem moldura, reduzido a superfícies moduladas, ela passa de um estágio a outro até construir no espaço real com os "casulos" e os "bichos", que inauguram a obra de participação do espectador no Brasil. Está-se em 1958. Seu insaciável espírito de investigação e pesquisa não para aí. Ela prossegue até a redução atual da obra a mera atividade criativa que, por intermédio de algum pobre material, como que tenta reinaugurar o gesto dos primeiros contatos humanos de um para outro ou outros, num anseio comunitário em que se remocem as fontes vivas do corpo pela mediação plurissensorial, ou a descoberta no outro do próprio ego, a partir da qual tudo recomeçaria: a vida, o amor, a convivência, a comuna primeira solidária. Outra figura destacada do grupo foi Franz Weissman, que trouxe para o concretismo uma qualidade inabitual – uma indecisão congênita que ele sabe transformar em finura, em uma espécie de "acabado-não acabado", sensível em algumas de suas soluções escultóricas.

Quanto ao "neoconcretismo" em que se resolveu tempos depois o movimento concretista do Rio, foi sobretudo um produto cultural carioca, embora tenha atraído alguns artistas paulistas como Barsotti, Willys de Castro, o poeta Theo Spanudis e outros. Repelindo as formas seriadas do concretismo e reabsorvendo o velho apelo expressional, banido da arte concreta, o neoconcretismo buscava uma obra total; um todo global cujas partes fossem indistinguíveis, sem funções separadas ou extrínsecas à obra como molduras em quadro; pedestais ou lados privilegiados ou fundo ou suportes em escultura; margens como tais em papel passivamente aplicado apenas para nele inscrever-se o desenho ou o poema, mas ao contrário espacialmente valorizado de modo que no todo o espaço fosse absorvido no tempo, com o seu inevitável, fatal escoamento expressivo, e o próprio movimento poético imaterial da palavra nele integrado pudesse evolar-se, mas sem nada, nada que não concorresse intrinsecamente para o significado plástico emocional (foi a este ser-arte-poesia total que o poeta Ferreira Gullar tentou definir, com profunda intuição poética, como o "não-objeto").

Esse geometrismo brasileiro, que começou a causar irritação e impaciência a muita gente e sobretudo a críticos estrangeiros, em nome duma estética subjetiva romântica então reinante por toda parte sob a designação de tachismo e do informal, pôde durante bastante tempo resistir à corrente internacional. Todos aqueles críticos não compreendiam que se essa resistência local era capaz de enfrentar a moda internacional era porque não podia deixar de ter raízes na própria dialética cultural do país.

Primeiro de tudo, não era permitido, na situação, desdenhar o formidável peso estético e cultural da nova arquitetura no Brasil. Por sua simples existência, ela colocava em cheio a questão da disciplina formal construtiva, e pela própria posição hegemônica que exercia na conjuntura, vinha de si mesmo à tona o problema estético-social da integração das artes. E se pôde verificar, com efeito, alguns exemplos raros – muito raros embora – de integração de relativo êxito. Finalmente, estava-se diante de um singular momento de sadia mudança de sensibilidade, que veio com a segunda e terceira vagas de artistas modernos brasileiros. Essa mudança se traduzia numa necessidade imperiosa, por assim dizer, de ordem contra o caos, de ordem ética contra o informe, necessidade de opor-se à tradição supostamente nacional de acomodação ao existente, à rotina, ao conformismo, às indefinições em que todos se ajeitam, ao romantismo frouxo que sem descontinuidade chega ao sentimentalismo, numa sociedade de persistentes ressaibos paternalistas tanto nas relações sociais como nas relações de produção. A tudo isso acrescente-se opressão enorme, contínua, passiva de uma natureza tropical não domesticada, cúmplice também no conformismo, na conservação da miséria social que a grande propriedade fundiária e o capitalismo internacional produzem, incessantemente.

Aliás, um crítico estrangeiro, austríaco, Jorge Lampe, em face de uma exposição brasileira itinerante, apresentada em Viena, em 1959, estranhou, como todos os demais da confraria, a predominância do abstracionismo geométrico na mostra. Essa estranheza avultava tanto mais que procedia a mostra de um país dos trópicos, indesenvolvido, o qual, segundo os preconceitos cultivados nos países do hemisfério norte, deveria ter uma arte toda entregue a exuberâncias temperamentais e ao infalível exotismo. Mas desta vez o crítico estrangeiro fez meritório esforço de reflexão no sentido de apreender as razões do "paradoxo". E, com efeito, o senhor Lampe escrevia, a propósito, em *Die Presse,* de Viena: *Impressionantes… são as abstrações geométricas que por seus autores dominam esta exposição. E o visitante vê-se impelido a formular consigo mesmo a seguinte pergunta: como pode tal tendência crescer a ponto de dominar a produção artística de um povo que vive num meio subtropical, em que a natureza ameaça…?* E a resposta que achou não deixava de ser lúcida: "A não ser que tenha sido precisamente como reação ou defesa contra essa circunstância ameaçadora e contra o caos borbulhante…" "De qualquer maneira", prossegue, "as obras de Serpa, Dacosta, Décio Vieira, Lygia Clark e, sobretudo, Volpi são o resultado de uma vontade profunda e não de um calculado formalismo". E para o crítico esta "vontade profunda" de construir estava em paralelo com a arquitetura moderna brasileira, então em pleno ímpeto. Convenhamos ser bastante razoável a explicação encontrada espontaneamente por ele para o fenômeno da "anomalia" brasileira, e se aproximava da opinião de críticos e teóricos cá de casa.

A nitidez, a lógica das novas estruturas, a descoberta súbita, reveladora da beleza das formas ortogônicas que ensandeceram Mondrian ("a sublime beleza da linha reta não encontrada na natureza"), como a invenção da perspectiva, torrou os miolos do Uccello, num intervalo de cinco séculos, a pureza enfim do novo vocabulário surgiam àqueles artistas como o antídoto às deliquescências românticas ou folclóricas, falsamente ingênuas, a um figurativismo banalizado nos temas e nas formas usadas de um elenco exausto, destinado a contentar uma magra clientela de burgueses ou pequeno-burgueses provincianos.

Essa corrente de resistência autóctone ao gosto internacional é contestada, de frente, pela primeira vez, na IV Bienal, em 1957. Na terceira (1955) ela era vitoriosa com o grande prêmio de pintura dado a Dacosta, o primeiro na segunda geração de modernos a ser distinguido com o galardão, ao apresentar uma obra de extrema depuração e rara beleza, numa fusão dialética, de sua pura criação, de Mondrian e Morandi. E já na II Bienal, a grande de 1953, Volpi em plena evolução para a fase das fachadas cada vez mais abstratas até criar com elas o modelo insuperável da paisagem urbanística abstrata da pintura moderna brasileira, levantava o laurel, embora *ex-aequo,* com Di Cavalcanti. Essa divisão do prêmio de pintura foi produto de uma última tentativa de conciliação dos membros brasileiros do júri entre a geração dos grandes veteranos e a nova geração em ascensão, ainda que, no fundo, representada por um artista que em idade pertencia à primeira, Alfredo Volpi, a quem se associou, aliás, por bastante tempo, uma figura marcante da segunda geração, Djanira. Mas fora a temática popular e simplificação das formas, a afinidade dela com Volpi só se pode encontrar talvez no amor à cor plana e no instinto com que sabe integrar grandes composições numa parede arquitetônica.[7]

O contestador da corrente construtiva abstrata (para incluir nessa larga designação o concretismo também, apesar deste negar, e com fundamento, afinidades com o simples abstracionismo geométrico de um Magnelli ou de um Dacosta) foi Franz Krajcberg. Nascido e formado na Polônia, arrancado de sua terra pelo torvelinho da guerra que o jogou como um pária daqui para acolá até poder, após mil sofrimentos, vir encontrar porto, pouso e carreira no Brasil, Krajcberg era naturalmente, como artista, um expressionista nórdico, mas de um expressionismo já escoimado das formas torturadas figurativas do gênero, pois entregara-se (acomodação brasileira?) a um vocabulário abstrato, ainda que de clara intenção icônica. Na época do prêmio era ainda um pintor jovem em ascensão. Na Bienal, seus trabalhos sobressaíam pela exuberância dos pretos expressivos e violentos, que não chegavam, porém, à metáfora dos contrastes, porque absorvidos nos cinzas e meios-tons admiráveis até uma franja de brancos espumarentos. O motivo vegetal de suas formas (folhas) não se disfarçava muito. Com ele a natureza reaparecia na pintura moderna brasileira, embora transposta em linguagem abstrata. E sua obra se vai desenvolver em profundidade, tendo a natureza telúrica não como tema, mas como protagonista: terras, pedras, raízes que ele vai buscar na fonte. De um naturalismo perigoso por vezes, ele se eleva como que à posição do naturalista.

Em face dele estava Ivan Serpa com uma representação em que suas qualidades formais, também de textura, de excelente acabamento, de preciosismo mesmo, de refinado equilíbrio plástico, estavam no alto. A equipe concretista do Rio e de São Paulo estava bem representada por Aluísio Carvão com um homogêneo conjunto em tema circular e tema triangular, Lygia Clark com suas superfícies moduladas, Mavignier, que já em Ulm mandou duas telas, Fiaminghi, com uma pintura em ritmos alternados, Maurício Nogueira Lima, Sacilotto, com uma excelente peça escultórica, *Concreção*, e, por fim, o então benjamin de toda a Bienal, Hélio Oiticica, grave rapazola de vinte anos.

---

7 Mas nesta bienal ainda, Herbert Read, membro do júri, descobre um rapazola escultor e propõe lhe deem um prêmio, que existia de viagem à Europa: é Caciporé Torres. A carreira deste talentoso artista começou aí.

O processo de penetração e interpenetração na escultura se faz, porém, de modo diferente do da pintura. Depois, com efeito, do primeiro grande prêmio na I Bienal ter sido dado a V. Brecheret, iniciou-se uma espécie de promoção por antiguidade de modo que o grande prêmio da II Bienal foi para Bruno Giorgi e o da III para Maria Martins. O caso desta artista é diferente, por ter sido ela uma figura isolada na galeria de nossa escultura. Maria, que tem formação tardia na Europa e tarde chegada ao nosso meio artístico, trouxe para a escultura brasileira algo inexistente aqui, ou um completo desimpedimento temático – a primeira expressão erótica aparecida nas nossas paragens – de inspiração surrealista e violenta reação ao abstracionismo, pois que fez seu o lema explosivo de André Breton – "La beauté sera convulsive ou ne sera pas".

Na IV Bienal, esgotada a lista de personalidades "históricas", o prêmio de escultura vai para Franz Weissman, o que de algum modo balança Krajcberg na pintura. Com a Bienal seguinte (a V, 1959), a ofensiva tachista e informal já ocupa o acampamento de Ibirapuera. Um jovem artista japonês desconhecido, Manabu Mabe, é o vitorioso. Mal chegado do interior de São Paulo, onde fazia seu estágio inicial obrigatório de imigrante, Mabe ganha instantânea notoriedade. De gosto inefavelmente japonês, as manchas de Mabe têm um poder emocional de fácil comunicabilidade, e com elas inaugura-se em definitivo a voga tachista no Brasil. Em pouco tempo se faz fila à porta do ateliê do pequeno e feliz japonês, à espera cada qual de seu quadro. O golpe feliz do pincel na tela determina em torno dele o resto da composição. A "produtividade" do pintor cresce, e, é claro, em detrimento da qualidade. Mas a fórmula agrada, e a geometria é, ao mesmo tempo, repelida com ódio.

O Brasil insere-se, afinal, na grande corrente internacional, cuja pintura, quando autêntica, é uma espécie de teste Rorschach para a interpretação das almas angustiadas das classes médias urbanas de todo o mundo. Na sua eloquência comunicativa ela é, por vezes, uma interjeição do artista no desespero de sua solidão. Evocando o grito de consciência dilacerada de Klee, ainda nos dias matinais da Bauhaus, uma geração depois dele é tomada por uma vaga de ensimesmamento solipsista, das fímbrias orientais da Europa e Japão ao extremo Ocidente.

Depois da viragem decisiva no gosto do pequeno público consumidor de arte, em 1959, na VI Bienal, outro pintor é distinguido com a láurea: desta vez é um brasileiro, de nascimento e formação, Iberê Camargo. Iberê vinha de um tenaz figurativismo, quando passou para a mais violenta, a mais consequente expressão tachista da pintura nacional contemporânea. Da geração de Dacosta, de Rebolo, de Djanira, afirma-se na V Bienal como um pintor jovem que rompe dolorosamente com um passado de ferrenho figurativo, e pela mediação de carretéis macabramente transformados em ossos, alcança uma matéria obsessivamente torturada, de densa pasta negra, puro betume, informe, buliçosa, e exausta como substância orgânica. (Para contrabalançar essa obsessiva necessidade de argamassar negros cada vez mais negros numa pasta cada vez mais densa, a gravura em metal, de que é mestre insuperável, atende às suas outras exigências de ritmo e de forma.)

Na VI Bienal, 1961, porém, apesar da consagração dos abstracionismos não regidos por uma disciplina formal, ou mesmo pela disciplina cromática imposta pelas exigências da cor pura com que Volpi deu ao concretismo brasileiro um toque extremamente original de viveza e vibração colorística, que prenunciava a pintura pós-tachista da *optic art,* é o neoconcretismo que leva a palma com o grande prêmio de escultura para Clark. Esse prêmio representa uma ruptura com os cânones tradicionais da arte moderna. Ela traz à apreciação internacional a invenção revolucionária dos "bichos", ou uma construção de planos articulados no espaço por dobradiças e que se armam e se combinam pela ação do espectador. Este passa a participar, por assim dizer, da obra, e a desfazê-la dentro das combinações possíveis. Com isso ela abria caminho, por suas implicações, a uma das tendências decisivas entre as modalidades inúmeras que vieram após o tachismo e o informal, ou precisamente a que nega a contemplação da obra de arte como essencial ao completar do ato e do gozo estético. E assim negando, nega a sacrossanta intocabilidade da obra de arte. A noção de "distância psíquica", tão imprescindível à contemplação e ao provar da obra de arte, é substituída por outra relação que a da obra e do sujeito que a contempla. Ou a relação em que a figura do contemplador cede lugar à do espectador, cujo papel não é mais apenas o de contemplar: ele entra, por assim dizer, na ideia ou no projeto do criador, completa-o, redescobre-o, enriquece-o com sua intervenção. O espectador não sai do cotidiano, contemplando; sai agindo, fazendo. Já se está longe da estética subjetiva do informal, do tachismo. Pede-se agora uma nova atitude do público para com a obra criada, uma nova educação mesmo. De educação, aliás, a Bienal nunca cogitou. Nunca deu atenção ao problema. Daí a parte propriamente pedagógica, instrutiva, informativa das bienais ter sido nula. E por isso mesmo, em face de tantas obras, de tantos artistas, os maiores no mundo, de tantas expressões originais e contrárias de todo o movimento contemporâneo e também histórico, o que o público assimilou não chega certamente a um quarto, a um quinto, a um sexto do que lhe foi mostrado. E o pouco de assimilação consumida foi caótico, contraditório, deformado e insuficiente. E pelo esforço, pelos cuidados da própria

Bienal, a documentação que ficou é paupérrima. Todo o seu esforço editorial ficou nos catálogos gerais. Muito pouco. A desinformação é quase total.

As novas tendências não se impuseram de uma vez por todas. Mas ao conta-gotas, pois críticos, artistas, amadores que tanto custaram a apreender, a assimilar esta ou aquela escola, movimento, não tinham em geral capacidade degustativa, digestiva para no ano seguinte aceitar, engolir outra dose de novidade, outra novíssima tendência contrária aos princípios, às ideias das precedentes. E por isso mesmo ficava um preso eternamente ao cubismo, cuja essência tivera tanto trabalho em apreender, outro se agarrava ao fauvismo, este ao abstracionismo sob suas diversas variantes, aquele ao expressionismo, aquele outro, mais moço, ao tachismo ou ao informal ou mesmo ao concretismo, já intelectual, culturalmente sofisticado ou fundamentado (pobres dos críticos! Em sua maioria, nesta altura do século, já de língua de fora. Ai de quem não se fizer uma visão global do conjunto do fenômeno artístico da época, ou se armar de uma concepção geral filosófica, científica, sociológica, estética, histórica para enfrentar o caleidoscópio dos ismos, sem faniquitos de impaciência, sem timidez, sem seguidismo acrítico ou bocó, sem frustrações de incompreensão, sem negativismos, mas aberto, aberto, aberto e crítico!).

A fila, por isso mesmo, dos bons, excelentes cozinheiros das várias pinturas abstratas prossegue pelas bienais, com maior ou menor força expressiva ou individualidade. E a começar por Yolanda Mohaly, o grande prêmio de pintura na última Bienal a reger-se ainda pelo velho regulamento que distinguia a representação brasileira da estrangeira para distribuir o *palmarès* de prêmios, separadamente. La está Maria Leontina, que na I Bienal balançou o Júri Internacional, quando teve este de escolher o premiado da pintura entre brasileiros. Para surpresa geral tirou então o grande prêmio, como se sabe, um pintor mal chegado da Itália, desconhecido ainda em São Paulo, embora com qualidades, Danilo di Prete, hoje um brasileiro como nós. A tela premiada foi uma natureza morta, *Limões,* em verdes transparentes e resinosos, ao gosto dum pós-impressionismo italiano. Em face dele, a jovem Maria Leontina apresentava também *Natureza morta* e imagens de Santana segundo a iconografia popular. Se sua mostra podia ou não ser inferior à de di Prete quanto ao tratamento cromático, era mais avançada que a dele no que toca à composição em planos e de uma maior liberdade na concepção espacial. Havia nas telas de Maria Leontina uma inquietação maior, mais incertezas, sem dúvida, e uma abertura à brasileira que não havia na obra de di Prete, perfeitamente enquadrada numa fórmula consagrada. O júri optou precisamente pelo caráter europeu da pintura, de boa fatura e rica na modulação cromática. E os nomes dos bons pintores à *la page* não terminam: um Flexor, com sua tarimba e sua perfeita consciência dos meios; Fukushima, risonho hedonista *à la* japonesa, cuja matéria preciosa nunca foi tão bem aproveitada quanto nas experiências informais de seu abstracionismo; ou essa admirável vocação pictória que é Tomie Ohtake e Sheila Branningan, cuja poderosa e profunda descarga expressiva era transmitida através de um desenho muito sensível com real impacto pictórico. E a enumeração de talentos podia continuar, como por exemplo, um Fernando Lemos, com sua pintura sólida e lírica, um Ivan Serpa, convertido por um momento ao informal, um Flavio Shiró, e o saudoso, doce Antônio Bandeira, o primeiro tachista a surgir no Brasil, saído da quase secreta confraria de Wolls, no seu antro parisiense. E mais aqueles cujos nomes aqui não são enumerados (entre os quais alguns escultores e desenhistas de meu apreço), mas que se não o são não é por ignorá-los ou por desmerecerem, mas porque, sendo partes do mesmo contexto, bem o poderiam ter sido no lugar dos que o foram.

## Por fora e por dentro das bienais

É inútil e sem qualquer interesse fazer o registo das bienais, uma por uma, com suas listas de premiações e de artistas presentes. Para isso existem os catálogos (mesmo da II Bienal, 1953, a do Quarto Centenário, que foi a maior exposição de arte moderna que se fez no mundo durante a década). Depois da VI, que marcou a sua passagem com algumas das mostras mais importantes, e internacionalmente raras, expostas em Ibirapuera, tanto do ponto de vista museográfico como do ponto de vista cultural, antropológico, histórico, estético (por exemplo, o barroco jesuítico paraguaio, a retrospectiva da caligrafia sino-japonesa do século VIII aos calígrafos abstratos contemporâneos do Japão, a dos aborígines australianos com sua pintura em córtex de árvore, um dos momentos antropológicos e estéticos mais significativos do mundo contemporâneo, sem falar em outras mostras histórico-culturais de valor, além da admirável retrospectiva de Schwitters, o mestre dadaísta precursor das colagens modernas, das apropriações polimateristas e das *assemblagens* atuais), as sucessivas bienais, com uma ou outra exposição museográfica notável mas ao acaso das circunstâncias ou isolada no contexto, sem sistemática, se vão repetindo enfadonhamente. Seus prêmios acabam por perder qualquer significação, tornando-se um jogo de *marchands* ou de combinações políticas em função de rivalidades nacionais que se compensam reciprocamente, quando não explodem em conflitos e escândalos no plano internacional; enquanto que no plano nacional se a influência do *marchand* não é tão pronunciada, é ainda contudo menos retida ou controlada a dos conchavos políticos e personalistas (houve um júri internacional de uma das bienais em que várias mulheres artistas espalhadas pelos diversos pavilhões tinham seus respectivos maridos como membros do júri: todas sem exceção foram contempladas com prêmios).

A falta de qualquer critério objetivo na distribuição desses prêmios acabou por levar um desses júris a dar ao mesmo pintor que ganhou o grande prêmio brasileiro de pintura na I Bienal o grande da VII. Até hoje não se sabe a razão das preferências, o que terminou por afundar no ridículo essa cerimônia custosa e arcaica. Em face do desenvolvimento vertiginoso de tendências e da dissolução cada vez mais radical das categorias tradicionais de arte, pintura, escultura, gravura, desenho, e, sobretudo, em face do caráter cada vez mais experimental do próprio processo criativo, a quem premiar? Como premiar? Tem um júri aleatório, reunido ao acaso mesmo que formado de nomes consagrados ou respeitados internacionalmente, o que vem acontecendo cada vez mais raramente, ou pode ter, qualquer critério comum possível para dar prêmio a este e não àquele cara quando um apresenta um boneco de pano que urra à sua passagem, outro faz um buraco no chão cheio de pedras, um terceiro uma sala com muitos botões para você apertar, um quarto e um quinto uma reprodução mecânica de velho anúncio com pisca-pisca ou ainda uma "nova figuração" já idosa ou mesmo ainda uma insolitamente velha pintura tachista, *à la* Mabe ou *à la* Mathieu?

Mas que ainda se faça referência à penúltima das bienais, a IX, e, por força das coisas à última, a X do ano passado. A IX Bienal (1967) foi aquela em que as renovações radicais que começaram a acontecer a partir da VI, ou à primeira década de 1960, tiveram sua plena expansão. Em Ibirapuera, 1967, o grande público afinal entendeu que se tratava agora de algo diferente do que vinha apreciando desde as primeiras mostras. Desta vez, a sala mágica de Le Parc com seus painéis de usina elétrica, seus fios, mesas, bolas, sinais que se movem com uma fantasia de anúncios luminosos ou de vitrinas da General Eletric, foi consumida até à saciedade e à destruição pelas crianças primeiro e pelos pais, a seguir, quando o fascínio e a curiosidade sobrepujaram a timidez. E Tinguely também, o descendente de Calder pela fantasia inventiva e sobretudo pelo humor, com suas máquinas para nada ou só para autodestruir-se, também por lá passou e foi entendido, bem como a série infindável de proposições que pedem a participação pública. O tabu do "não me toques" é, afinal, abandonado. E os espectadores em massa enfim compreendem, e aceitam, o convite à participação. A vanguarda do público, isto é, as crianças, não se retêm mais, mexem por toda parte, e adoram. Os adultos, ou a retaguarda, os seguem. O resultado é uma destruição total ou quase, numa alegria contagiosa. O público, ou o povo, em tudo em que se mete em massa e com prazer ou ardor, é em si mesmo bárbaro, – condição, aliás, *sine qua non* para todas as grandes iniciativas. Como as crianças, ele só aprende destruindo. E realmente, após dias de abertura não havia mais obras intactas na Bienal, e as engrenagens elétricas e mecânicas haviam saltado todas. As máquinas e motores estavam fora de uso, os interruptores destroçados, as luzes apagadas, e os sons mudos. Nas salas brasileiras, para as quais um júri de seleção demissionário, sob a ascendência de Mário Schenberg, deixou passar tudo, o bom e o mau, o achado e o inacabado, bastando para tanto que algum embrião de ideia despontasse, as geringonças montadas, muitas delas a duras penas, não resistiram ao contato, ao bolir do espectador. Ao fim do certame só havia ruínas, destroços, principalmente no pavilhão brasileiro. E não se sabia se ali tinha havido um dia maravilhoso de festa ou uma feroz batalha de vândalos. O povo consagrara a arte nova.

De agora em diante tudo se pode fazer, mas fazer de novo as bienais que se faziam[8] é um desperdício provinciano de dinheiro, de energias, de boa vontade. E o "prestígio" que dava ao Brasil já deu, não dá mais (nos últimos anos, o único pavilhão com mostras dignamente apresentadas, de padrão museográfico, com organização científica, tem sido o americano, como quando nos deu a maravilhosa sala do *pop-art* em torno dum velho mestre local esquecido, Hooper, mas é quase em recinto fechado, de fácil controle e custando rios de dinheiro). O resto dos pavilhões, tanto na técnica apresentativa como no critério de seleção dos artistas, com raras exceções, pelo menos quanto à escolha de nomes, é fruto do momento. Em sua grande maioria os pavilhões estrangeiros são organizados ao deus dará, ou segundo a rotina burocrática já estabelecida. Para esse mecanismo entrar a funcionar basta uma carta, também rotineira, da direção da Bienal, dirigida, em ano par, à autoridade competente de cada país.

A x Bienal foi uma paródia das outras, mas triste e insignificante. A crise, porém, não é só da Bienal de São Paulo. A de Veneza passou agora por uma reforma para ver se sobrevive. Sendo, entretanto, uma organização do turismo italiano, e de mais a mais das menos importantes, seu funcionamento está perfeitamente garantido. As grandes manifestações coletivas de arte por toda parte estão em crise; e a con-

---

8 A ideia de prebienal, ora lançada, poderia ser fecunda se fosse mesmo para explorar *in locu* o esforço criativo que vai pelos Estados da periferia, Amazonas, Piauí, Santa Catarina, Mato Grosso etc. Pelo contágio da Bienal de São Paulo, abriu-se uma na Bahia. Infelizmente, a feudalidade local não permitiu que ela escapasse de suas mãos, e desse frutos. Mas também a entrava a conjuntura política, lá como aliás pelo Brasil.

testação faz parte delas ou lhes é inerente, uma vez que contestação e cultura são hoje um e o outro lado do mesmo fenômeno. Crítica é hoje a poesia, crítica é hoje a arte, crítica a ciência, crítica a educação, a moral, a religião. A consciência dilacerada não é hoje apenas a consciência do povo, das massas, das classes; é também a das elites e das vanguardas. A arte é um esforço perene de superação da consciência dilacerada. Ela é, por isso mesmo, vencida sempre, e substituída por outro esforço, e assim indefinidamente até o ser da sociedade deixar de ser dilacerado. As bienais, ao institucionalizarem-se, são, como as escolas de arte, as academias, os museus, instrumentos de glorificação do estado presente da arte e do resto das superestruturas, quer dizer, o estado da consciência dilacerada. Daí a contradição entre as suas finalidades e suas funções.

Se artistas brasileiros de valor foram distinguidos com prêmios no curso das bienais, outros ficaram de fora do circuito delas. E praticamente em todas as categorias. Como se sabe, a VIII Bienal foi a última a distribuir prêmios separados para brasileiros e estrangeiros e aconteceu que os principais laureados foram merecedores da distinção. E como exemplo desse acerto destacamos Sérgio Camargo, cuja obra escultórica no fundo de expressão "óptica" moderna tem a originalidade (a velha originalidade de tudo que é realmente original) de captar a luz que baixa sobre as coisas por ser a sombra o que controla. Também se, da altura no tempo em que nos encontramos, examinamos os lauréis máximos dados à categoria dos gravadores, verificamos ter havido quase uma lógica interna na sucessão dos premiados, desde o velho glorioso Goeldi, mais do que o inaugurador cronológico da nossa gravura, o seu criador no nosso espaço cultural, passando por Fayga Ostrower, a primeira que em metal elevou as manchas, os matizes, as sugestões metafóricas tiradas daquele – na categoria, digamos, informal – a um verdadeiro pensamento plástico, até Delamônica, o último dos grandes premiados: primoroso na técnica, cosmopolita no espaço, hedonista na estética. Do brasileiro Goeldi ao brasileiro Delamônica há um espaço histórico comum irreversível, numa diacronia fatal, embora estranhamente tumultuada.

Mas falemos agora da família de artistas que, se das bienais vários participaram, a elas por assim dizer ficaram culturalmente estranhos. São os que na linha do longo e acidentado perfil orográfico do continente brasileiro se abrigam ou se aninham pelos diferentes desníveis do perfil.

O Brasil, como toda nação viva, é uma anônima e coletiva aspiração às mais altas plataformas para seu destino. No fundo, se Brasília foi criada, apesar de tudo e de todos, era porque obedecia àquela misteriosa aspiração. Quando, ao nascer da nacionalidade, tomou-se consciência de sua existência como tal, ainda se era o caranguejo a arranhar as areias da costa, na imagem do bom frei Vicente do Salvador, o primeiro de nossos historiadores. O olhar estrábico do caranguejo espiava ao mesmo tempo as caravelas que vinham do mar e o mato virgem que ia de terra a dentro. Lá fora estava um destino por assim dizer já desenhado ou feito. Lá dentro um destino – se houvesse – a fazer. O planalto central foi o primeiro mito telúrico a configurar o Brasil. Geógrafos eminentes – e ingleses – divisaram o planalto central como a causa geográfica da nossa unidade continental; do nosso imenso esqueleto ele seria uma espécie de gigantesco esterno, chave protetora do peito e do coração. Ali foi colocada Brasília, desde antes de ser construída. Antes mesmo de se saber o que era a região – pântano, vulcão, abismo. Por isso mesmo, ao tornar-se fato, Brasília criou para o país todo algo que não existia, uma perspectiva que física e espiritualmente pela primeira vez o abarca – a perspectiva de Brasília.[9]

Dela, e só dela, se vê irem os ventos que outrora sopravam nas caravelas, se vê virem os ventos que ainda sopram nos brasis destroçados que mal sobrevivem, nas senzalas que não desapareceram, nas estruturas coloniais que não acabaram. No dia em que Brasília for Brasília, isto é, a capital verdadeira dum Brasil renovado, a plataforma do planalto central será realmente a mais alta plataforma econômica, social, ética, cultural alcançada por toda a nação. Os desníveis serão desmanchados. Do alto dessa plataforma o regional será subsumido no nacional, o nacional subsumido no internacional. Um Brasil outro que o de hoje terá sua mensagem, seu acento, seus fonemas, seus modos próprios no sistema semiológico de comunicação mundial perfeitamente inteligíveis a outras mensagens no mesmo sistema, inclusive sua arte.

Se a arte ou o modo regional de um pernambucano, de um baiano, de um matogrossense, de um amazonense ou de um gaúcho, seja de um aristocrata como F. Brennand, de um plebeu como Rubem Valentim, de um pequeno burguês como Humberto Espíndola, parece, hoje, não se afinar com a grande arte transcendente de Mira Schendel, com o pensamento urbanístico de Gerchman-Dias-Rezende-Nasser-Tomoshigue-Baravelli-Tozzi-
-Vergara-Nitsche-Gastão-Manuel-Antonio-Amaral-Ronaldo-Lima e a falange dos mais moços ainda em que apontam um Cildo Meireles, uma Lotus Lobo, um Antonio Manuel, um Ascânio, uma Tereza Soares, a conotação cosmopolita de um Wesley D. Lee ou um Nelson Leirner, ou as atividades-criatividades de um Hélio Oiticica,

---

9 A consciência dessa perspectiva de Brasília nasceu precisamente entre os membros do júri dum salão de Brasília excelentemente planejado por Frederico Morais, e constituído por Clarival Valadares, Mário Barata, Walter Zanini, o próprio Morais e o autor destas linhas. (4.o Salão, 1967.)

esse formidável antropófago de si mesmo, o mais brasileiro dos artistas brasileiros, ou as de uma Lygia Clark – afinam-se contudo pelo clima da plataforma brasílica, pela perspectiva de Brasília, pela invencível diacronia da linguagem... e das metalinguagens em que se amalgamam a fatalidade histórica e o pulsar endo-e-exogâmico sob que vivem. Está subentendido que essas perspectivas estão ainda muito condicionadas. Tudo isso é incerto. O futuro é inseguro. Uma revolução precisa passar. E varrer o Brasil como um tufão.

Há ainda aqui, como por toda parte, uma outra família de seres que vive parcialmente de fora desse contexto. Vive numa intemporalidade perene, porque se situa fora desse condicionamento cultural terciário, que é o de nós todos. Nela, os que são artistas o são sobretudo por serem homens com suas determinações pré-sociais absorventes, e não se integram senão em segundo ou terceiro grau no meio social e cultural por onde circulam. Pesam mais que os nossos, seus condicionamentos primários, biológicos, psíquicos. São artistas fora do tempo. Numa designação perigosa, propícia às explorações de um mercado de arte perpetuamente à cata de excentricismos que quando não existem são inventados, tratam-nos de "primitivos" ou "ingênuos". Mas não se trata desses. Trata-se dos que trazem mensagens insuportáveis a carregar, mensagens que não sendo de hoje jamais se transformarão em *media*. São imemoriais como a consciência. No sincrônico condicionamento deles para conosco, evidencia-se um descompasso entre eles e nós, quanto às atividades coletivas e obrigatórias do cotidiano, quanto às ideias e as modas que entre nós circulam ou nos moldam. Fazem coisas insólitas e claras, gratuitas ou não, falam a nossa linguagem, agem como os outros, mas há um significado esotérico por trás do que dizem; um arcaísmo gestual ou conceitual preside a seus atos criativos. Eles se encontram entre os anônimos fazedores de coisas, entre os "exóticos" de canto de rua nas aldeias. Um deles pinta trinta anos a fio, em Araraquara (um ofício que aprendeu de oitava, ou nasceu sabendo) mas não repete detalhes "ingênuos" que caíram no gosto do público e os *marchands* sabem explorar. Refiro-me a José Antônio da Silva que em voga ou fora de voga, pinta e desenha com a vitalidade dos primeiros dias, quando sabichões da Cidade o descobriram. (Pois na VII Bienal por um triz não levanta o galardão maior de pintura: pesou sobre o júri a timidez da maioria.)

Outro membro dessa família à parte de criadores foi Raimundo de Oliveira, todo entregue à evocação de uma era arcaica, de arquétipos, de homens barbudos, de homens contrários ou superiores a nós, mas iguais entre si, que se repetem em teoria numa mesma faina, numa mesma cena, banquete, bacanal, coroamento, distribuição de bens, cerimônia fúnebre, nascimento, iniciação, casamento, julgamento, castigo, oferendas, ritos, ritos, ritos — numa iconografia de protótipos de uma burocracia eterna e sagrada. Em cores de miniatura, num formalismo hierático, Raimundo de Oliveira foi para nós, como um escriba *à la* egípcia, numa pintura por vezes fulgurante, o registrador inquietante de mensagens tiradas dos velhos livros sagrados das antiguíssimas e cruéis civilizações que num dia emergiram e um dia submergiram nas margens dos rios também sagrados da Mesopotâmia. Estranho ao tempo e à moda, a vocação hedonística do artista não o poupou, entretanto, de matar-se. E assim expulsou-se de si mesmo e da confraria dos "ingênuos" em que o quiseram profissionalizar. E me abalanço a destacar um nome bem mais moço dessa família, o de Darcílio Lima, que não participou de nenhuma bienal, e com coragem recusou-se à ultima. Este veio do Ceará com uma obsessão que está no ápice de uma onda de contestação revolucionária, a obsessão erótica a que ele emprestou a profundeza de uma religião, uma reforma herética. Ele não sabe, mas dir-se-ia ter suas raízes nas velhas terras da Índia do Ganges, onde brotaram as estupas eróticas de Mohenjo. Ao parecer, está ele, graças ao erotismo de seus desenhos e objetos em plena moda; na realidade, porém, sendo um "ultra" já parece fora de moda, pois fora do tempo já é. Sua mensagem é a das horas fundamentais, quando o indivíduo ainda não entrou na série determinante das nossas sucessivas servidões da sociedade classista em que vivemos. Mas seu caso é aberto. É que está passando pela prova terrível do êxito. Muito moço, desconhece a formidável definição de Marx: "Homem, carcaça do tempo."

Uma coisa são os artistas fora do tempo, num descondicionamento cultural e moral que os libera do cotidiano; outra coisa são os "fantásticos" e "ingênuos" de seu tempo, e até das modas, cujo condicionamento é cada vez mais adequado aos fins.

Os movimentos sucessivos internacionais que chegaram e se foram tiveram a Bienal como seu portão imigratório. Depois do tachismo e do informal que constituíram a importantíssima fase de assimilação das novidades no Brasil, iniciou-se quase inconscientemente aqui um esforço de elaboração própria no campo criativo. O momento desse esforço deu-se *grosso modo* com os "bichos" de Clark e o "não-objeto" de Ferreira Gullar. Outro instante decisivo foi a dolorosa iniciação de Hélio Oiticica como passista da Mangueira, seguida da tentativa de participação num desfile dela de uma escultura, espécie de portada monumental e de painéis alusivos ao samba-enredo do ano de Amilcar de Castro, além de um dos pesados fetiches de Fernando Jackson. Oiticica rompe as barreiras com os núcleos, os penetráveis, e sobretudo os bólidos e os parangolés, enquanto Clark rejeita o visual e começa a sua exploração plurissensorial, em que analisa as sensações, uma por uma, como para redescobri-1as em face de uma civilização que as embotou. São operações hápticas, táteis que vão desde o *Livro sensorial* até a *Roupa-corpo-roupa* em que tenta refazer nas relações roupa-corpo a síntese das sensações que havia decomposto, para, a seguir, redefinir o próprio corpo em suas funções interiores decisivas com o *Labirinto,* ou a fórmula magistral: "A Casa é o Corpo". E Gerchman, mais moço, passa a descrever o viver coletivo de sua cidade desde o ônibus aos "apartamentos", do vidro de balas dos botequins às marmitas do ambulante comer proletário, aos barracos ambulantes também que o povo carrega na cabeça como trouxa; a imagem é trágica, mas o seu "pop" é carioca, como seus futibólers e suas mulheres. Cariocas ainda são os pequenos quartos atravancados de móveis e de paixões dos pequenos-burgueses e marginais do Rio, que nos deu Antonio Dias antes de viajar para fora. E tem ainda a marca quente dessa ambiência, o que faz Roberto Magalhães, esse prodigioso detonador de imagens, o mais poderoso desenhista irônico desde Marcelo Grassman jovem. E quando a partir de Mangueira, Oiticica descobre a *Tropicália,* de que são... sede os jardins do Museu de Arte Moderna, estava visto que todo esse movimento novo era mais do que brasileiro, era essencialmente carioca. E só realmente o Rio podia ter-lhes oferecido a ambiência, a extroversão, o nervo, o calor, a elegância, o pique e o amor de que careciam os seus criadores.

A arte ambiental no Brasil, de que foi no mundo um dos países precursores, caracteriza-se sobretudo por ser vivencial e por nunca se ter embarafustado (a não ser posteriormente, sobretudo em São Paulo) pela outra modalidade ambiental que é a ambiental abstrata, reflexo das virtualidades tecnológicas da civilização industrial. Que esse movimento foi fecundo, dizem as imediatas repercussões, que o levaram a extravasar do núcleo inicial dos artistas plásticos para atrair poetas como Rogério Duarte e músicos populares de gênio como Caetano Veloso, e ampliar-se, com as deformações dos meios, até as boates e a televisão. E a novíssima geração que já aponta prossegue na trilha da ambiência urbana carioca, embora ainda mais despojada de meios técnicos, mais adstrita aos recursos próprios diretos apropriáveis, à pobreza, a uma consciência grupal menos aberta ou idealista, ou mais radical.

Em São Paulo, onde o prestígio tecnológico é maior e as cavilações teóricas sempre foram de maior peso, aparecem pequenos núcleos dedicados à arte programada através dos I.B.M. e à cibernética com, entre outros, o veterano Cordeiro, Efísio Putzoli, além dum grupo de estudantes de arquitetura, do qual cito o nome de Júlio Salvador, por conhecer melhor o que faz. E entre os que negam a nobreza de produto único, isto é, da obra de arte aristocrática, inacessível, destinada a ser encerrada em museu ou em coleção privada seletíssima, está Amélia Toledo, que manda tranquila e desmistificadoramente seus artigos, como qualquer outro, às pequenas lojas. Sua consciência social esconde, entretanto, uma alta especulação plástica. A produção dela não é porém o que se chama de "múltiplos", pois é artesanal e não industrial, fabricada em massa por máquina (Ione Saldanha, feliz inventora de tabiques e bambus, seria da família de Amélia Toledo, se uma timidez aristocrática não a retivesse). E há ainda na Pauliceia o grupo de excelentes pintores dedicados a um gênero especial de pintura, ou uma espécie de modelo reduzido de paisagem: Rezende, Tomoshigue e outros, como Colares no Rio, talvez ainda ressonância indiana do artista *pop* americano. Enfim, no Brasil se faz também de tudo. Os bolsões de espírito colonialista, que ainda teimam em só aceitar "novidades" quando vêm de fora, Europa e Estados Unidos, se concentram hoje sobretudo nos provectos responsáveis e dirigentes das entidades culturais e artísticas que regulam ou determinam as nossas artes. Essa fauna é principalmente buliçosa e influente em São Paulo.

A sociedade de consumo de massa não é propícia às artes. Desde a passagem do tachismo que a sucessividade dos movimentos vanguardistas, ao contrário de se vir atenuando, veio se acelerando. Em face disso começamos a falar na "lei do aceleramento dos ismos". Na realidade, à medida que essa sociedade se amplia (o eixo econômico Rio-São Paulo, metrópole em relação ao resto do país, envereda cada vez mais por esse caminho), se intensifica, se exaspera até à histeria, vai já alcançando a saturação e dá na revolta anárquica (dos *hippies*) e, ao seu contrário, na negatividade total. Não há mais lugar nessa sociedade para a arte moderna, com suas exigências de qualidade e inambiguidade. Por ter ficado elitista, sem o querer Mondrian queria que a arte morresse para que a vida, mesmo na sociedade, assumisse as suas funções. Klee queria que o povo a sustentasse – ela saiu da ordem do dia, foi rebaixada a uma atividade intimista de clube fechado. Uma "arte pós-moderna" inicia-se. É que entre aquela e o povo a sociedade de consumo de massa se interpôs pela comunicação de massa que deu à imagem uma força atributiva maior do que a palavra e forneceu à indústria, ao poder da publicidade, suas invencíveis armas ofensivas. A chamada cultura de massa e arte de massa já não têm, entretanto, forças para deter a debandada geral. Os ismos vêm e desaparecem na voragem do mercado de massa. No seio mesmo dos artistas, concomitantemente com a reação espontânea e cada vez mais torrencial da juventude mundial, inclusive a das classes proletárias dos países altamente desenvolvidos que começa a cerrar fileiras nos "exércitos culturais de reserva" dos jovens burgueses e pequeno-burgueses do mundo, na recusa à integração na sociedade de consumo de massa, uma reação nasceu contra o consumismo pelo consumismo, e artistas passaram a recusar produzir para o *marchand*. Daí surgírem, ao lado das produções ainda manipuladas e manipuláveis pelo mercado de arte, as mais desabridas ou as mais niilistas experiências atuais, por aqui e pelo mundo. Eles se entregam, consciente ou inconscientemente, a uma operação inteiramente inédita com esse caráter extrovertido de massa nas sociedades burguesas ou nas sociedades em geral: o exercício, mas o exercício *experimental* da liberdade. E a primeira consequência disto é não criar para o mercado capitalista, é não criar para que tudo de novo se metamorfoseie em valor de troca, isto é, em mercadoria. Não fazem obras perenes, mas antes propõem atos, gestos, ações coletivas, movimentos no plano da atividade-criatividade. É possível que muitos desses artistas sonhem ou já se inspirem numa aspiração utópica (os artistas são sempre antecipadores do devenir histórico) de uma sociedade em que o homem não trabalhe mais para ganhar a vida com o suor de seu rosto, mas para que pelo trabalho e pelo lazer, sem mais diferenças entre um e outro, aprenda a viver. O artista já é o único ser para quem, hoje mesmo, o lazer não é uma ociosa ausência de trabalho, como na concepção burguesa.

Em face dos prodigiosos produtos da arte e da cultura de massa, a despeito de seus poderes contagiantes, são aquelas experiências que pesam; elas é que no fundo estão mudando a figura da arte, a natureza da arte, o papel, a finalidade da arte; e talvez mesmo, pondo em questão o seu sobreviver numa civilização em naufrágio, num mundo em vias de transformações imprevisíveis.

Fevereiro de 1970, Cabo Frio.

# Concreta '56: A raiz da forma
*Lorenzo Mammi*

O ano de 1956 foi determinante na história brasileira: início da presidência de Juscelino Kubitschek, com seu programa de modernização acelerada; criação da indústria automobilística nacional, cujo maior triunfo foi a instalação da Volkswagen no Brasil; lançamento do projeto da nova capital, Brasília. Em dezembro, no Museu de Arte Moderna de São Paulo, a I Exposição Nacional de Arte Concreta – logo repetida, em fevereiro de 1957, nas salas de exposição do Museu de Arte Moderna do Rio de Janeiro, que funciona inicialmente em instalações do edifício do Ministério da Educação – apresentava um primeiro balanço da ala mais polêmica e inovadora da produção artística nacional.

Essa exposição foi crucial, em muitos sentidos. Impôs definitivamente ao público e à imprensa especializada uma vanguarda artística capaz de estratégias articuladas, de uma reflexão teórica sistemática, de uma produção menos episódica e fragmentária do que fora até então. Mas, colocando pela primeira vez lado a lado as obras dos mais importantes poetas e artistas plásticos que integravam o movimento (com poucas exceções, que salientaremos a seguir), obrigou também a um primeiro balanço, em que as divergências estéticas e teóricas vieram à tona. Como se sabe, a exposição terminou em polêmica, não apenas entre os concretistas e a crítica conserva dora, mas também dentro do próprio movimento concreto, entre a ala paulista e a carioca,[1] defendidas por Waldemar Cordeiro e os poetas do grupo Noigandres (os irmãos Campos e Décio Pignatari), de um lado, e por Ferreira Gullar, de outro.

A cinquenta anos de distância, mais do que tomar posição de um lado ou de outro, cabe compreender a importância que essa discussão teve para a maturação do ambiente artístico brasileiro. De fato, criou-se ali um campo de questões fundamental para toda a arte brasileira posterior. Definiram-se os rumos e as opções possíveis,

1 A divisão por cidades, obviamente, é sumária: paulistas como Willys de Castro, Hércules Barsotti e Theon Spanudis participaram do movimento neoconcreto, enquanto Mário Pedrosa, pelo menos inicialmente e nos textos teóricos, parecia mais próximo do concretismo ortodoxo dos paulistas. Ivan Serpa é outro nome de difícil colocação.

dando o tom do debate artístico da década seguinte – um tom, aliás, reconhecível até hoje em grande parte da produção brasileira, inclusive a mais afastada, aparentemente, da poética concreta. No nível mais imediato e elementar da polêmica, Waldemar Cordeiro acusou a representação carioca de falta de rigor construtivo; Ferreira Gullar viu nos paulistas uma aplicação mecânica e escolar dos princípios da Escola de Ulm. Mas a discussão resvalou logo para os fundamentos teóricos do movimento concreto e as estratégias de sua aplicação à situação atual.

Nesse sentido, a I Exposição Nacional de Arte Concreta representou o momento de maior concentração do movimento, mas também o início de sua dissolução ou (o que é o mesmo) sua ampliação até limites que tornam quase irreconhecíveis seus princípios iniciais. Nos meses imediatamente seguintes, a obra de muitos dos artistas presentes mudou significativamente, e modificou-se também o instrumental teórico posto em campo pelos críticos, muito embora, em alguns casos, as alterações já estivessem esboçadas antes disso.

Não resta dúvida de que o surgimento, em 1959, do neoconcretismo e da teoria do não-objeto, formulada por Ferreira Gullar, tenha sido um resultado surpreendente e original dessa polêmica. O movimento neoconcreto, inclusive, é o principal elo entre as temáticas concretas da década de 1950 e a vanguarda brasileira dos anos 1970, conceitual e performática. A revista *Malasartes,* que foi, durante sua breve vida, o veículo teórico mais consistente da geração de 1970, publicou em 1975 a primeira versão do ensaio "Neoconcretismo", de Ronaldo Brito, até hoje a análise mais aprofundada e convincente sobre o assunto.[2] O contexto em que o ensaio foi escrito justifica sua postura: tratava-se de defender a existência, pela primeira vez na arte brasileira, de uma linha evolutiva interna relativamente independente de modelos importados, capaz de alcançar posições extremamente ousadas e originais, sem renunciar, no entanto, à exigência de rigor formal herdada da vanguarda construtiva. Os enunciados teóricos e as práticas artísticas do movimento neoconcreto na transição entre as décadas de 1950 e 1960, em polêmica com o concretismo clássico, seriam justamente o ponto de partida e uma primeira cristalização estética dessa tendência.

A trinta anos de distância, essa tese continua válida, mas, como toda hipótese histórica, precisa de aprofundamentos e verificações. Não pode ser reduzida a uma simplificação mecânica, segundo a qual o concretismo da primeira metade da década

---

2 "Neoconcretismo" foi publicado parcialmente na revista *Malasartes,* n.º 3, em 1975, e no catálogo *Projeto construtivo brasileiro na arte,* organizado por Aracy Amaral em 1977. De lá para cá, houve duas edições integrais em livro: Rio de Janeiro: Funarte, 1985, e São Paulo: Cosac & Naify, 1999.

de 1950 seria apenas uma fase preparatória e escolar *(Bauhaus exercises*, segundo a expressão de Alfred Barr que tanto irritou Mário Pedrosa),[3] seguida somente no fim da década por uma produção realmente original e criativa. Além de ser injusta com uma parte consistente da produção concreta da primeira fase (a que caracterizou, justamente, a exposição nacional de 1956), a fórmula é demasiadamente esquemática para dar conta da complexidade das questões que estavam em discussão. A produção dessa época merece ser julgada segundo os próprios critérios, que são diferentes daqueles que regeram as vanguardas artísticas das duas décadas seguintes. Se, portanto, a história do concretismo brasileiro já foi contada muitas vezes, e amiúde de maneira brilhante, sobrou a tarefa de entrar nos detalhes, destrinchar articulação por articulação, evitando, na medida do possível, as soluções já prontas e as generalizações.

É preciso estabelecer uma sintonia fina entre textos teóricos e produção artística, evitando anacronismos ao relacionar uns aos outros. Isso significa enfrentar a tarefa de uma história documentada das exposições concretas, tarefa que está apenas se iniciando e que encontra grande dificuldade pela escassez da documentação e a pulverização e mobilidade das coleções.

A reconstituição fiel quanto possível da I Exposição Nacional de Arte Concreta, nas duas versões, não de todo coincidentes, de São Paulo e do Rio, é o objetivo principal da exposição de hoje. Evitamos maquiagens *a posteriori:* do ponto de vista do valor estético e da maturidade expressiva, a mostra apresentava altos e baixos, como não podia deixar de ser. Mas foi uma desigualdade fértil, um retrato do estado da arte moderna brasileira naquele momento, que estimulou a discussão e a superação. Reconstituí-la agora significa entender as bases sobre as quais essa superação aconteceu. Significa também dar o justo valor aos pontos altos, olhando-os sobre o fundo da produção da época.

Junto à reconstituição da exposição de 1956, a mostra do MAM propõe dois desdobramentos: um sobre a relação entre arte concreta e *design*, outro sobre a produção dos artistas presentes na exposição nos anos imediatamente seguintes, mais ou menos até a primeira exposição neoconcreta (1959). São dois aspectos sem os quais, a nosso ver, uma reconstituição filológica da Exposição Nacional poderia se tornar um exercício acadêmico árido. A articulação da arte concreta com o contexto industrial da época e as consequências da exposição sobre o debate artístico são fatores essenciais de compreensão para um observador moderno. O contexto

---

3 Cf. "Pintura brasileira e gosto internacional", original em *Jornal do Brasil*, novembro de 1957, republicado em M. Pedrosa. *Acadêmicos e modernos*. São Paulo: Edusp, 1998. p. 279-281.

teórico e social que tornou a exposição tão importante não está mais aqui. De alguma maneira, precisa ser evocado.

A relação das artes plásticas com a poesia e o *design* será abordada com mais competência pelos curadores dessas áreas, João Bandeira e André Stolarski. Apenas vale lembrar, aqui, que ela não pode ser tratada como mero apêndice. Ao contrário, é um elemento constitutivo: a necessidade de construir uma teoria estética que valesse tanto para a poesia quanto para as artes plásticas é um elemento idiossincrático da arte concreta brasileira, que não me parece ter correspondências imediatas em campo internacional, pelo menos não com essa força.

Quanto ao *design*: a relação com o processo de modernização do país foi fundamental para o concretismo brasileiro, como foi para o concretismo europeu. Vale lembrar que a I Exposição Nacional de Arte Concreta é contemporânea ao plano piloto de Lúcio Costa para Brasília. No Brasil da década de 1950, o Ocidente parecia se dar uma última chance de construir um modelo racional de sociedade industrial. Mas aqui reside um perigo: os ideais sociais da Bauhaus e da escola de Ulm visavam uma classe de trabalhadores industriais e pequenos funcionários já suficientemente integrada no tecido social, para que pudesse ser a destinatária de seus esforços de nacionalização da vida cotidiana. Apesar da incipiente industrialização, no Brasil essa classe não existia – e talvez nunca tenha se formado plenamente. Era necessário, portanto, postulá-la teoricamente, com uma projeção utópica mais precária do que nos modelos europeus. A arte concreta e a arquitetura brasileiras não pressupunham uma sociedade industrial já consolidada; de certa maneira, a inauguravam. A modernidade deveria se instaurar antes no plano simbólico, para depois se concretizar na estrutura social, segundo o modelo tão lucidamente identificado (com todas as suas grandezas e fragilidades) por Mário Pedrosa, no texto dedicado ao projeto de Lúcio Costa para Brasília.[4]

Em retrospecto, sabemos que as teorias construtivas foram introduzidas no Brasil num momento em que o sistema industrial que as justificara estava se dissolvendo. Os meios de produção em grande escala passaram a responder a uma lógica própria irredutível ao projeto humanista que essas teorias veiculavam. Deixava de existir uma relação transparente entre arte e *design*, função e forma do objeto, produto singular e produção em série. Numa sociedade de consumo de massa, a forma tem uma função mais persuasiva do que construtiva. Na era do plástico, a repetição vale mais do que

---

4 Cf. "Pintura brasileira e gosto internacional", original em *Jornal do Brasil*, novembro de 1957, republicado em M. Pedrosa. *Acadêmicos* e *modernos*. São Paulo: Edusp, 1998. p. 279-281.

a estrutura, a iteração mais do que a sintaxe. Em termos estritamente formais, isso significa que já não há uma relação necessária entre articulação formal e serialização. O concretismo clássico era baseado na disposição em série de elementos simples, segundo ordens que redundassem num significado unitário e harmônico. Era essa passagem racional e significativa da parte ao todo e vice-versa, através de uma série finita, que a produção e o consumo de massa (não apenas potencial, mas essencial-mente infinitos) punham em xeque. Poucos anos depois, o minimalismo e a *pop* se encarregaram de introduzir justamente essa situação no campo estético.

Como não podia deixar de ser, a modernização brasileira já surgiu nos moldes pós-modernos do novo sistema produtivo internacional, mas incorporando a ele uma realidade por muitos aspectos arcaica e uma utopia construtiva moderna. A partir da década de 1970, prevaleceu a tese de que a postura concretista fosse demasiadamente ingênua, não levando em conta as tensões sociais que tornariam impossíveis suas utopias progressistas – uma crítica, aliás, que se aplica também, recuando no tempo, à Escola de Ulm e à de Bauhaus. Sem dúvida, a história se encarregou de desfazer o otimismo reformista dos anos de 1950. Mas a primazia da política não parece ter tido melhor êxito. A herança da arte e da arquitetura brasileiras da década de 1950 talvez esteja justamente nisso: ser testemunha da tensão entre a transparência de um projeto racional de modernização e a opacidade de um cresci-mento industrial selvagem – tensão que ainda caracteriza a paisagem social do país.

Até o começo de nossa pesquisa, a documentação sobre as obras expostas em São Paulo e no Rio era muito escassa: um convite, contendo apenas o nome dos participantes; um encarte da revista *Arquitetura e Decoração* número 20, com três fotos da exposição do MAM e reproduções de obras (não necessariamente as presentes na exposição), diagramadas por Hermelindo Fiaminghi, com soluções gráficas interessantes, mas sem a menor preocupação de fidelidade ao original; vários recortes de jornal, com imagens inéditas e textos críticos ou jornalísticos que permitem a identificação de algumas obras. A situação melhorou graças à consul-ta do arquivo de Fiaminghi, disponibilizado pela família do artista, que inclui 18 fotos inéditas da exposição em São Paulo. Elas, no entanto, não permitem por si só uma reconstituição completa, por serem às vezes de decifração difícil e por não incluírem todas as paredes. Artistas e poetas que integraram a exposição, ou suas famílias, também ajudaram na identificação de algumas obras. Muitos trabalhos se perderam; outros não foram identificados ou não foram localizados. Em poucas ocasiões, utilizamos recriações que os próprios artistas produziram, em fase mais tardia, a partir de projetos não realizados ou trabalhos desaparecidos. É o caso de

Kazmer Féjer e de Franz Weissmann. Em outros casos, em substituição de obras não identificadas ou localizadas, escolhemos trabalhos reproduzidos no encarte da revista *AD,* mesmo que não tenham participado da exposição. E há outros artistas cujas obras não são identificáveis nas fotografias, com os quais fomos obrigados a proceder por conjeturas, na base de referências indiretas nos textos ou na cronologia. Algumas obras, entre as mais conhecidas em reprodução, não foram localizadas: a *Estrutura I,* de Franz Weissmann, ganhadora do prêmio de escultura na Bienal de São Paulo de 1953; o *Triângulos em espiral,* de Maurício Nogueira Lima. Em compensação, foram reencontrados trabalhos (de Geraldo de Barros, Maurício Nogueira Lima, Franz Weissmann, Alexander Wollner) há muito tempo fora de circulação. Em resumo, há muito ainda a ser levantado. Mas acreditamos que as salas centrais dessa exposição sejam uma reconstituição razoavelmente fiel da contribuição de cada artista na exposição original.

O convite da exposição de São Paulo lista 26 participantes, divididos em 15 pintores (Geraldo de Barros, Aluísio Carvão, Lygia Clark, Waldemar Cordeiro, João José da Silva Costa, Hermelindo Fiaminghi, Judith Lauand, Maurício Nogueira Lima, Rubem Ludolf, César Oiticica, Hélio Oiticica, Luiz Sacilotto, Décio Vieira, Alfredo Volpi, Alexandre Wollner), um desenhista (Lothar Charoux), uma gravurista (Lygia Pape), três escultores (Amilcar de Castro, Kazmer Féjer, Franz Weissmann) e seis poetas (Ronaldo Azeredo, Augusto de Campos, Haroldo de Campos, Ferreira Gullar, Décio Pignatari e Wlademir Dias-Pino). lvan Serpa, que não está na lista, participou no Rio, como resulta de fotos e artigos de jornal. Amilcar de Castro, ao contrário, está na lista, mas não enviou trabalhos (voltou a expor apenas na I Exposição Neoconcreta, em 1959). Antes da exposição de São Paulo, os jornais anunciaram ainda a presença de dois fotógrafos, Ademar Manarini e German Lorca, não confirmados pelo convite nem pelas imagens da exposição, e certamente ausentes no Rio.

Tanto os artistas quanto os poetas expuseram de três a cinco obras, com exceção de Franz Weissmann, que estava presente com oito esculturas. Em linha geral, os trabalhos do mesmo artista foram mostrados numa sequência contínua, mas com soluções que buscavam integrá-los com a obra dos outros artistas e com os poemas que, na maioria, também são mostrados na parede. Esses últimos pontuam a exposição interrompendo a série de obras de um mesmo artista, sendo colocados, de norma, antes da última obra de cada artista. As esculturas de parede de Weissmann (estruturas lineares fixadas numa placa escura, de que não localizamos nenhum exemplar de época, mas que o próprio Weissmann reconstruiu em 2001 para uma exposição na galeria Sérgio Porto) parecem exercer a mesma função. As obras estão próximas umas das outras, sugerindo um ritmo visual contínuo, mais do que a fruição isolada de cada uma.[5]

São dados importantes porque expressam um pensamento estético que privilegia um exercício contínuo do olhar, e não uma experiência intensa e singular. De fato, a estética concreta, especialmente na versão defendida por Max Bill, não busca uma abordagem da obra como epifania, revelação estética imediata. No primeiro contato, uma obra concreta desse período apresenta uma forma simples, quase banal, perfeitamente equilibrada. É apenas por uma análise mais detalhada que o observador descobre que o equilíbrio geral é dado por um somatório de deslocamentos e que a simetria do conjunto é resultado de um tratamento assimétrico das partes. Se a obra for boa, a oscilação do conjunto às partes gera um enriquecimento contínuo e potencialmente infinito da percepção. Mas é um enriquecimento baseado em procedimentos argumentativos, que nada têm a ver com uma intuição imediata. Graças ao reconhecimento progressivo das características formais do objeto, o observador adquire consciência racional dos mecanismos da própria percepção. É uma postura fiel aos princípios teóricos da escola psicológica da *Gestalt*, segundo os quais a percepção sensível, independentemente da intervenção do pensamento racional, não é uma impressão passiva, mas uma atividade estruturante que organiza os dados segundo certas ordens, e que a adequação maior ou menor das formas percebidas a essa atividade organizadora determina o grau de expressividade e a riqueza do conteúdo informativo. Nesse sentido, o concretismo de Max Bill representa o ponto extremo da reação antirromântica iniciada no século XIX.

Como todos os raciocínios argumentativos, esse também demanda que se estabeleçam limites claros à reflexão. A presença física do quadro, a natureza material das tintas, a ação do pintor, a escala não estão em questão. O suporte só interessa como formato. Extremamente civilizada, a estética concreta pressupõe do observador uma capacidade de análise estrutural análoga à do autor da obra. A obra concreta é uma imagem mental que se torna sensível para ser compartilhada. Por isso, ela é essencialmente planar. Se há relevo numa tela dessa escola, não é para sugerir espessura nem profundidade, mas para gerar mais possibilidades de

---

5 As obras dos artistas cariocas parecem respeitar a mesma ordem, mas sobre eles a documentação é bastante incompleta. Não há imagens, por exemplo, das obras dos irmãos Oiticica, de João José nem de Lygia Pape. Apenas uma obra de Lygia Clark é visível nas fotos do acervo Fiaminghi. Aluísio Carvão, Rubem Ludolf e Décio Vieira são mais bem documentados, com três obras cada um. Quanto à mostra do Rio, as imagens, extraídas de revistas ou jornais, mostram algumas mudanças: além da presença de Ivan Serpa, o poema *O formigueiro*, de Ferreira Gullar, ganhou mais espaço, com um número maior de folhas. Mas as imagens são demasiadamente fragmentadas para uma avaliação do conjunto.

leitura planar da imagem. Até as esculturas são, na maioria dos casos, superfícies desdobradas no espaço. Não é por acaso que Max Bill tenha se interessado tanto pela fita de Moebius, única forma tridimensional que possui um lado só.

A cor, nesse contexto, tem um valor apenas relativo, que depende de sua interação com as outras cores (se houver) e com as formas e de sua contribuição à estrutura geral do quadro. Quando não se limita às cores fundamentais, utilizadas como pano de fundo ou para estabelecer uma hierarquia entre as áreas do quadro, o cromatismo dos concretos é organizado como uma escala de refrações luminosas, disposta no quadro de maneira a propor um jogo racional de relações (de campos de energia, segundo a expressão corrente na época) análogo ao sugerido pelas estruturas lineares. Isso não impede que alguns concretos sejam excelentes coloristas, como Lohse e, entre os paulistas, Sacilotto.

A cor foi, de fato, um dos principais pontos de atrito na polêmica que seguiu a exposição. Os pintores cariocas, com exceção de Lygia Clark, utilizavam tinta a óleo e uma palheta bastante nuançada. Em alguns casos (Décio Vieira, Ivan Serpa) ecoavam claramente a tradição da pintura tonal, ao buscar uma tonalidade geral do quadro pela fusão e interpenetração das áreas de cor. Os paulistas usavam esmalte sintético e cores chapadas, numa gama limitada. As cores eram claramente separadas e distintas: a clareza da leitura estrutural do quadro demandava que elas se mantivessem dissonantes. Variações de cor e de luz que não fossem efeito imediato da justaposição das áreas cromáticas na tela eram obtidas por meios objetivos: alternância de esmaltes lúcidos e foscos (Fiaminghi, Lauand), superposição de superfícies transparentes (Cordeiro, Féjer), mudança de suporte (o alumínio em Sacilotto, que também recorria à superposição). A fusão de impressões cromáticas buscada pelos cariocas parecia a Waldemar Cordeiro um resquício de ilusionismo, que nada tinha a ver com a estética concreta. Ficou famosa sua constatação desolada, frente à obra de Ivan Serpa: "Até marrom há nesses quadros".[6] Ferreira Gullar, ao contrário, via nesses recursos cromáticos a persistência de uma significação subjetiva de natureza cultural, que não podia ser separada da operação ótica.[7]

Waldemar Cordeiro respondeu reiterando a existência de uma "linguagem objetiva e universal da forma", ao mesmo tempo real e nacional, que dispensaria todo subjetivismo.[8]

6 "Teoria e prática do concretismo carioca", em *Arquitetura e Decoração*, abril de 1957, republicado em *Projeto construtivo brasileiro na Arte*, p. 134-135.
7 "A Exposição de Arte Concreta II: O grupo do Rio", Suplemento Dominical do *Jornal do Brasil*, 17/2/1957.
8 Op. cit.

Esse início de polêmica, que um pouco mais tarde foi aprofundada por Ferreira Gullar, pondo em campo a crítica de Merleau-Ponty à *Gestalt*, por enquanto deixava de lado outras obras presentes na exposição, que talvez já apresentassem um potencial muito maior de superação das questões estéticas vigentes: em particular, as obras de Lygia Clark e de Franz Weissmann. Lygia Clark pintava com pistola, estando nesse aspecto mais próxima dos paulistas do que dos cariocas. Mas algumas das divisões internas do quadro eram sulcos verdadeiros, e não linhas traçadas sobre a superfície.[9] À primeira vista, nada mais objetivo. Mas, diferentemente das superposições e dos relevos dos outros construtivos, os sulcos de Lygia Clark não têm uma função ótica específica: em nada alteram, de fato, a diagramação do quadro como imagem. E, se exercem uma função nesse sentido, é por defeito: uma vez identificados (o que, às vezes, demanda certo esforço de atenção), eles se tornam divisões rígidas, que impedem o jogo de decomposição e recomposição contínua, que é um dos objetivos principais da produção concreta. Mas os sulcos recolocam a presença do quadro como objeto físico, contradizendo a redução de sua presença a mero suporte da imagem. Nos *Espaços modulados* e nos *Contra-relevos* produzidos logo após a exposição, já sob o impacto da polêmica, os sulcos se tornaram rebaixamentos brancos, à margem de superfícies regulares inteiramente pintadas de preto: o destaque gráfico dado ao sulco, seu deslocamento para o limite do quadro, com a redução das áreas de cor a um grau mínimo de definição formal, contribuíram para acentuar a oscilação entre percepção da forma e percepção da presença física do objeto no espaço.

A relação com o espaço é fundamental também nas obras de Weissmann presentes na exposição. As mais antigas, como *Cubo vazado* e *Composição em semicírculos,* ainda cabem nos moldes da estética concreta da Escola de Ulm. Mas as estruturas lineares, tanto de chão quanto de parede, introduzem um elemento de novidade: a forma não ocorre no suporte, mas no vazio, não apenas como espaço oco entre contornos (que seria ainda uma delimitação objetiva da forma), mas como contorno que é adivinhado a partir de sugestões mínimas, onde na realidade não há nada. Mais do que concreções de ideias, segundo a expressão de Max Bill, as *Estruturas lineares* são esculturas evaporadas.

Se tivessem participado da exposição, como anunciado pelo convite, as esculturas de Amilcar de Castro seriam provavelmente um terceiro sinal de que o eixo

---

9 Entre as obras de Lygia Clark presentes na exposição, apenas uma foi identificada com certeza: a *Superfície modulada n.º 5.* Mas as outras também deveriam ser *Superfícies moduladas* ou *Quebras de molduras.*

da questão estava se deslocando. A datação de suas obras nesse período não é fácil. Mas em 1956 Castro certamente já passara das peças de cobre ou madeira, ainda próximas à estética construtiva clássica, para as de aço, que caracterizariam o filão principal de sua produção a partir de então. Aqui, a questão é oposta, mas complementar à de Weissmann: no lugar de uma evaporação, há um excesso de densidade. A matéria é pesada, tem existência própria. A ideia não se concretiza simplesmente aparecendo na tela ou moldando um material que tem como única função torná-la evidente. Aliás, ela não aparece completamente, porque a matéria resiste. Sobra um gesto inicial, um começo de dobra ou de corte, que no entanto é extremamente eloquente porque, além de conter em si a hipótese de inúmeros desdobramentos, restitui ao ato de formalização sua dimensão ética e trágica – enfim, sua história, que o concretismo tinha colocado entre parênteses.

Se considerarmos o estado da questão exatamente como a Exposição Nacional o apresentou, não há dúvida de que, em linha geral, a representação paulista mostrou uma produção mais coerente e segura. Nem é o caso de apontar para valores individuais: cada artista tinha suas características bem definidas, mas o que chama a atenção é a consistência do conjunto.[10] No entanto, em perspectiva, os maiores elementos de novidade vinham do Rio. Os meses, quase as semanas imediatamente seguintes à exposição são teatro de mudanças importantíssimas. Para ressaltar apenas as mais marcantes, além das já assinaladas: Lygia Pape passou da série de *Tecelares* claros, gravuras baseadas na interpenetração de esquemas de linhas paralelas, claramente influenciadas pelas gravuras de Albers, aos *Tecelares* pretos, em que o adensamento da tinta cria uma presença matérica que não seria exagerado aproximar à das esculturas de Amilcar de Castro. O próprio Weissmann iniciou, por volta de 1957, uma linha de trabalho em que a presença material da chapa de ferro contrabalança o jogo de formas vir-tuais desenhado no vazio. E Hélio Oiticica inaugurou, a partir de dezembro de 1956, se não antes, a série dos *Secos* e dos *Metaesque-mas,* que são o início de sua obra madura.

À primeira vista, os *Metaesquemas* repetem um mecanismo de desdobramento simétrico que é de matriz construtiva. Mas, em primeiro lugar, o desdobramento, nesse caso, não se organiza a partir do formato, e sim de um ponto central para os

10 Até onde uma reconstituição foi possível, é preciso destacar pelo menos Sacilotto, Fiaminghi e Cordeiro, que no momento da exposição estavam no ápice de sua capacidade criativa. Sobre Charoux quase não há documentação biográfica. Mas os desenhos dessa época testemunham um inesperado *esprit de finesse* e a capacidade, única entre os artistas do grupo, de transformar os princípios construtivos numa reflexão interior, quase um diário íntimo. Judith Lauand parece ter chegado à maturidade plena um pouco mais tarde. Geraldo de Barros é um caso à parte, pela variedade e inquietude de sua pesquisa formal. A produção de Wollner é pequena, mas talvez seja, entre todas, aquela que se encaixa com maior lucidez e precisão nos princípios da escola concreta.

lados, como a explosão de um núcleo. Ao olhar um *Metaesquema,* somos levados a mergulhar para o centro, procurando uma origem temporal da forma, mais do que explorar as relações entre as partes e o conjunto, segundo a prática comum da escola concreta. Em segundo lugar, os *Metaesquemas* apresentam soluções colorísticas que não são tonais, mas também não se encaixam na teoria concreta dos campos de energia cromática. O *Cubocor,* o *Cernecor* e as *Cromáticas* de Aluísio Carvão são do mesmo período, e todos tratam da relação entre cor e matéria. Em São Paulo, os *Objetos ativos* de Willys de Castro e as telas de Hércules Barsotti exploram as defasagens entre objeto, forma e espaço. Era o grupo que pouco mais tarde confluiu no neoconcretismo.

O lado paulista também evoluiu tumultuosamente, e o ponto de ruptura foi de novo – e não por acaso – a questão da cor. Aqui, a partir de 1957/1958, as obras concretas (especialmente as de Fiaminghi, Cordeiro e Nogueira Lima) exploraram uma cor muito mais encorpada, que estruturava a composição sem precisar de um arcabouço geométrico. Não se tratava, porém, da recuperação de um tonalismo pictórico ou da busca de uma intensificação expressiva. Ferreira Gullar tinha razão quando observou que, nessas obras, "não é a cor o elemento fundamental da obra, e sim o caráter indeterminado da forma".[11] Em outras palavras, tratava-se de aplicar aos campos luminosos o mesmo tipo de objetivação racional experimentado anteriormente nas estruturas geométricas gestálticas. Mas a mudança de foco não é arbitrária, e comporta consequências conceituais. Ela corresponde a uma transferência de interesse, no campo do *design,* da produção de objetos à gráfica editorial ou publicitária – uma mudança que, como já apontamos, responde à passagem de uma produção industrial tradicional à sociedade de consumo de massa. Muitos dos recursos utilizados pelos concretos paulistas, nessa fase e um pouco além, derivam diretamente das tecnologias de impressão e reprodução gráfica – a referência é explícita, aliás, nas *Retículas* de Fiaminghi, a partir da década de 1960.

Por ocasião da polêmica de 1957, Cordeiro defendeu, como vimos, uma objetividade absoluta da forma, que vedava qualquer carga simbólica. Uma linha era uma linha: não podia significar outra coisa além de si mesma. Mas naquele momento a produção industrial deixava de ser essencialmente produção de objetos para se tornar, sobretudo, produção das imagens dos objetos, a serem transmitidas pelos meios de comunicação de massa. Se o artista concreto quisesse manter sua capa-

---

11 "Concretos de São Paulo no MAM do Rio", de Ferreira Gullar, publicado em *Jornal do Brasil,* 16 de julho de 1960. Republicado em *Projeto construtivo brasileiro na arte,* p. 139-141.

cidade de intervenção sobre os mecanismos sociais de produção, a arte concreta deveria se tornar, de crítica da forma, crítica das imagens e dos signos. Em outras palavras, a teoria da forma concreta deveria necessariamente desembocar, como de fato aconteceu em São Paulo, numa semiótica.

No Rio, a relação com a indústria não foi tão determinante. Ferreira Gullar afirmava que uma linha, antes de ser uma linha, é uma experiência do sujeito que a traça ou que a vê, e que essa experiência originária (espaço, corpo, matéria, ausência e presença, vazio e cheio) é o verdadeiro objeto da arte. É uma posição que resvala naturalmente não numa semiótica, mas numa fenomenologia, numa crítica dos signos, e sim numa crítica da experiência. Mas, numa sociedade coberta de signos, a crítica da experiência só pode acontecer como marginalidade, alternativa à experiência existente; e por aí se encaminhou o neoconcretismo. Por outro lado, a crítica dos signos, como começou a se delinear em São Paulo, só era possível pela ironia, que extrai as imagens do fluxo cotidiano e as manipula invertendo ou abolindo seu sentido. A transição para a *pop art* de algumas personalidades de ponta do grupo (Geraldo de Barros, Nogueira Lima, Fiaminghi e, de um jeito bem peculiar, Waldemar Cordeiro) é, nesse sentido, coerente. Nos dois casos, porém, o projeto coletivo da arte concreta, como relação orgânica entre produção artística e processo de modernização, já acabara.

**Três adendos:**

1) Em fins da década de 1950, lberê Camargo começou a pintar e gravar seus carretéis. Nada mais estranho à estética concreta do que o individualismo anárquico de Camargo. E, no entanto, essas formas seriais (sobretudo nas gravuras, em que não há o peso da pasta pictórica) não deixam de comentar, por fora, a polêmica concreta – pelo menos para lembrar que, além da objetividade da razão e da experiência imediata do mundo, a memória também organiza as coisas em série. A síntese dos carretéis não seria possível se Camargo não tivesse à sua frente, como uma parede para tabelar, a proposta concreta;

2) Na mesma época, Volpi abandonou as experiências concretas e voltou à sua descrição artesanal de um mundo decantado até o osso. Mas é evidente que, ao voltar, aquele mundo já não estava lá. As janelas, as portas, as bandeiras pairavam no vazio. As cores se tornaram mais esgarçadas, mas por isso mesmo expressivas como talvez nunca foram em sua pintura. É um milagre que Volpi, com a experiência e a teimosia do homem velho, conseguisse remontar seu circo. Um milagre ao mesmo tempo feliz e melancólico;

3) Vale lembrar mais uma vez: em maio de 1957, Lúcio Costa venceu o concurso para a construção de Brasília. Era o triunfo da arquitetura funcional lecorbusiana,

numa escala que nunca se viu. Mas foi também a transposição do funcionalismo arquitetônico da realidade para a metáfora, ou melhor, para a alegoria. O plano é uma cruz traçada no deserto, um avião pousando no Planalto Central. Em seu já citado ensaio sobre o projeto, Mário Pedrosa apontou para a necessidade e os perigos de uma modernização no plano simbólico, antes que ela se realizasse no plano real. A situação que Mário Pedrosa descreveu é o lugar em que ainda nos encontramos, presos entre uma modernização finalmente racional e justa, que é a utopia que o país escolheu para si, e um tecido social arcaico invadido por uma industrialização caótica, que é o aqui e agora. Por isso, talvez, a questão concreta continue tão viva.

**MANIFESTO NEOCONCRETO**
*Ferreira Gullar*

A expressão neoconcreto indica uma tomada de posição em face da arte não-figurativa "geométrica" (neoplasticismo, construtivismo, suprematismo, escola de Ulm) e particularmente em face da arte concreta levada a uma perigosa exacerbação racionalista. Trabalhando no campo da pintura, escultura, gravura e literatura, os artistas que participaram desta I Exposição Neoconcreta encontraram-se, por força de suas experiências, na contingência de rever as posições teóricas adotadas até aqui em face da arte concreta, uma vez que nenhuma delas "compreende" satisfatoriamente as possibilidades expressivas abertas por estas experiências.

Nascida com o cubismo, de uma reação à dissolvência impressionista da linguagem pictórica, era natural que a arte dita geométrica se colocasse numa posição diametralmente oposta às facilidades técnicas e alusivas da pintura corrente. As novas conquistas da física e da mecânica, abrindo uma perspectiva ampla para o pensamento objetivo, incentivariam, nos continuadores dessa revolução, a tendência à racionalização cada vez maior dos processos e dos propósitos da pintura. Uma noção mecanicista de construção invadiria a linguagem dos pintores e dos escultores, gerando, por sua vez, reações igualmente extremistas, de caráter retrógrado, como o realismo mágico ou irracionalista, como Dadá e o surrealismo. Não resta dúvida, entretanto, que por trás de suas teorias que consagram a objetividade da ciência e a precisão da mecânica, os verdadeiros artistas – como é o caso, por exemplo, de Mondrian ou Pevsner – construíam sua obra e, no corpo a corpo com a expressão, superaram, muitas vezes, os limites impostos pela teoria. Mas a obra desses artistas tem sido até hoje interpretada na base dos princípios teóricos, que essa obra mesma negou. Propomos uma reinterpretação do neoplasticismo, do construtivismo e dos demais movimentos afins, na base de suas conquistas de expressão e dando prevalência à obra sobre a teoria. Se pretendermos entender a pintura de Mondrian pelas suas teorias, seremos obrigados a escolher entre as duas. Ou bem a profecia de uma total integração da arte na vida cotidiana parece-nos possível – e vemos na obra de Mondrian os primeiros passos nesse sentido – ou essa integração nos parece cada vez mais remota e a sua obra se nos mostra frustrada. Ou bem a vertical e a horizontal são mesmo os ritmos fundamentais do universo e a obra de Mondrian é a aplicação desse princípio universal ou o princípio é falho e a sua obra se revela fundada sobre uma ilusão. Mas a verdade é que a obra de Mondrian aí está viva e fecunda, acima dessas contradições teóricas. De nada nos servirá ver em Mondrian o destrutor da superfície, do plano e da linha, se não atentamos para o novo espaço que essa destruição construiu.

O mesmo se pode dizer de Vantongerloo ou de Pevsner. Não importa que equações matemáticas estejam na raiz da escultura ou de um quadro de Vantongerloo, desde que só à experiência direta da percepção a obra entrega a "significação" de seus ritmos e de suas cores. Se Pevsner partiu ou não de figuras da geometria descritiva é uma questão sem interesse, em face do novo espaço que as suas esculturas fazem nascer e da expressão cósmico-orgânica que, através dele, suas formas revelam. Terá interesse cultural específico determinar as aproximações entre os objetos artísticos e os instrumentos científicos, entre a intuição do artista e o pensamento objetivo do físico e do engenheiro. Mas, do ponto de vista estético, a obra começa a interessar precisamente pelo que nela há que transcende essas aproximações exteriores: pelo universo de significações existenciais que ela a um tempo funde e revela.

Malevitch, por ter reconhecido o primado da "pura sensibilidade na arte", salvou as suas definições teóricas das limitações do racionalismo e do mecanicismo, dando à sua pintura uma dimensão transcendente que lhe garante hoje uma notável atualidade. Mas Malevitch pagou caro a coragem de se opor, simultaneamente, ao figurativismo e à abstração mecanicista, tendo sido considerado até hoje, por certos teóricos racionalistas, como um ingênuo que não compreendera bem o verdadeiro sentido da nova plástica... Na verdade Malevitch já exprimia, dentro da pintura "geométrica", uma insatisfação, uma vontade de transcendência do racional e do sensorial, que hoje se manifesta de maneira irreprimível.

O neoconcreto, nascido de uma necessidade de exprimir a complexa realidade do homem moderno dentro da linguagem estrutural da nova plástica, nega a validez das atitudes cientificistas e positivistas em arte e repõe o problema da expressão incorporando as novas dimensões "verbais" criadas pela arte não-figurativa construtiva. O racionalismo rouba à arte toda a autonomia e substitui as qualidades intransferíveis da obra de arte por noções da objetividade científica: assim os conceitos de forma, espaço, tempo, estrutura – que na linguagem das artes estão ligados a uma significação existencial, emotiva, afetiva – são confundidos com aplicação teórica que deles faz a ciência. Na verdade, em nome de preconceitos que hoje a filosofia denuncia (M. Merleau-Ponty, E. Cassirer, S. Langer) – e que ruem em todos os campos, a começar pela biologia moderna que supera o mecanicismo pavloviano – os concretos-racionalistas ainda veem o homem como uma máquina entre máquinas e procuram limitar a arte à expressão dessa realidade teórica.

Não concebemos a obra de arte nem como "máquina" nem como "objeto", mas como um *quasi-corpus*, isto é, um ser cuja realidade não se esgota nas relações exteriores de seus elementos: um ser que, decomponível em partes pela análise, só se dá plenamente à abordagem direta, fenomenológica. Acreditamos que a obra de arte supera o mecanicismo material sobre o qual repousa, não por alguma virtude extraterrena: supera-o por transcender essas relações mecânicas (que a *Gestalt* objetiva) e por criar para si uma significação tácita (M. Ponty) que emerge nela pela primeira vez. Se tivéssemos que buscar um símile para a obra de arte não o poderíamos encontrar, portanto, nem na máquina nem no objeto tomados objetivamente, mas, como S. Langer e W. Wleidlé, nos organismos vivos. Essa comparação, entretanto, ainda não bastaria para expressar a realidade específica do organismo estético.

É porque a obra de arte não se limita a ocupar um lugar no espaço objetivo – mas o transcende ao fundar nele uma significação nova – que as noções objetivas de tempo, espaço, forma, estrutura, cor etc., não são suficientes para compreender a obra de arte, para dar conta de sua "realidade". A dificuldade de uma terminologia precisa para exprimir um mundo que não se rende a noções levou a crítica de arte ao uso indiscriminado de palavras que traem a complexidade da obra criada. A influência da tecnologia e da ciência também aqui se manifestou, a ponto de hoje, invertendo-se os papéis, certos artistas, ofuscados por essa terminologia, tentarem fazer arte partindo dessas noções objetivas para aplicá-las como método criativo.

Inevitavelmente, os artistas que assim procedem apenas ilustram noções *a priori*, limitados que estão por um método que já lhes prescreve, de antemão, o resultado do trabalho. Furtando-se à criação intuitiva, reduzindo-se a um corpo objetivo, o artista concreto racionalista, com seus quadros, apenas solicita de si e do espectador uma reação de estímulo e reflexo: fala ao olho como instrumento e não ao olho como um modo humano de ter o mundo e se dar a ele; fala ao olho-máquina e não ao olho-corpo.

É porque a obra de arte transcende o espaço mecânico que, nela, as noções de causa e efeito perdem qualquer validez, e as noções de tempo, espaço, forma, cor, estão de tal modo integradas – pelo fato mesmo de que não pré-existiam, como noções à obra – que seria impossível falar delas como de termos decomponíveis. A arte neoconcreta, afirmando a integração absoluta desses elementos, acredita que o vocabulário "geométrico" que utiliza pode assumir a expressão de realidades humanas complexas, tal como o provam muitas das obras de Mondrian, Malevitch, Pevsner, Gabo, Sophie Taeuber-Arp etc. Se mesmo esses artistas às vezes confundiam o conceito de forma-mecânica com o de forma-expressiva, urge esclarecer que, na linguagem da arte, as formas ditas geométricas perdem o caráter objetivo da geometria para se fazerem veículo da imaginação. A *Gestalt*, sendo ainda uma psicologia causalista, também é insuficiente para nos fazer compreender esse fenômeno que dissolve o espaço e a forma como realidades causalmente determináveis e os dá como tempo – *como espacialização da obra*. Entenda-se por espacialização da obra o fato de que ela está sempre se fazendo presente, está sempre recomeçando o impulso que a gerou e de que *ela já era origem*. E se essa descrição nos remete igualmente à experiência primeira – plena – do real, é que a arte *neoconcreta* não pretende nada menos que reacender essa experiência. A arte *neoconcreta* funda um novo espaço expressivo.

Essa posição é igualmente válida para a poesia neoconcreta, o mesmo objetivismo que denuncia, na poesia concreta, o mesmo objetivismo mecanicista da pintura. Os poetas concretos racionalistas também puseram como ideal de sua arte a imitação da máquina. Também para eles o espaço e o tempo não são mais que relações exteriores entre palavras-objeto. Ora, se assim é, a página se reduz a um espaço gráfico e a palavra a um elemento desse espaço. Como na pintura, o visual aqui se reduz ao ótico e o poema não ultrapassa a dimensão gráfica. A poesia neoconcreta rejeita tais noções espúrias e, fiel à natureza mesma da linguagem, afirma o poema como um ser temporal. No tempo e não no espaço a palavra desdobra a sua complexa natureza significativa. A página na poesia é a espacialização do tempo verbal: é pausa, silêncio, tempo. Não se trata, evidentemente, de voltar ao conceito de tempo da poesia discursiva, porque enquanto nesta linguagem flui em sucessão, na poesia neoconcreta a linguagem se *abre* em duração. Consequentemente, ao contrário do concretismo racionalista, que toma a palavra como objeto e a transforma em mero sinal ótico, a poesia neoconcreta devolve-a à sua condição de "verbo", isto é, de modo humano de apresentação do real. Na poesia neoconcreta a linguagem não escorre, dura.

Por sua vez, a prosa neoconcreta, abrindo um novo campo para as suas experiências expressivas, recupera a linguagem como fluxo, superando suas contingências sintáticas e dando um sentido novo, mais amplo, a certas soluções tidas até aqui equivocadamente como poesia. É assim que, na pintura como na poesia, na prosa como na escultura e na gravura, a arte neoconcreta reafirma a independência da criação artística em face do conhecimento objetivo (ciência) e do conhecimento prático (moral, política, indústria etc.).

Os participantes desta I Exposição Neoconcreta não constituem um "grupo". Não os ligam princípios dogmáticos. A afinidade evidente das pesquisas que realizam em vários campos os aproximou e os reuniu aqui. O compromisso que os prende, prende-os primeiramente cada um à sua experiência, e eles estarão juntos enquanto dure a afinidade profunda que os aproximou.

A expressão não-objeto não pretende designar um objeto negativo ou qualquer coisa que seja o oposto dos objetos materiais com propriedades exatamente contrárias desses objetos. O não-objeto não é um antiobjeto especial em que se pretende realizada a síntese de experiências sensoriais e mentais: um corpo transparente ao conhecimento fenomenológico, integralmente perceptível, que se tende à percepção sem deixar resto. Uma pura aparência. Toda obra de arte verdadeira é, portanto, um não-objeto, e se adotamos agora esta denominação é porque ela nos ajuda a enfocar os problemas da arte atual de um ângulo que nos parece novo.

## Morte da pintura

A questão posta obriga-nos a um retrospecto. Quando os pintores impressionistas, deixando o *atelier* pelo ar livre, procuraram apreender o objeto imerso na luminosidade natural, a pintura figurativa começou a morrer. Nos quadros de Monet os objetos se dissolvem em manchas de cor e a face usual das coisas se pulveriza entre os reflexos luminosos. A fidelidade ao mundo natural transferira-se da objetivação para a impressão. Rompidos os contornos que mantinham os objetos isolados no espaço, toda possibilidade de controle da expressão pictórica se limitava à coerência interna do quadro. Pouco depois, Maurice Denis diria que "um quadro – antes de ser um cavalo de batalha, uma mulher nua ou alguma anedota – é essencialmente uma superfície plana coberta de cores dispostas de certa maneira". A abstração não tinha nascido ainda mas os próprios pintores figurativos, como Denis, já a anunciavam. Cada vez mais, o objeto representado perdia significação aos seus olhos e em consequência disso o quadro, como objeto, ganhava importância.

Como o cubismo, o objeto é brutalmente arrancado de sua condição natural, transformado em cubos, o que virtualmente lhe imprimia uma natureza ideal: esvaziava-o daquela obscuridade essencial, daquela opacidade invencível que caracteriza a coisa. Mas o cubo é tridimensional, ainda possui um núcleo, um dentro que era preciso consumir – e isso foi feito pela fase dita sintética do movimento. Já então o que sobra do objeto é pouca coisa. E é com Mondrian e Malevitch que a eliminação do objeto continua. O objeto que se pulveriza no quadro cubista é o objeto pintado, o objeto representado. Enfim, é a pintura que jaz ali desarticulada, à procura de uma nova estrutura, de um novo modo de ser, de uma nova significação. Mas nesses quadros (fase sintética, fase hermética) não há apenas cubos desarticulados, planos abstratos; há também signos, arabescos, papéis colados, números, letras, areia, estopa, prego etc. Esses elementos indicam duas forças contrárias ali presentes: uma que tenta implacavelmente despojar a pintura de toda e qualquer contaminação com o objeto; outra, que retorna do objeto ao signo e que para isso necessita manter o espaço, o ambiente pictórico nascido da representação do objeto. A esta última tendência pode se filiar a pintura dita abstrata, de signo e de matéria, que se exacerba hoje no tachismo.

Mondrian é quem percebe o sentido mais revolucionário do cubismo e lhe dá continuidade. Compreende que a nova pintura, proposta naqueles planos puros, requer uma atitude radical, um recomeço. Mondrian limpa a tela, retira dela todos os vestígios do objeto, não apenas a sua figura, mas também a cor, a matéria e o espaço que constituíam o universo da representação: sobra-lhe a tela em branco. Sobre ela, o pintor não representará mais o objeto: ela é o espaço onde o mundo se harmonizará segundo os dois movimentos básicos da horizontal e da vertical. Com a eliminação do objeto representado, a tela – como presença material – torna-se o novo objeto da pintura. Ao pintor cabe organizá-la, mas também  dar-lhe uma transcendência que a subtraia à obscuridade do objeto material. A luta contra o objeto continua.

O problema que Mondrian se propôs não poderia ser resolvido pela teoria. Se ele tentou destruir o plano com uso das grandes linhas pretas que cortam a tela de uma borda a outra – indicando que ela confina com o espaço exterior – ainda essas linhas se opõem a um fundo e a contradição espaço-objeto reaparece. Inicia, então, a destruição dessas linhas e o resultado disso está nos seus dois últimos trabalhos: *Broadway Boogie-Woogie* e *Victory Boogie-Woogie*. Mas a contradição não se resolve de fato, e se Mondrian vivesse mais alguns anos talvez voltasse à tela em branco donde partira. Ou partisse dela para a construção no espaço, como o fez Malevitch, ao cabo de experiência paralela.

### Obra e objeto

A tela em branco, para o pintor tradicional, era mero suporte material sobre o qual ele esboçava a sugestão do espaço natural. Em seguida, esse espaço sugerido, essa metáfora do mundo, era rodeada por uma moldura cuja função fundamental era inseri-lo no mundo. Essa moldura era o meio-termo entre a ficção e a realidade, ponte e amurada que, protegendo o quadro, o espaço fictício, ao mesmo tempo fazia-o comunicar-se, sem choques, com o espaço exterior, real. Por isso, quando a pintura abandona radicalmente a representação – como no caso de Mondrian, Malevitch e seus seguidores – a moldura perde o sentido. Não se trata mais de erguer um espaço metafórico num cantinho bem protegido do mundo, e sim realizar a obra no espaço real mesmo e de emprestar a esse espaço, pela aparição da obra – objeto especial, uma significação e uma transcendência.

É fato que as coisas se passaram com alguma morosidade, com equívocos e descaminhos certamente inevitáveis e necessários. O uso do papel colado, da areia e de outros elementos tomados ao real e postos dentro do quadro já indica a necessidade de substituir a ficção pela realidade. Quando mais tarde o dadaísta Kurt Schwitters constrói o seu *Merzbau* – feito com objetos ou fragmentos de objetos achados na rua – ainda é a mesma intenção que se amplia, já agora livre da moldura, no espaço real. Nessa altura, a obra de arte e os objetos parecem se confundir. Sinal desse mútuo extravasamento entre a obra de arte e o objeto é a célebre blague de Marcel Duchamp enviando à exposição do Independentes, em Nova York (1916), um urinol-fonte, desses que se usam no mictório dos bares. Essa técnica do *ready-made* foi adotada pelos surrealistas. Ela consiste em revelar o objeto deslocando-o de sua função ordinária e assim estabelecendo entre ele e os demais objetos novas relações. A limitação desse processo de transfiguração do objeto está em que ele se funda menos nas qualidades formais do objeto que na sua significação, nas suas relações de uso e hábito cotidianos. Em breve aquela obscuridade característica da coisa volta a envolver a obra, reconquistando-a para o nível comum. Nesse *front*, os artistas foram batidos pelo objeto.

Desse ponto de vista, tornam-se bem claras e até certo ponto ingênuas algumas extravagâncias que hoje aparecem como vanguarda da pintura. Que são as telas cortadas de Fontana expostas na v Bienal, senão uma retardada  tentativa de destruir o caráter fictício do espaço pictórico pela introdução nele de um corte real? Que são os quadros de Burri com estopa, madeira ou ferro, senão o retomar – sem a mesma violência e antes transformando-os em belas-artes – dos processos usados pelos dadaístas? O mal, entretanto, está em que tais obras só conseguem o efeito do primeiro contato e não logram permanecer na condição transcendente de não-objeto. São objetos curiosos, estranhos, extravagantes – mas objetos.

O caminho seguido pela vanguarda russa mostrou-se bem mais profundo. Os contrarrelevos de Tatlin e Rodchenko, como as arquiteturas suprematistas de Malevitch, indicam uma revolução coerente do espaço representado para o espaço real, das formas representadas para as formas criadas. A mesma luta contra o objeto verifica-se na escultura moderna a partir do cubismo. Com Vantongerloo (De Stijl), a figura desaparece completamente; com os construtivistas russos (Tatlin, Pevsner, Gabo), a massa é eliminada e a escultura despoja-se da sua condição de coisa. O fenômeno é parecido: se a pintura que nada representa é atraída para a órbita dos objetos, com muito mais força essa atração se exerce sobre a escultura não figurativa. Tornada objeto, a escultura livra-se da característica mais comum àquele: a massa. Mas isso não basta. A base – que equivale na escultura à moldura no quadro – fora eliminada. Vantongerloo e Moholy-Nagy tentaram realizar esculturas que se mantivessem no espaço, sem apoio. Pretendiam eliminar da escultura o peso, outra característica fundamental do objeto. E o que se verifica é que, enquanto a pintura, liberada de sua isenção representativa, tende a abandonar a superfície para se realizar no espaço, aproximando-se da escultura, esta, liberta da figura, da base e da massa, já bem pouca afinidade mantém com o que tradicionalmente se denominou escultura. Na verdade, há mais afinidade entre um contrarrelevo de Tatlin e uma escultura de Pevsner, do que entre esta e uma obra de Maillol, de Rodin ou de Fidias. O mesmo se pode dizer de um quadro de Lygia Clark e uma escultura de Amilcar de Castro. Donde se conclui que a pintura e a escultura atuais convergem para um ponto comum, afastando-se cada vez mais de suas origens. Tornam-se objetos especiais – não-objetos – para os quais as denominações de pintura e escultura já talvez não tenham muita propriedade.

### Formulação primeira

O problema da moldura e da base, na pintura e na escultura, respectivamente, nunca tinha sido examinado pelos críticos em suas implicações significativas, estéticas. Registrava-se o fenômeno, mas como um detalhe curioso que escapava à verdadeira problemática da obra de arte. O que não se percebia é que a própria obra colocava problemas novos e que ela procurava escapar, para sobreviver, ao círculo fechado da estética tradicional. Romper a moldura e eliminar a base não são, de fato, questões de natureza meramente técnica ou física: trata-se de um esforço do artista para libertar-se do quadro convencional da cultura, para reencontrar aquele "deserto" de que nos fala Malevitch, onde a obra aparece pela primeira vez, livre de qualquer significação que não seja a de seu próprio aparecimento. Dissemos, no início deste artigo, que toda obra aparece, pela primeira vez, livre de qualquer significação que não seja a de seu próprio aparecimento. Dissemos, no início deste artigo, que toda obra de arte verdadeira é um não-objeto e que esse nome só se aplica, com precisão, àquelas obras que se realizam fora dos limites convencionais da arte, que trazem essa necessidade de deslimite como a intenção fundamental de seu aparecimento.

Colocada a questão nestes termos, as experiências tachistas e informais, na pintura e na escultura, mostram-nos a sua face conservadora e reacionária. Os artistas dessa tendência continuam – embora desesperadamente – a se valer dos apoios convencionais daqueles gêneros artísticos. Neles, o processo é contrário: em lugar de romper a moldura para que a obra se verta no mundo, conservam a moldura, o quadro, o espaço convencional e põem o mundo (os materiais brutos) lá dentro. Partem da suposição de que o que está dentro de uma moldura é um quadro, uma obra de arte. É certo que, com isso, também denunciam o fim dessa convenção, mas sem anunciar o caminho futuro.

Esse caminho pode estar na criação desses objetos especiais (não-objetos) que se realizam fora de toda convenção artística e que reafirmam a arte como formulação primeira do mundo.

Esquema geral da Nova Objetividade
*Hélio Oiticica*

Nova Objetividade seria a formulação de um estado típico da arte  brasileira de vanguarda atual, cujas principais características são: 1. vontade construtiva geral; 2. tendência para o objeto ao ser negado e superado o quadro de cavalete; 3. participação do espectador (corporal, tátil, visual, semântica etc.); 4. abordagem e tomada de posição em relação a problemas políticos, sociais e éticos; 5. tendência para proposições coletivas e consequente abolição dos "ismos" característicos da primeira metade do século na arte de hoje (tendência esta que pode ser englobada no conceito de "arte pós-moderna" de Mário Pedrosa); 6. ressurgimento e novas formulações do conceito de antiarte.

A Nova Objetividade sendo, pois, um estado típico da arte brasileira atual, o é também no plano internacional, diferenciando-se, pois, das duas grandes correntes de hoje: *pop* e op, e também das ligadas a essas: *nouveau réalisme* e *primary structures* (*hard edge*).

A Nova Objetividade, sendo um estado, não é, pois, movimento dogmático, esteticista (como por exemplo foi o cubismo, e também outros ismos constituídos como uma "unidade de pensamento") mas uma "chegada", constituída de múltiplas tendências, onde a "falta de unidade de pensamento" é uma característica importante, sendo entretanto a unidade desse conceito de *nova objetividade* uma constatação geral dessas tendências múltiplas agrupadas em tendências gerais aí verificadas. Um símile, se quisermos, podemos encontrar no dadá, guardando as distâncias e diferenças.

### Item 1: Vontade construtiva geral

No Brasil os movimentos inovadores apresentam, em geral, esta característica única, de modo bem específico, ou seja, uma vontade construtiva marcante. Até mesmo no movimento de 1922 poder-se-ia verificar isto, sendo, a nosso ver, o motivo que levou Osvaldo [Oswald] de Andrade à célebre conclusão de que seria nossa cultura antropofágica, ou seja, redução imediata de todas as influências externas a modelos nacionais. Isto não aconteceria não houvesse, latente na nossa maneira de apreender tais influências, algo de especial, característico nosso, que seria essa vontade construtiva geral. Dela nasceram nossa arquitetura, e mais recentemente os chamados movimentos concreto e neoconcreto, que de certo modo objetivaram de maneira definitiva tal comportamento criador. Além disso, queremos crer que na condição social aqui reinante, de certo modo ainda em formação, haja colaboração para que este fator se objetivasse mais ainda: somos um povo à procura de  uma caracterização cultural, no que nos diferenciamos do europeu com seu peso cultural milenar e o americano do norte com suas solicitações superprodutivas. Ambos exportam suas culturas de modo compulsivo, necessitam mesmo que isso se dê, pois o peso das mesmas as faz transbordar compulsivamente. Aqui, subdesenvolvimento social significa culturalmente a procura de uma caracterização nacional, que se traduz de modo específico nessa primeira premissa, ou seja, nessa vontade construtiva. Não que isso aconteça necessariamente a povos subdesenvolvidos, mas seria um caso nosso, particular. A antropofagia seria a defesa que possuímos contra tal domínio exterior, e a principal arma criativa essa vontade construtiva, o que não impediu de todo uma espécie de colonialismo cultural, que de modo objetivo queremos hoje abolir, absorvendo-o definitivamente numa superantropofagia. Por isto e para isto, surge a primeira necessidade da Nova Objetividade: procurar pelas características nossas, latentes e de certo modo em desenvolvimento, objetivar um estado criador geral, a que se chamaria de vanguarda brasileira, numa solidificação cultural (mesmo que para isto sejam usados métodos especificamente anticulturais); erguer objetivamente dos esforços criadores individuais os itens principais desses mesmos esforços, numa tentativa de agrupá-los culturalmente. Nesta tarefa aparece esta vontade construtiva geral como item principal, móvel espiritual dela.

**Item 2: Tendência para o objeto ao ser negado e superado o quadro de cavalete**

O fenômeno da demolição do quadro, ou da simples negação do quadro de cavalete, e o consequente processo, qual seja, o da criação sucessiva de relevos, antiquadros, até as estruturas espaciais ou ambientais, e a formulação de objetos, ou melhor, a chegada ao objeto, data de 1954 em diante, e se verifica de várias maneiras, numa linha contínua, até a eclosão atual. De 1954 (época da arte "concreta") em diante, data a experiência longa e penosa de Lygia Clark na desintegração do quadro tradicional, mais tarde do plano, do espaço pictórico etc. No movimento neoconcreto dá-se essa formulação pela primeira vez e também a proposição de poemas-objetos

(Gullar, Jardim, Pape) que culminaram na teoria do "não-objeto" de Ferreira Gullar. Há então, cronologicamente, uma sucessiva e variada formulação do problema,que nasce como uma necessidade fundamental desses artistas, obedecendo ao seguinte processo: da *démarche* de Lygia Clark em diante, há como que o estabelecimento de *handicaps* sucessivos, e o processo que em Clark se deu de modo lento, abordando as estruturas primárias da "obra" (como espaço, tempo etc.) para a sua resolução, aparece na obra de outros artistas de modo cada vez mais rápido e eclosivo. Assim, na minha experiência (a partir de 1959) se dá de modo mais imediato, mas ainda da abordagem e dissolução puramente estruturais, e ao se verificar mais tarde na obra de Antonio Dias e Rubens Gerchman se dá mais violentamente, de modo mais dramático, envolvendo vários processos simultaneamente, já não mais no campo puramente estrutural, mas também envolvendo um processo dialético que Mário Schenberg formulou como realista. Nos artistas que se poderiam chamar "estruturais", esse processo dialético viria também a se processar, mas de outro modo, lentamente. Dias e Gerchman como que se defrontam com as necessidades estruturais e as dialéticas de um só lance. Cabe notar aqui que esse processo "realista" caracterizado por Schenberg já se havia manifestado no campo poético por Gullar, que na época neoconcreta estava absorvido em problemas de ordem estrutural e na procura de um "lugar para a palavra", até a formulação do "não-objeto", que quebra repentinamente com toda premissa de ordem transcendental para propor uma poesia participante e teorizar sobre um problema mais amplo, qual seja, o da criação de uma cultura participante dos problemas brasileiros que na época afloravam. Surgiu aí então o seu trabalho teórico *Cultura posta em questão*. De certo modo a proposição realista que viria com Dias e Gerchman, e de outra forma com Pedro Escosteguy (em cujos objetos a palavra encerra sempre alguma mensagem social), foi uma consequência dessas premissas levantadas por Gullar e seu grupo, e também de outro modo pelo movimento do Cinema Novo que estava então no seu auge. Considero então o *turning point* decisivo desse processo no campo pictórico-plástico-estrutural a obra de Antonio Dias, *Nota sobre a morte imprevista*, na qual afirma ele, de supetão, problemas muito profundos de ordem ético-social e pictórico-estrutural, indicando uma nova abordagem do problema do objeto (na verdade esta obra é um antiquadro, e também aí uma reviravolta no conceito de quadro, da "passagem" para o objeto e da significação do próprio objcto). Daí em diante surge, no Brasil, um verdadeiro processo de "passagens" para o objeto e para proposições dialético-pictóricas, processo este que notamos e delineamos vagamente, pois que não cabe, aqui, uma análise mais profunda.

Apenas um esquema geral. Não é outra a razão da tremenda influência de Dias sobre a maioria dos artistas surgidos posteriormente. Uma análise profunda de sua obra pretendo realizar em outra parte em detalhe, mas quero anotar aqui neste esquema que sua obra é na verdade um ponto decisivo na formulação do próprio conceito de Nova Objetividade que viria eu mais tarde a concretizar – a profundidade e a seriedade de suas *démarches* ainda não esgotaram suas consequências: estão apenas em botão.

Paralelamente às experiências de Dias, nascem as de Gerchman, que de sua origem expressionista plasma também de supetão problemas de ordem social, e o drama da luta entre plano e objeto se dá aqui livremente, numa sequência impressionante de proposições. Seria também aqui demasiado e impossível analisá-la, mas quero crer que seja sua experiência também decisiva nessa transformação dialética e na criação do conceito "realista" de Schenberg. A preocupação principal de Gerchman centra-se no conteúdo social (quase sempre de constatação ou de protesto) e no de procurar novas ordens estruturais de manifestação de modo profundo e radical (no que se aproxima das minhas, em certo sentido): a caixa-marmita, o elevador, o altar onde o espectador se ajoelha são, cada uma delas, ao mesmo tempo em que manifestações estruturais específicas, elementos onde se afirmam conceitos dialéticos, como o quer seu autor. Daí surgiu a possibilidade da criação do *Parangolé* social (obras em que me propus a dar sentido social à minha descoberta do *Parangolé*, se bem que este já o possuísse latente desde o início, e que foram criadas por mim e Gerchman em 1966, portanto mais tarde). Sua experiência também propagou-se neste curto período numa avalanche de influências.

A terceira experiência decisiva para a afirmação do conceito realista schenberguiano é a de Pedro Escosteguy, poeta há longo tempo, que se revelou em obras surpreendentes pela clareza das intenções e da espontaneidade criadora. Pedro propõe-se ao objeto logo de saída, mas ao objeto semântico, onde impera a lei da palavra, palavra-chave, palavra-protesto, palavra onde o lado poético encerra sempre uma mensagem social, que pode ser ou não impregnada de ingenuidade. O lado lúdico também conta como fator decisivo nas suas proposições, que na época neoconcreta surgiram aqui, tais como as dos poemas-objeto construídos. Queremos ver a recolocação, em termos específicos seus, do problema na antiarte, que aflui simultaneamente em experiências paralelas, se bem que diferentes e quase que opostas, quais sejam as de Lygia Clark dessa época (*Caminhando*) que anotaremos a seguir, as de Dias (proposições de fundo ético-social), as de Gerchman (estruturas também semânticas) e as minhas (*Parangolé*).

Em São Paulo, em outros termos nessa mesma época (1964-1965), surge Waldemar Cordeiro com o *Popcreto*, proposição na qual o lado estrutural (o objeto) funda-se ao semântico. Para ele, a desintegração do objeto físico é também desintegração semântica, para a construção de um novo significado. Sua experiência não é fusão de *pop* com concretismo, como o querem muitos, mas uma transformação decisiva das proposições puramente estruturais para outras de ordem semântico-estrutural, de certo modo também participantes. A forma com que se dá essa transformação é também específica dele, Cordeiro, bem diferente da do grupo carioca, com caráter universalista, qual seja, a da tomada de consciência de uma civilização industrial etc. Segundo ele, aspira à objetividade para manter-se longe de elucubrações intimistas e naturalismos inconsequentes. Cordeiro, com o *Popcreto*, prevê de certo modo o aparecimento do conceito de "apropriação" que formularia eu dois anos depois (1966), ao me propor a uma volta à "coisa", ao objeto diário apropriado como obra.

Nesse período, 1964-1965, se processaram essas transformações gerais, de um conceito puramente estrutural (se bem que complexo, abarcando ordens diversas e que já se introduzira no campo tátil-sensorial, em contraposição ao puramente visual, nos meus *Bólides* vidros e caixas, a partir de 1963), para a introdução dialética realista, e a aproximação participante. Isto não só se processou com Cordeiro em São Paulo, como de maneira fulminante nas obras de Lygia Clark e nas minhas aqui no Rio. Na de Clark, com a *démarche* mais crítica de sua obra: a da descoberta por ela de que o processo criativo se daria no sentido de uma imanência em oposição ao antigo baseado na transcendência, surgindo daí o *Caminhando*, descoberta fundamental de onde se desenvolveu todo o processo da artista que culminou numa "descoberta do corpo", para uma "reconstituição do corpo", através de estruturas supra e infrassensoriais, e do ato na participação coletiva – é esta uma *démarche* impregnada do conceito novo de *antiarte* ( o último item descrito neste esquema), que culmina numa forte estruturação ético-individual. É-nos impossível descrever aqui em profundidade todo o processo dialético desse desenvolvimento de Lygia Clark – assinalamos apenas a reviravolta dialética do mesmo, da maior importância na nossa arte. Paralelamente, intensificando esse processo, nascem as formulações teóricas de Frederico Morais sobre uma "arte dos sentidos", com a consciência, é claro, dos perigos metafísicos que a ameaçam.

Finalmente, quero assinalar a minha tomada de consciência, chocante para muitos, da crise das estruturas puras, com a descoberta do *Parangolé* em 1964 e a formulação teórica daí decorrente (ver escritos de 1965). Ponto principal que nos interessa citar: o sentido que nasceu com o *Parangolé* de uma participação coletiva (vestir capas e dançar), participação dialético-social e poética (*Parangolé* poético e social de protesto, com Gerchman), participação lúdica (jogos, ambientações, apropriações) e o principal motor: o da proposição de uma "volta ao mito". Não descrevo aqui também esse processo (ver em breve publicação da *Teoria do parangolé*).

Outra etapa, ligada em raiz e que incluo ao lado dos três primeiros realistas cariocas, segundo Schenberg, seria caracterizada pelas experiências já conhecidas e admiradas de Roberto Magalhães, Carlos Vergara, Glauco Rodrigues e Zilio. Qual o principal fator que se poderia atribuir a essas experiências que as diferenciaram numa etapa? Seria este: são elas caracterizadas, no conflito entre a representação pictórica e a proposição do objeto, na abordagem do problema, por uma ausência de dramaticidade, fator positivo no processo, que confirma a aquisição de *handicaps* em relação às anteriores. Esses artistas enfrentam o quadro, o desenho, daí passam ao objeto (sendo que quadro e desenho são já tratados como tal), de volta ao plano, com uma liberdade e uma ausência de drama impressionante. É porque neles o conflito já se apresenta mais maduro no processo dialético geral. Seja nos desenhos e nos macro e micro-objetos de Magalhães, surpreendentemente sensíveis e sarcásticos, ou nas experiências múltiplas de Vergara, desde os quadros iniciais para o relevo ou para os antidesenhos encerrados em plástico, ou para a participação "participante" do seu *happening* (na G4, em 66), ou nas de Glauco Rodrigues com suas manifestações ambientais (balões e formas em plástico semelhantes a brinquedos gigantes), sólidos geométricos com colagens e antiquadros, e ainda nas estruturas "participantes" de Zilio, em todos eles está presente essa ausência exemplar de drama – aí as intenções são definidas com uma clareza matisseana, hedonista e nova neste processo. São artistas que ainda estão no começo, brilhantes, sem dúvida, e que nos reconfortam com seu otimismo.

Se aqui o processo se torna veloz, imediato nas intenções, o que dizer então dos novíssimos e dos outros ainda totalmente desconhecidos que abordam, criam já o objeto sem mais toda essa dialética da "passagem", do *turning point* etc. Esta mostra, primeira da Nova Objetividade, visa dar oportunidade para que apareçam esses jovens, para que se manifestem inclusive as experiências coletivas anônimas que interessem ao processo (experiências que determinam inclusive a minha formulação do parangolé). Não adianta comentar, mas apenas anotar alguns desses novíssimos, abertos a um desenvolvimento: Hans Haudenschild com seus manequins de cor (seria o nosso primeiro "totemista"), Mona Gorovitz e os seus *underwears*, Solange Escosteguy com suas anticaixas ou suprarrelevos da cor, Eduardo Clark (fotografias, multidões e anticaixas), Roberto Landim (relevos e caixas), Sami Mattar (objetos), Roberto Lanari, o baiano Smetak com seus instrumentos de cor (musicais).

Lygia Pape, que no neconcretismo criou o célebre *Livro da criação*, onde a imagem da forma-cor substituía *in totum* a palavra, cria a par de sua experiência com cinema caixas de humor negro, manuseáveis, que são ainda desconhecidas, e abre novo campo a explorar, ou seja, este do humor como tal e não aplicado em representações externas ao seu contexto; em outras palavras: estruturas para o humor.

Ivan Serpa, que passara das experiências concretas à dissolução estrutural das mesmas, depois ainda pela fase crítica realista, retomou o sentido construtivo da época concreta num novo sentido, de imediato no objeto, predominando o sentido lúdico, sem drama, entrando com a participação do espectador. São proposições sadias que ainda serão por certo desenvolvidas, que também nos evocam certas premissas do conceito de antiarte, que as tornam de imediato importante.

Em São Paulo queremos ainda anotar a experiência importante de Willys de Castro, que desde a época neoconcreta criara o "objeto ativo" e desenvolveu coerentemente esse processo até hoje, aproximando-se de soluções que se afinam com o que os americanos definem como *primary structures*, o que aliás acontece com as de Serpa e muitas obras da época neoconcreta como as de Carvão (tijolo de cor) e as de Amilcar de Castro, que também mostraremos aqui nesta exposição. São experiências muito atuais, que tendem a uma busca de estruturas básicas para o objeto, fugindo a seu modo dos conceitos velhos de escultura ou pintura. Isto se aplicaria também a experiências como as de Hércules Barsotti e de Aliberti, do grupo visual de São Paulo, e em outro sentido às de Maurício Nogueira Lima.

Um desenvolvimento independente, mas fundamental, é o do grupo do realismo mágico de Wesley Duke Lee, centrado na galeria Rex. Por incrível que pareça, apesar de sabermos da sua importância (que nesse processo descrito teria papel semelhante ao do grupo realista do Rio), pouco dele conhecemos. É um grupo fechado, extremamente sólido, mas do qual não podemos avaliar todas as consequências por desconhecermos sua totalidade. Apenas vamos anotar aqui, além do de Wesley Duke Lee (nome já conhecido fora do Brasil plenamente, e cuja experiência abarca várias ordens estruturais, desde as pictóricas às ambientais), os nomes de Nelson Leirner, Rezende, Fajardo e Geraldo Barros, cujo desenvolvimento infelizmente desconhecemos, mas que sabemos interessantíssimo. Esta mostra servirá também para nos confirmar o que prevíamos: as premissas teóricas do realismo mágico como umas das constituintes principais nesse processo que me levou à formulação da Nova Objetividade, das principais correntes, grupos ou individualidades que colaboraram no seu processo constitutivo, aqui descrito neste item fundamental ou seja, o da "passagem" e "chegada" às estruturas objetivas, considerando periféricas as mais gerais de ordem cultural, que interessam aqui como processo desta ordem e que, de um modo e de outro, influenciaram a eclosão do processo.

Periféricas:

Grupo Neoconcreto – Poesia Participante (Gullar); Grupo Opinião (teatro); Cinema Novo

Nova Objetividade – Lygia Clark; Realismo Carioca; *Popcreto*; Realismo Mágico; Parangolé

## Item 3: Participação do espectador

O problema da participação do espectador é mais complexo, já que essa participação, que de início se opõe à pura contemplação transcendental, se manifesta de várias maneiras. Há, porém, duas maneiras bem definidas de participação: uma é a que envolve "manipulação" ou participação "sensorial-corporal", a outra, que envolve uma participação "semântica". Esses dois modos de participação buscam como que uma participação fundamental, total, não-fracionada, envolvendo os dois processos, significativa. Isto é, não se reduzem ao puro mecanismo de participar, mas concentram-se em significados novos, diferenciando-se da pura contemplação transcendental. Desde as proposições "lúdicas" às do "ato", desde as proposições semânticas da "palavra pura" às da "palavra objeto", ou às de obras "narrativas" e as de protesto político ou social, o que se procura é um modo objetivo de participação ativa do espectador nesse processo: o indivíduo a quem chega a obra é solicitado à completação dos significados propostos na mesma – esta é, pois, uma obra aberta. Este processo, como surgiu no Brasil, está intimamente ligado ao da quebra do quadro e à chegada ao objeto ou ao relevo e antiquadro (quadro narrativo). Manifesta-se de 1001 modos desde o seu aparecimento no movimento neoconcreto através de Lygia Clark e tornou-se como que a diretriz principal do mesmo, principalmente no campo da poesia, palavra e palavra-objeto. É inútil fazer aqui um histórico das fases e surgimentos de participação do espectador, mas verifica-se em todas as novas manifestações de nossa vanguarda desde as obras individuais até as coletivas (*happenings*, por exemplo). Tanto as experiências individualizadas como as de caráter coletivo tendem a proposições cada vez mais abertas no sentido dessa participação, inclusive as que tendem a dar ao indivíduo a oportunidade de "criar" a sua obra. A preocupação também da produção em série de obras (seria o sentido lúdico elevado ao máximo) é uma desembocadura importante desse problema.

**Item 4: Tomada de posição em relação a problemas políticos, sociais e éticos**

Há atualmente no Brasil a necessidade da tomada de posição em relação a problemas políticos, sociais e éticos, necessidade essa que se acentua a cada dia e pede uma formulação urgente, sendo o ponto crucial da própria abordagem dos problemas no campo criativo: artes ditas plásticas, literatura etc. Nessa linha evolutiva da qual surgiu, ou melhor, que eclodiu no objeto, na participação do espectador etc., o chamado grupo "realista", segundo Schenberg (no Rio), no campo plástico (incluindo aí as experiências de Escosteguy), conseguiu a primeira síntese de ideias nesse sentido aqui verificadas. Aí, a primeira obra plástica propriamente dita com caráter participante no sentido político foi a de Escosteguy, em 1964, que, surpreendido por gestões políticas de vulto na época, criou uma espécie de relevo para ser apreendido menos pela visão e mais pelo tato (aliás chamava-se *Pintura tátil*, e teria sido então a primeira obra nesse sentido aqui – mensagem político-social em que o espectador teria que usar as mãos como um cego para desvendá-la).

Essas ideias, ou linha de pensamento no sentido de uma "arte participante", porém, já há alguns anos vinham germinando de maneira clara e objetiva na obra de alguns poetas e teóricos, que pela natureza de seu trabalho possuíam maior tendência para a abordagem do problema. A polêmica suscitada aí tornou-se como que indispensável àqueles que em qualquer campo criativo estão procurando criar uma base sólida para uma  cultura tipicamente brasileira, com características e personalidade próprias. Sem dúvida a obra e as ideias de Ferreira Gullar, no campo poético e teórico, são as que mais criaram nesse período, nesse sentido. Tomam hoje uma importância decisiva e aparecem como um estímulo para os que veem no protesto e na completa reformulação político-social uma necessidade fundamental na nossa atualidade cultural. O que Gullar chama de participação é, no fundo, essa necessidade de uma participação total do poeta, do artista, do intelectual em geral, nos acontecimentos e nos problemas do mundo, consequentemente influindo e modificando-os; um não virar as costas para o mundo para restringir-se a problemas estéticos, mas a necessidade de abordar esse mundo com uma vontade e um pensamento realmente transformadores, nos planos ético-político-social. O ponto crucial dessas ideias, segundo o próprio Gullar: não compete ao artista tratar de modificações no campo estético como se fora este uma segunda natureza, um objeto em si, mas sim de procurar, pela participação total, erguer os alicerces de uma totalidade cultural, operando transformações profundas na consciência do homem, que de espectador passivo dos acontecimentos passaria a agir sobre eles usando os meios que lhe coubessem: a revolta, o protesto, o trabalho construtivo para atingir essa transformação etc. O artista, o intelectual em geral, estava fadado a uma posição cada vez mais gratuita e alienatória ao persistir na velha posição esteticista, para nós hoje oca, de considerar os produtos da arte como uma segunda natureza, onde se processariam as transformações formais decorrentes de conceituações novas de ordem estética. Definitivamente, é esta posição esteticista insustentável no nosso panorama cultural: ou se processa essa tomada de consciência ou se está fadado a permanecer numa espécie de colonialismo cultural ou na mera especulação de possibilidades, que no fundo se resumem em pequenas variações de grandes ideias já mortas.

No campo das artes ditas plásticas o problema do objeto, ou melhor, da chegada ao objeto, ao generalizar-se para a criação de uma totalidade, defrontou-se com esse fundamental, ou seja, sob o perigo de voltar a um esteticismo houve a necessidade desses artistas fundamentar a vontade construtiva geral no campo político-ético-social. É, pois, fundamental à Nova Objetividade a discussão, o protesto, o estabelecimento de conotações dessa ordem no seu contexto, para que seja caracterizada como um estado típico brasileiro, coerente com as outras *démarches*. Com isso verificou-se, acelerando o processo de chegada ao objeto e às proposições coletivas, uma "volta ao mundo", ou seja, um ressurgimento de um interesse pelas coisas, pelo ambiente, pelos problemas humanos, pela vida, em última análise. O fenômeno da vanguarda no Brasil não é mais hoje questão de um grupo provindo de uma elite isolada, mas uma questão cultural ampla, de grande alçada, tendendo às soluções coletivas.

A proposição de Gullar que mais nos interessa é também a principal que o move: quer ele que não baste à consciência do artista como homem atuante somente o poder criador e a inteligência, mas que o mesmo seja um ser social, criador não só de obras, mas modificador também de consciências (no sentido amplo, coletivo), que colabore nessa revolução transformadora, longa e penosa, mas que algum dia terá atingido o seu fim – que o artista "participe" enfim da sua época, de seu povo.

Vem aí pergunta crítica: quantos o fazem?

**Item 5: tendência a uma arte coletiva**

Há duas maneiras de propor uma arte coletiva: a primeira seria a de jogar produções individuais em contato com o público das ruas (claro que produções que se destinem a tal, e não produções convencionais aplicadas desse modo); outra, a de propor atividades criativas a esse público, na própria criação da obra. No Brasil essa tendência para uma arte coletiva é a que preocupa realmente nossos artistas de vanguarda. Há como que uma fatalidade programática para isto. Sua origem está ligada intimamente ao problema da participação do espectador, que seria tratado então já como uma programa a seguir, em estruturas mais complexas. Depois de experiências e tentativas esparsas desde o grupo neoconcreto (*Projetos* e *Parangolés*, meus, *Caminhando*, de Clark, *happenings* de Dias, Gerchman e Vergara, projeto para parque de diversões de Escosteguy), há como que uma solicitação urgente, no dia de hoje, para obras abertas e proposições várias: atualmente a preocupação de uma "seriação de obras" (Vergara e Glauco Rodrigues), o planejamento de "feiras experimentais" de outro grupo de artistas, proposições de ordem coletiva de todas as ordens, bem o indicam.

São, porém, programas abertos à realização, pois que muitas dessas proposições só aos poucos vão sendo possibilidades para tal. Houve algo que, a meu ver, determinou de certo modo essa intensificação para a proposição de uma arte coletiva total: a descoberta de manifestações populares organizadas (escolas de samba, ranchos, frevos, festas de toda ordem, futebol, feiras) e as espontâneas ou os "acasos" ("arte das ruas" ou antiarte surgida do acaso"). Ferreira Gullar assinalara já, certa vez, o sentido de arte total que possuiriam as escolas de samba onde a dança, o ritmo e a música vêm unidas indissoluvelmente à exuberância visual da cor, das vestimentas etc. Não seria estranho, então, se levarmos isso em conta, que os artistas em geral, ao procurar à chegada desse processo uma solução coletiva para suas proposições, descobrissem por sua vez essa unidade autônoma dessas manifestações populares, das quais o Brasil possui um enorme acervo, de uma riqueza expressiva inigualável. Experiências tais como a que Frederico Morais realizou na Universidade de Minas Gerais, com Dias, Gerchman e Vergara, qual seja, a de procurar "criar" obras de minha autoria, procurando, "achando" na paisagem urbana elementos que correspondessem a tais obras, e realizando com isso uma espécie de *happening*, são importantes como modo de introduzir o espectador ingênuo no processo criador fenomenológico da obra, já não mais como algo fechado, longe dele, mas como uma proposição aberta à sua participação total.

## Item 6: O ressurgimento do problema da antiarte

Por fim, devemos abordar e delinear a razão do ressurgimento do problema da antiarte, que a nosso ver assume hoje papel mais importante e sobretudo novo. Seria a mesma razão por que de outro modo Mário Pedrosa sentiu a necessidade de separar as experiências de hoje sob a sigla de "arte pós-moderna" – é, com efeito, outra a atitude criativa dos artistas ante as exigências de ordem ético-individuais, e as sociais gerais.

No Brasil o papel toma a seguinte configuração: como, num país subdesenvolvido, explicar o aparecimento de uma vanguarda e justificá-la, não como uma alienação sintomática, mas como um fator decisivo no seu progresso coletivo? Como situar aí a atividade do artista? O problema poderia ser enfrentado com uma outra pergunta: para quem faz o artista sua obra? Vê-se, pois, que sente esse artista uma necessidade maior, não só de criar simplesmente, mas de comunicar algo que para ele é fundamental, mas essa comunicação teria que se dar em grande escala, não numa elite reduzida a *experts*, mas até contra essa elite, com a proposição de obras não acabadas, "abertas". É essa a tecla fundamental do novo conceito de antiarte: não apenas martelar contra a arte do passado ou contra os conceitos antigos (como antes, ainda uma atitude baseada na transcendentalidade), mas criar novas condições experimentais, em que o artista assume o papel de "proposicionista", ou "empresário", ou mesmo "educador". O problema antigo de "fazer uma nova arte" ou de derrubar culturas já não se formula assim – a formulação certa seria a de se perguntar: quais as proposições, promoções e medidas a que se devem recorrer para criar uma condição ampla de participação popular nessas proposições abertas, no âmbito criador a que se elegeram esses artistas. Disso depende sua própria sobrevivência e a do povo nesse sentido.

### Conclusão

Mário Schenberg, numa de nossas reuniões, indicou um fato importante para nossa posição como grupo atuante: hoje, o que quer que se faça, qualquer que seja nossa *démarche*, se formos um grupo atuante, realmente participante, seremos um grupo contra coisas, argumentos, fatos. Não pregamos pensamentos abstratos, mas comunicamos pensamentos vivos, que para o serem têm que corresponder aos itens citados e sumariamente descritos acima. No Brasil (nisto também se assemelharia ao dadá), hoje, para se ter uma posição cultural atuante, que conte, tem-se que ser contra, visceralmente contra tudo, que seria, em suma, o conformismo cultural, político, ético, social.

Dos críticos brasileiros atuais, quatro influenciaram com seus pensamentos, sua obra, sua atuação em nossos setores culturais, de certo modo, a evolução e a eclosão do Nova Objetividade. Não nos interessa desenvolver a fundo todos os pontos, mas apenas indicá-los. Para finalizar, quero evocar ainda uma frase que, creio, poderia muito bem representar o espírito da Nova Objetividade, frase esta fundamental e que, de certo modo, representa uma síntese de todos esses pontos e da atual situação (condição para ela) da vanguarda brasileira; seria como que o lema, o grito de alerta da "Nova Objetividade" – hei-la: da adversidade vivemos!

**CONTRA A ARTE AFLUENTE:**
**O CORPO É O MOTOR DA "OBRA"**
*Frederico Morais*

O artista é um inventor, "realiza" ideias. Sua função, como já observou Moles, é heurística.

Obra é hoje um conceito estourado em arte. Eco e outros teóricos da obra de arte aberta, como Vinca Mazini, foram provavelmente os últimos defensores da noção de obra. Deixando de existir fisicamente, libertando-se do suporte, da parede, do chão ou do teto, a arte não é mais do que uma situação, puro acontecimento, um processo. O artista não é o que realiza obras dadas à contemplação, mas o que propõe situações – que devem ser vividas, experimentadas. Não importa a obra, mesmo multiplicada, mas a vivência.

O caminho seguido pela arte – da fase moderna à atual, pós-moderna – foi o de reduzir a arte à vida, negando gradativamente tudo o que se relacionava ao conceito de obra (permanente, durável): o específico, pictórico ou escultórico, a moldura ou pedestal, o suporte da representação, a elaboração artesanal, o painel ou chão, e, como consequência, o muscu e a galeria. Nesta evolução, dois aspectos evidenciam-se: o agigantamento das obras (Christo simplesmente embala vagões e edifícios; os escultores de "estruturas primárias" ocupam todo o espaço útil da galeria; Marcelo Mitsche, no Brasil, faz crescer cada vez mais suas "bolhas" ou objetos infláveis; Oldemburg agiganta alimentos urbanos, seus *pop foods*, e roupas, reconstruindo quartos e ambientes materiais como terra, areia ou detritos; na arte cinética, a desmaterialização é quase completa (trabalha-se com luz, com imagens em contínua metamorfose). Paralelamente, surgiram outros suportes matemáticos ou tecnológicos. Por outro lado, o artista passou simplesmente a apropriar-se de objetos, e assim ganham novas funções e são enriquecidos semanticamente com ideias e conceitos.

E quanto mais a arte confunde-se com a vida e com o cotidiano, mais precários são os materiais e suportes, ruindo toda ideia de obra. Da apropriação de objetos, partiu-se para a apropriação de áreas geográficas ou poéticas simplesmente de situações; a obra acabou.

Lygia Clark, ao propor, por volta de 1963, seu *Caminhando* (uma tira de papel, à semelhança da fita de Moebius, que deveria ser cortada pelo "espectador" com uma tesoura), eliminou da obra toda transcendência. Isto é, a obra, na verdade, deixou de existir: era simplesmente o caminhar da tesoura no papel. Terminada a experiência, acabou a obra. Sobrou a vivência do cortar, o ato. O mesmo com seu *Diálogo de mãos*. No Salão da Bússola (1969) foram feitas várias propostas semelhantes, por artistas jovens e quase desconhecidos. Luiz Alphonsus de Guimaraens apresentou sonora e fotograficamente o relato de uma expedição ao túnel Novo, em Copacabana. Tudo o que aconteceu foi gravado em fita (sons, ruídos, vozes, depoimentos, o aleatório sonoro da rua) e também em fotos, quase à maneira do cinema *underground*. O que estava no Salão, portanto, não era "gravatura"; no Salão teve em mira, certamente, sugerir ao "espectador" a realização de expedições semelhantes. A obra, no caso, é uma proposta de tensionar o ambiente, visando o alargamento da capacidade perceptiva do homem. Um outro artista, músico experimental, no mesmo Salão, simplesmente comunicava aos visitantes (com o tácito apoio do júri, que considerou válida sua proposta) as experiências a serem feitas – fora do Salão. Por exemplo, correr, em qualquer lugar, em espaço aberto ou fechado, verticalmente, em escadas, ou horizontalmente, nas praias, por quanto tempo desejar; ou permanecer em silêncio, em um grupo. A experiência termina com o cansaço do corredor ou com o primeiro barulho. O resultado não é a elaboração de uma determinada obra, mas um enriquecimento do indivíduo. O artista, Guilherme Magalhães Vaz, usou o Salão (onde marcou com giz, no chão, uma área, ali se colocando, ao lado de pequenos "sinais") como veículo. Poderia usar os outros, como lhe sugeri, mais rápidos e anônimos, como o telefone ou o carteiro.

Cildo Meireles, que recebeu o principal prêmio do Salão, juntamente com obras anteriores, realizadas com materiais diversos, concorreu com três desenhos. Estes eram simplesmente folhas de papel contendo sugestões, escritas à máquina, para que os espectadores realizassem vários tipos de experiência, como, por exemplo, determinar uma área na praia. Não há mais obra. Não é mais possível qualquer julgamento. O crítico é hoje um profissional inútil. Sobra, talvez, o teórico.

O artista, hoje é uma espécie de guerrilheiro. A arte, uma forma de emboscada. Atuando imprevisivelmente, onde e quando é menos esperado, de maneira inusitada (pois tudo pode transformar-se em arte, mesmo o mais banal evento cotidiano). Vítima constante da guerrilha artística, o espectador vê-se obrigado a aguçar e ativar seus sentidos (o olho, o ouvido, o tato, o olfato, agora também mobilizados pelos artistas plásticos) e, sobretudo, necessita tomar iniciativas. A tarefa do artista-guerrilheiro é criar para o espectador (que pode ser qualquer um e não apenas aquele que frequenta exposições) situações nebulosas, incomuns, indefinidas, provocando nele, mais do que o estranhamento ou a repulsa, o medo. E só diante do medo, quando todos os sentidos são mobilizados, há iniciativa, isto é, criação.

Na guerra convencional da arte, os participantes tinham posições bem definidas. Existiam artistas, críticos e espectadores. O crítico, por exemplo, julgava, ditava normas de bom comportamento, dizendo que isto era bom e aquilo, ruim, isto é válido, aquilo não, limitando áreas de atuação, defendendo categorias e gêneros artísticos, os chamados valores plásticos e os específicos. Para tanto, estabelecia sanções e regras estéticas (éticas). Na guerrilha artística, porém, todos são guerrilheiros e tomam iniciativas. O artista, o público e o crítico mudam continuamente suas posições no acontecimento e o próprio artista pode ser vítima de emboscada tramada pelo expectador.

Porque não sendo mais ele autor de obras, mas propositor de situações ou apropriador de objetos e eventos, não pode exercer continuamente seu controle. O artista é o que dá o tiro, mas a trajetória da bala lhe escapa. Propõe estruturas cujo desabrochar, contudo, depende da participação do espectador. O aleatório entra no jogo da arte, a "obra" perde ou ganha significados em função dos acontecimentos, sejam eles de qualquer ordem. Participar de uma situação artística hoje é como estar na selva ou na favela. A todo momento pode surgir a emboscada da qual só sai ileso, ou mesmo vivo, quem tomar iniciativas. E tomar iniciativas é alargar a capacidade perceptiva, função primeira da arte.

A história da arte lida com "obras" (produtos acabados) que geram escolas ou ismos. Lida com estilos e tendências. Esta história oficial da arte, como observou Worringer, funda-se na capacidade artística mais do que na vontade artística. Existe, porém, uma história guerrilheira, subterrânea, imprevista, que não se anuncia nem se deixa cristalizar. Nos gráficos da história da arte, nas sinopses, está surgindo uma coluna central, saída da selva de ismos, a da contra-história. Está construída de obras inacabadas, inconclusas, de projetos, do que foi apenas ideia e não chegou a ser, do que ficou na virtualidade. Probjetos. A contra-história deságua seu lodo na arte pós-moderna, acumula entulhos no terreno baldio da arte guerrilheira, onde não existem categorias, modos ou meios de expressão, estilos e, dentro de algum tempo, autores.

Esta contra-história pode ser contada em vários capítulos. Todos eles teriam o mesmo nome: a arte acabou. Os futuristas, ao imaginarem uma reconstrução futurista do universo, desejaram incendiar todos os museus e escolas de belas artes, que inundavam a Itália como se esta fosse um vasto cemitério. Russolo propunha uma arte de ruídos, sons e odores. Marinetti queria realizar congressos futuristas no espaço. Os dadás foram os primeiros a propor uma antiarte. Marcel Duchamp, na Europa, acrescentou debochados bigodes à sua *Mona Lisa* e, nos Estados Unidos, onde chegou em 1915, na revista *Lef,* criada por Maiakóvski: "A arte está morta". "Cessemos nossa atividade especulativa (pintar quadros) e retornemos às bases sãs da arte – a cor, a linha, a matéria e a forma no domínio da realidade, que é a construção prática." E El Lissitski gritava que "o quadro, um ícone para burgueses, morreu. O artista, de reprodutor, transformou-se em construtor de um novo universo de objetos". Em manifestação realizada na Bauhaus, em 1922, apareceu um cartaz com a inscrição: "A arte morreu. Viva a arte nova da máquina segundo Talin." A história recente da arte de vanguarda no Brasil incluiria os mesmos capítulos. Hélio Oiticica, depois de buscar a forma pela forma (sua posição esteticista anterior: período neoconcreto), depois de enroscar-se nos conceitos de beleza e pureza, verdadeiros labirintos, e de tatear no escuro à procura do belo, concluiu dramaticamente que "A pureza não existe"; no penetrável que realizou e apresentou no Museu de Arte Moderna, durante a mostra Nova Objetividade Brasileira, em 1967, e que premonitoriamente, recebeu o nome de *Tropicália.* Mondrian, que entendia a arte como um produto de substituição em uma época que carecia de beleza, dizia que quando a vida encontrasse mais equilíbrio, quando o trágico desaparecesse, tudo seria arte e não teríamos mais necessidade de pinturas e esculturas. Ele também previa a morte da arte. Hélio Oiticica precisou declarar, entre abismado e alegre, depois de uma luta dolorosa, que a pureza não existia, para que alcançasse a pureza. A arte para ele deixou de ser coisa superposta à vida, tudo passou à condição de arte; como um primitivo que se encontra em estado permanente de descoberta e encantamento, não teve mais o pudor de apropriar-se de tudo o que via – tratava-se, então, como dizia, de "achar". Data daí a arrancada de sua arte, fortemente tropical, "pobre", verdadeira restauração de uma nova cultura brasileira. Lygia Clark, que com seu *Caminhando* negou, como ela mesma afirmou, "todo o conceito de arte que até então tinha", dizia em maio de 1968: *Antes o homem tinha uma descoberta, uma linguagem. Podia usá-la a vida inteira e mesmo assim sentir-se vivo. Hoje, se a gente se cristaliza numa linguagem, a gente para, inexoravelmente. Para totalmente de expressar. É preciso estar sempre captando. Não deve mais existir estilo. Antes, a expressão era transcendente. O plano, a forma, apontavam para uma realidade que lhes era exterior. Hoje, na arte, as coisas valem pelo que são em si mesmas. A expressão é imanente. As coisas não são eternas, mas precárias. Nelas, está a realidade. No meu trabalho, se o espectador não se propõe a fazer a experiência, a obra não existe.*

Um dos últimos coveiros da arte no Brasil, Décio Pignatari, mais preocupado com o consumo do que com a produção, disse em seu livro *Informação, linguagem, comunicação*: [...] *a arte é um preconceito cultural das classes privilegiadas. Vivemos a agonia final da arte: a arte entrou em estado de coma, pois seu sistema de produção é típico e não prototípico, não se prestando ao consumo em larga escala. Não há por que chorar o glorioso cadáver, pois de suas cinzas já vai nascendo algo muito mais amplo e complexo, algo que vai reduzindo a distância entre a produção e o consumo e para o qual ainda não se tem nome; poderá inclusive continuar levando o nome do defunto, como homenagem póstuma: arte.*

Todos estes capítulos, entretanto, constituem a própria vida da arte. Trata-se, portanto, de uma morte-vida. Sempre que um artista proclama a morte da arte, novo salto é dado, e a arte acumula forças para nova etapa. Estas são porém, cada vez menores. A morte parece realmente próxima pela frequência com que é proclamada. E citei apenas os capítulos referentes à época atual.

Um levantamento mais amplo dessa história guerrilheira mostraria que os séculos imediatamente posteriores à invasão dos bárbaros e à dissolução do mundo clássico constituíram um desses capítulos da "morte da arte". Os historiadores presos ao conceito de "realismo ideal" definem essa fase bárbara como a "crise da arte antiga", enquanto Worringer prefere ver uma "vontade de forma". O maneirismo, cuja revisão só foi possível depois do dadá, é a crise da Renascença, como quer Hauser, ou, interpretação nossa, é a meta-arte do renascimento. Foi sem dúvida alguma uma proposta de antiarte. Quem quiser analise as obras de Lomazzo e Zucari e as obras de Piero de Gosimo, de Archimboldo, de Bosch, de Bruegel e de El Greco, para citar apenas os maneiristas mais conhecidos. Da mesma forma, no século XIX, estão merecendo estudos mais aprofundados o pré-rafaelismo e o *art nouveau*, que na ausência de explicações mais razoáveis são considerados epifenômenos pelos historiadores. E a contra-história não é feita assim, de surpresas, de imprevisões, de antiestilos, epifenômenos? Para os historiadores, portanto, o que importa são os capítulos da "morte da arte", assim como para os teóricos a discussão deve girar em torno das situações artísticas e não em torno de obras. Já Hegel falara da morte do objeto, dizendo que restaria apenas a vontade de um planejamento estético.

Marcel Duchamp, numa das muitas entrevistas que deu em vida, disse: "Arte não me interessa. Apenas os artistas." Hoje, esse "estado singular de arte sem arte", como o definiu certa vez o crítico Mário Pedrosa, pode ser chamado de várias maneiras: arte vivencial (o que vale é a vivência de cada um, pois a obra, como já foi dito, não existe sem a participação do espectador); arte conceitual (a obra é eliminada, permanece apenas o conceito, a ideia, ou um diálogo direto, sem intermediários, entre o artista e o público); arte proposicional (o artista não expressa mais conteúdos subjetivos, não comunica mensagens, faz propostas de participação).

O que é arte. Na Inglaterra, grupos de guerrilha teatral dissolveram o teatro na multidão, em plena rua. Um tapa imprevisto num passante pode dar início à ação teatral. A resposta, ou simples perplexidade, já é interpretação. Oldemburg abre buracos na rua, deixando ao espectador a tarefa de recolocar a terra. Cildo Meireles estende uma corda em quatro quilômetros de praia, no estado de São Paulo, ou realiza uma fogueira em Brasília, recolhendo em seguida o material e apresentando-o. Na verdade, não tem mais sentido dizer que isto ou aquilo é arte. A antiarte é a arte de nossa época. Contudo, enquanto obra, a arte sempre foi a consciência que cada época tinha de si mesma (Herbert Read), tendo sido até aqui a coisa sensível por excelência, uma espécie de *relais* não apenas da cultura, mas de todos os demais fatos da vida social. Mas a obra desapareceu e a arte deixou de integrar o universo contestatório. Terá ainda o artista a mesma capacidade de contestação de um Goya ou de um Daumier? Não é mais a arte, mas os estudantes, os provos, os *hippies*, os guerrilheiros urbanos que põem em questão a sociedade atual. A arte parece estar ficando para trás. Propugnadores das "anticomodidades", os *hippies* estão entre os principais contestadores da sociedade afluente e tecnológica, mesmo se considerarmos que seu protesto também está sendo consumido em termos afluentes. Isto é, o sistema está massificando sua rebelião (roupas, hábitos etc.). Curiosamente, com os *hippies*, está ocorrendo o inverso do que ocorreu com as artistas. Se estes, como vimos, conseguiram trazer a arte à vida, ao despojá-la de todo artificialismo, os *hippies*, em sentido contrário, estão partindo do nada, do zero, e ritualizando a vida, fetichizando os atos vitais do homem.

Os leitores que não busquem neste artigo alguma coerência. Impossível deixar de ser contraditório nesta época de perspectivas cruzadas. Já dizia Picabia, o artista canibal do dadá, que o difícil é sustentar as próprias contradições. É possível corrigir, portanto, o artigo no momento mesmo em que é escrito. Se a arte, ao negar o específico e o suporte, misturou-se com o dia a dia, ela pode igualmente confundir-se com os movimentos de contestação, seja uma passeata estudantil ou uma rebelião num gueto negro dos Estados Unidos, seja um assalto a um bando. Marta Minujin, criadora de *happenings*, dizia que o melhor *enviroment* era a rua, com sua simultaneidade de acontecimentos e ações. Arte e contestação desenvolvem-se à guerrilha. Dentro ou fora dos museus e salões, o artista de vanguarda é um guerrilheiro. *Avant-garde*, aliás, é um termo de guerra (se bem que de guerra convencional). Breton, teórico do surrealismo, ativista do PC e membro da resistência francesa, em artigo premonitório, escrito em 1936, "Crise de l'objet", mostrou que a função da arte é dessarumar o cotidiano, colocando em circulação objetos insólitos, enigmáticos, aterrorizantes. A arte teria então como meta quebrar a lógica do "sistema de objetos" tumultuando o cotidiano com a "fabricação e o lançamento em circulação de objetos aparecidos em sonho". Contra a racionalização, não fazendo distinções entre o real e o imaginário, o surrealismo propunha uma ação revolucionária com a missão de "retificar contínua e vivamente a lei, quer dizer, a ordem. No lugar da rotina, o insólito, o imprevisto". Desarrumar o arrumado, destrabalhar o trabalhado, destruir o construído. Um dos veículos de divulgação do surrealismo chamava-se *Révolution Surréaliste*. Não se tratava, portanto, para Breton, de colocar a arte a serviço da revolução, mas de fazer uma revolução na arte.

A *arte povera*, que cresce na Europa e nos Estados Unidos com a mesma força dos movimentos de contestação, e que tem no Brasil alguns de seus mais importantes participantes (Lygia Clark e Hélio Oiticica são, indiscutivelmente, dois pioneiros internacionais), é um esforço semelhante, no plano "artístico", ao dos *hippies*: lutam contra o conforto, a higiene, contra o meio tecnológico e, por extensão, contra o caráter repressivo de tecnologia atual. A arte tecnológica repõe o tabu dos materiais nobres, que são agora o acrílico, o alumínio, o PVC e, também, o preconceito da obra benfeita, higiênica, limpa, resistente e durável. Sobretudo a *minimal art* e o *hard edge*. Enquanto nas selvas do Vietnam os vietconges derrubam a flechadas os aviões F-111, colocando em questão, por processos primários, a tecnologia mais avançada e exótica do mundo, a arte pobre, tropical, subdesenvolvida, brasileira, mostra que o "plá" está na ideia e não nos materiais ou na sua realização. Enquanto europeus e norte-americanos usam computers e raios lesars, nós brasileiros (Oiticica, Antonio Manuel, Cildo Meireles, Lygia Pape, Lygia Clark, Barrio, Vergara etc.) trabalhamos com terra, areia, borra de café, papelão de embalagens, jornal, folhas de bananeira, capim, cordões, borracha, água, pedra, restos, enfim, com os detritos da sociedade consumista. A *arte povera* e a conceitual aproximam-se, assim, da "estética do lixo", da *junk culture* de William Burroughs, herdeira da arte de detritos (*Merz*) de Kurl Schwitters, que empilhou entulhos fazendo sua famosa *Merzbau* e usou tudo o que achava na rua para realizar seus quadros (rótulos, arruelas, madeira, pano, estopa, papéis) e poemas (afinal, detritos eram, também, as palavras soltas recolhidas aqui e ali no aleatório dos jornais, dos anúncios, dos rótulos), da arte precária dos neo-dadás, como Burri, dos *happenings* realizados por Cage, Kaprow, Warhol e Lebel nas ruas, oficinas, cemitérios de automóveis, borracheiros. Nada de materiais nobres e belos, nada além do acontecimento, do conceito. A arte parangolé de Oiticica (capas, tendas, estandartes) lembra os trapos dos pobres que habitam nossas ruas e favelas, mas também a roupa dos *hippies*. O remendo, a colagem de objetos (badulaques, quinquilharias) no próprio corpo, a transformação de embalagens (latas de lubrificantes, por exemplo) em novos objetos como cestas e lampiões não são indicativos apenas da miséria, mas do sentido altamente criador e lúdico do brasileiro. É aí, na inventividade, na extraordinária arquitetura das favelas, no morro da Mangueira, no Campo de Santana, no carnaval ou no futebol, que Hélio Oiticica encontra sua melhor motivação, e não na arte cansada e saturada dos museus.

Arte corporal. O uso do próprio corpo. Em Oiticica, como em Lygia Clark, o que se vê é a nostalgia do corpo, em retorno aos ritmos vitais do homem, a uma arte muscular. Um retorno àquele "tronco arcaico" (Morin), natural, como menciona Friedmann. Arte como *cosa corporale*. Nos seus parangolés coletivos, Oiticica buscou reviver o ritmo primitivo do tantã, fundindo cores, sons, dança e música num único ritual. Na manifestação *Apocalipopétese*, levada a efeito no Aterro (parque do Flamengo), em julho de 1968, o que se procurou foi alcançar um ritmo só, coletivo, um pneuma que a todos interagisse. Essa arte ao mesmo tempo ambiental, sensorial e corporal, como é sabido, provocou enorme interesse da Inglatera, onde Hélio Oiticica reside atualmente, já tendo realizado duas exposições em Londres e Sussex, assim como, nos Estados Unidos, as propostas igualmente sensoriais de Lygia Clark despertaram a atenção dos meios científicos, sobretudo entre os jovens psicólogos. Em ambos artistas brasileiros a "obra" é frequentemente o corpo ("a casa é o corpo"), melhor, o corpo é o motor da obra. Ou ainda, é a ele que a obra leva. À descoberta do próprio corpo. O que é de suma importância em uma época em que a máquina e a tecnologia alienam o homem não só de seus sentidos, mas de seu próprio corpo. Uma das características do meio tecnológico é a ausência. O distanciamento. O homem nunca está de corpo presente: sua voz é ouvida no telefone, sua imagem aparece no vídeo da TV ou na página do jornal. As relações de homem a homem são cada vez mais abstratas, são estabelecidas através de signos e sinais. O homem coisifica-se. Se a roupa é uma segunda pele, a extensão do corpo (McLuhan), é preciso arrancar a pele, buscar o sangue, as vísceras. Arte corporal, arte muscular.

Marcuse contra McLuhan. O caráter repressivo da tecnologia atual e o desperdício da sociedade afluente já foram denunciados amplamente por vários pensadores, entre eles Marcuse. A tecnologia atual é grandemente orientada para a morte, apesar de todo o esforço contrário no sentido de salvar a vida (a luta contra o câncer, a leucemia etc.). Marcuse, no seu prefácio político de *Eros e a civilização*, afirma o corpo quando diz: "A propagação da guerra de guerrilha no apogeu do século tecnológico é um acontecimento simbólico: a energia do corpo humano contra as máquinas da repressão." Muitos anos antes, porém, Frantz Fanon, o principal intelectual da revolução Argelina, mostrou, em estudo extraordinário sobre a contribuição da mulher árabe à guerra de libertação, a relação do esquema corporal feminino e sua mobilidade revolucionária com a roupa que trajava (quando vestia à europeia ela participava do esquema colonialista de dominação, perdendo seus valores árabes). O sucesso da *arte povera* tem o mesmo sentido simbólico apontado por Marcuse para a guerra de guerrilha.

A contestação da arte afluente deve ser, sobretudo, tarefa do Terceiro Mundo, da América Latina, de países como o nosso. É preciso queimar a etapa da arte afluente, aproveitando o que ela deixou de bom e integrando os valores positivos das nações que ainda não deram o salto na nova arte. O corpo contra a máquina. No caso brasileiro, o importante é fazer da miséria, do subdesenvolvimento, nossa principal riqueza. Não fazer nenhuma tabu dos novos materiais e instrumentos, nem se deixar assustar. Sobretudo evitar confrontos tecnológicos, por razões óbvias. Sempre estaremos em posição de inferioridade. O que importa, não custa repetir, é a ideia, a proposta. Se for necessário, usaremos o próprio corpo como canal da mensagem, como motor da obra. O corpo, e nele os músculos, o sangue, as vísceras, o excremento, sobretudo a inteligência.

Arte vivencial, proposicional, ambiental, plurissensorial, conceitual, *arte povera*, afluente, nada disso é arte. São nomes. Arte vivencial, proposicional, ambiental, plurissensorial, conceitual, *arte povera*, afluente, tudo isso é arte. De hoje. Nada disso é obra. Situação apenas, projetos, processos, roteiros, invenções, ideias.

## Introdução

1. O impacto da tecnologia sobre as manifestações artísticas vem se fazendo sentir fortemente há bem mais de um século. Sem dúvida podemos considerar que a descoberta da imprensa e das técnicas da gravura a ela ligadas representam a primeira contribuição direta importante da tecnologia para o desenvolvimento artístico nos tempos modernos. É interessante observar que ela se relaciona com a criação do primeiro meio de comunicação de massa da civilização ocidental.

Durante o século XIX, a descoberta da fotografia e depois do cinema abriram o caminho para o aparecimento de duas modalidades artísticas, que se tornariam fundamentais no século XX, sobretudo depois de combinadas com a tecnologia da gravação do som e a da sua produção eletrônica. A tecnologia fotográfica, por sua vez, repercutiu consideravelmente sobre a imprensa.

Além das influências diretas da tecnologia sobre a arte no século XIX, houve também as indiretas como a que a fotografia começou a exercer sobre a visão dos pintores desde a época do impressionismo. Por outro lado, o desenvolvimento tecnológico esteve sempre associado ao da industrialização, que alterou toda a vida humana a partir da Primeira Revolução Industrial, iniciada no século XVIII. Daí resultaram variadíssimas influências sobre a arte. Para mencionar apenas uma: o aparecimento dos cartazes publicitários, que tanto afetariam a pintura do século XX. Aliás, a fotografia e o cinema logo adquiriram o caráter de artes estreitamente ligadas ao processo industrial. No século XX a indústria cinematográfica tornou-se uma das mais importantes nos países altamente industrializados e até mesmo em alguns dos subdesenvolvidos.

No decorrer do século XIX, o desenvolvimento tecnológico foi dependendo cada vez mais da pesquisa científica pura e aplicada. O primeiro exemplo de uma tecnologia básica decorrente de pesquisas científicas puras foi o da eletricidade. O desenvolvimento da luz elétrica e dos motores elétricos adquiriu uma importância enorme para a arte do século xx. Por outro lado, a eletricidade levou ao telégrafo, ao telefone e, através das ondas eletromagnéticas, ao rádio e à televisão. O desenvolvimento da eletrônica no século xx desempenhou um papel decisivo no rádio e na televisão e abriu toda uma série de possibilidades novas que conduziram à Segunda Revolução Industrial.

2. A Primeira Revolução Industrial, iniciada no século xviii, caracterizou-se pela substituição do trabalho físico dos homens e dos animais por trabalho mecânico. Na primeira fase o papel fundamental coube à máquina a vapor, que permitiu a criação das ferrovias e da navegação a vapor, além de servir de motor para variadas máquinas operatrizes. Na segunda fase da Primeira Revolução Industrial, iniciada no fim do século xix, começou a aplicação em larga escala dos motores elétricos e o desenvolvimento intensivo dos meios elétricos de comunicação. Houve também a introdução dos motores de explosão e combustão interna, que levaram ao automóvel e ao avião. As indústrias químicas começaram a adquirir grande importância, permitindo a fabricação de numerosos produtos e matérias-primas.

A Segunda Revolução Industrial, iniciada no século xx, caracteriza-se pela utilização de máquinas para a substituição de algumas formas de trabalho mental. O seu instrumento fundamental é o cérebro ou computador eletrônico, cujas aplicações vão se tornando familiares em quase todos os ramos da atividade humana, inclusive na arte. Essa revolução industrial só se tornou sensível após a Segunda Guerra Mundial. Pode ser considerada como a Revolução Industrial Cibernética. Abriu o caminho da astronáutica e da automação. Os computadores tornaram possível os desenvolvimentos mais requintados da tecnologia nuclear, como a bomba termonuclear.

A tecnologia química adquiriu uma importância excepcional na segunda metade do século xx, suplantando, em certos casos, a metalurgia, com a produção de numerosos tipos de materiais e produtos novos. Os chamados plásticos vão se tornando os materiais mais empregados, substituindo metais e outros materiais tradicionais. Os materiais sintéticos abriram novas e interessantes possibilidades para a arte, permitindo uma renovação da escultura. Cabe destacar também a importância da indústria farmacêutica, não só pelas extraordinárias contribuições para a medicina, como pela produção de drogas que afetam o psiquismo humano. Essas drogas influenciaram notavelmente o surto da arte psicodélica.

3. São numerosos os indícios de que nos aproximamos de uma Terceira Revolução Industrial de caráter bioquímico. Há experiências importantes para a produção sintética de alimentos em escala industrial utilizando a ação de micro-organismos

sobre o petróleo. A descoberta dos mecanismos de ação da clorofila também terá necessariamente repercussões industriais na produção de alimentos. Por outro lado, parecem encorajadoras as perspectivas da produção de substâncias que atuem sobre a memória e a aprendizagem.

Parece razoável esperar que num futuro próximo sejam fabricados produtos com ação benéfica sobre as funções intelectuais e psíquicas, não apenas sobre a memória mas também sobre a percepção e o raciocínio. O processo da genética permite prever a possibilidade de influenciar bioquimicamente o patrimônio hereditário da espécie, não só eliminando disposições mórbidas como aperfeiçoando as qualidades físicas e mentais.

A possibilidade de ampliação das faculdades perceptivas do homem, sem inconveniente para a saúde, abriria perspectivas para a arte, talvez profundamente revolucionárias e não apenas do ponto de vista artístico.

4. Os êxitos surpreendentes obtidos pela pesquisa científica pura e aplicada influenciaram profundamente a mentalidade contemporânea e afetaram de modo essencial muitas das atitudes e valores tradicionais. Hoje, o espírito de pesquisa e inovação sistemática triunfa em todos os campos da atividade humana, substituindo o respeito supersticioso pelos valores e ideias tradicionais que dominavam noutras épocas. Surgiu uma atitude de crítica e contestação permanente baseada numa valorização focalizada sobre o futuro.

O impressionismo iniciou o período de pesquisa em arte, com influência clara da mentalidade científica e mesmo de uma teoria física das cores. O expressionismo, o cubismo, o futurismo, o dadaísmo, o construtivismo e o surrealismo consolidaram o espírito de pesquisa no começo do século xx. Após a Segunda Guerra Mundial as pesquisas e as transformações da arte adquiriram um ritmo ainda mais rápido com o abstracionismo informal, o concretismo, o superrealismo *pop*, a op, a arte cinética, a arte minimal, o realismo mágico e fantástico, a *serendipity* e outros movimentos vários. Nos últimos anos surgiram importantes correntes de contestação relacionadas com a chamada contracultura dos jovens, que se caracteriza por um tipo de crítica muito radical, visando uma fusão da arte com a vida, num sentido de refutação da sociedade de consumo e dos seus valores.

Apesar do espírito de pesquisa e de inovação ter vindo do campo da tecnologia e da ciência, é extremamente digno de nota que, no domínio da arte contemporânea, as tendências inovadoras têm muitas vezes tomado um sentido antitecnológico, de acordo com o sentimento de contracultura dos jovens, pouco simpáticos à atual civilização tecnológica.

## Arte e ciência

1. No atual momento histórico é importante distinguir as relações entre arte e ciência das que existem entre arte e tecnologia, apesar das relações entre a ciência e a tecnologia serem hoje mais estreitas do que no passado. Isso se torna necessário por motivos puramente metodológicos e sobretudo porque muitas das críticas feitas contra a civilização industrial atingem de modos essencialmente diversos a ciência pura e a tecnologia, esta mais ligada aos valores do capitalismo e da sociedade de consumo do que aquela. Uma revolução profunda nas bases da civilização ocidental afetará mais seriamente a sua orientação tecnológica do que as suas ciências naturais ou mesmo do que algumas ciências humanas.

Os resultados da ciência de uma época influenciam basicamente a sua visão do mundo, da sociedade e do homem. Por isso repercutem intensamente sobre a sua arte, de modo direto ou indiretamente, através das suas ideologias e filosofias. Muitas vezes, ideias semelhantes surgem independentemente em ciência e arte, numa convergência impressionante.

Um dos aspectos mais característicos da arte do século xx reside na continuidade ininterrupta das manifestações fantásticas, mágicas e realistas. Essa tendência foi, em parte, independente do surto da psicanálise e outras formas da psicologia do inconsciente, mas também recebeu forte estímulo desses desenvolvimentos da psicologia moderna.

A física do século xx caracteriza-se pelo emprego em larga escala de métodos probabilísticos estatísticos (mecânica estatística, movimento browniano etc.). Com o desenvolvimento da física atômica a descrição probabilista, substituiu o antigo determinismo da física newtoniana (mecânica dos quanta). A utilização sistemática de efeitos do acaso e de estruturas probabilistas constitui uma das tendências mais significativas da arte e da música de vanguarda de hoje.

Há um paralelismo notável entre o surto das tendências abstracionistas na arte desde o começo do século e a reformulação abstrata da matemática contemporânea. Aliás, a arte do século xx revelou um interesse permanente pelas formas geométricas e pelos problemas espaciais, sem precedentes desde a Renascença.

A teoria da informação e a ciência da comunicação vêm exercendo uma influência crescente no pensamento artístico, assim como a semiologia. A concepção da arte como um processo simbólico de comunicação vem se precisando desde o começo do século e desempenhou um papel importante no desenvolvimento do abstracionismo, do dadaísmo, do surrealismo e da pop.

A antropologia já vai exercendo uma influência ponderável sobre alguns dos artistas e teóricos de vanguarda. Várias atividades artísticas recentes se relacionam com rituais de iniciação e outros, de povos primitivos. A antropologia poderá fazer compreender melhor a natureza de manifestações da contracultura dos *hippies* e outros agrupamentos de jovens que se relacionam com tendências importantes da arte de hoje.

2. As relações entre as ciências sociais e históricas e a arte adquirem uma importância particular no momento atual, em que surgem várias manifestações pujantes de realismo, depois das experiências do neodadaísmo, do *pop* e outras congêneres. O realismo artístico de tendência social e política encontrou formas de expressão adequadas e recebeu motivação poderosa dos movimentos de contestação dos jovens e intelectuais.

Essas questões são de relevância primordial para o desenvolvimento da arte realista brasileira. Apesar de resultados encorajadores obtidos há alguns anos, o realismo ainda não atingiu, em nossas artes plásticas, o vigor que vem revelando no teatro e no cinema. O emprego de novos materiais e recursos tecnológicos poderia contribuir decisivamente para elevá-lo a um nível mais alto, como já mostraram Gerchman, Vergara, Antonio Manuel, Aguilar e outros. Talvez falte sobretudo uma compreensão mais aprofundada da perspectiva histórica mundial e das suas repercussões sobre a América Latina e principalmente sobre o Brasil. Nessa pesquisa os cientistas sociais, os filósofos da cultura e da história e os artistas de todos os campos devem colaborar necessariamente.

Não estamos mais numa época de revoluções puramente políticas, sociais e tecnológicas. A dinâmica histórica já revoluciona os próprios alicerces da cultura ocidental. Assim, as contribuições revolucionárias para os fundamentos da cultura mundial em criação podem exceder em importância as de qualquer outro gênero. Em nossos dias não se pode julgar a importância efetiva de um povo pelo produto nacional bruto, pela renda nacional *per capita* e nem mesmo pelo nível tecnológico e científico. É preciso avaliar a sua capacidade de criação cultural radicalmente inovadora. Alguns países tecnologicamente pouco desenvolvidos podem até estar em condições favoráveis para isso, como já vem acontecendo há algumas décadas.

Uma arte realista brasileira deve abrir-se audaciosamente para o nosso futuro de centro criador da nova cultura mundial, provavelmente um dos mais importantes. Não pode ser altamente significativa se permanecer sempre num plano exclusivamente crítico do nosso subdesenvolvimento, perdendo a intuição de um dos elementos essenciais da dialética da história neste momento crucial. O mesmo vale naturalmente para os nossos estudos sociais.

**Modificações do conceito de arte**

1. A tecnologia e a ciência levaram a modificações essenciais tanto das formas de expressão artística como do próprio conceito da arte no decorrer deste século. Tradicionalmente o artista produzia as suas obras como um artesanato especial, de modo que a sua capacidade era em grande parte avaliada pela sua habilidade técnica, havendo desinteresse pelos valores de espontaneidade e ingenuidade. No Extremo Oriente isso foi menos verdade devido à influência do Zen.

Hoje, a criação artística aparece claramente separada de qualquer habilidade técnica, quando o escultor pode "fazer" esculturas por telefone, transmitindo as instruções para a fábrica onde são executadas. Mesmo quando não procede assim, o artista pode fazer *assemblages* e outros tipos de obras sem necessitar de grande habilidade técnica, utilizando objetos ou detritos da civilização industrial. A criação da obra de arte aparece agora essencialmente como a elaboração de um projeto, que pode ser eventualmente realizado pela indústria num exemplar único ou em múltiplos. O projetista não necessita conhecer os detalhes da técnica de fabricação: há uma divisão do trabalho.

Com a introdução dos computadores, o próprio ato de criação pode não ser realizado inteiramente pelo artista: basta que um esboço mais ou menos incompleto seja introduzido no computador, provido de uma programação adequada. Assim, o artista pode dispensar eventualmente conhecimentos técnicos essenciais para a elaboração do simples projeto, que são fornecidos pela memória do computador. É em princípio possível que a programação inclua a eventualidade de uma alteração futura do projeto pelo computador, levando em conta opiniões críticas apresentadas.

Aliás, o computador pode não apenas completar o projeto do artista como também executá-lo, com bastante facilidade no caso de certos tipos de desenhos ou pinturas. Noutros casos o computador precisaria de comandar um conjunto automado de máquinas operatrizes. Assim, surgem novas possibilidades de "democratização" da criação de obras de arte, pela diminuição da capacitação técnica tanto para a sua execução como para a sua criação em projeto.

A fotografia e o cinema já há muito permitiram a realização de obras de arte interessantes a pessoas desprovidas de uma capacitação técnica especializada, como a que é requerida pelas artes plásticas tradicionais. Agora, outras possibilidades novas são abertas para os não-artesãos dotados de criatividade artística. Na realidade o que acontece com a arte é apenas um caso especial de uma tendência bastante geral da tecnologia moderna a diminuir a necessidade de capacitação especializada, se bem que exigindo uma elevação do nível geral de conhecimentos e da avaliação crítica.

2. Na civilização tecnológica contemporânea adquire importância cada vez maior a comunicação. A intensificação dos meios de comunicação progride mais rapidamente que a produção dos bens. Isso conduziu a uma nova concepção dos processos sociais, que salienta a importância básica da transmissão das informações e da comunicação em todas as atividades humanas. Hoje, a importância da transmissão das informações começa a se tornar uma ideia científica fundamental, mesmo fora das ciências humanas e sociais. Basta recordar os resultados magníficos da biologia molecular com a descoberta de que a própria vida se baseia na transmissão de informação entre as grandes moléculas orgânicas, regulada pelo código genético.

O conceito de transmissão de informação se estende cada vez mais nas ciências naturais. Talvez se torne tão básico quanto o de energia na ciência do futuro, desde a física até as ciências humanas e sociais. A retroação, base da cibernética, pode ser vista como baseada sobre uma espécie de transmissão de informação.

A consideração da arte como processo de comunicação levou a uma transformação profunda do conceito de obra de arte. Estamos ainda longe de compreender devidamente todas as consequências dessa mudança de ponto de vista. Ficou porém claro que a obra de arte é um instrumento do processo de comunicação artístico: o suporte material da comunicação. Daí resulta uma consequência surpreendente: qualquer objeto que serve de suporte material para uma comunicação artística funciona como obra de arte. Concebivelmente, qualquer objeto pode fazê-lo e se tornar obra de arte. Ser obra de arte é uma função num processo de comunicação, não propriedade intrínseca de uma coisa.

Marcel Duchamp teve o mérito genial de compreender que objetos comuns podiam funcionar como obras de arte. Não sei se alcançou a tese precedente em toda a sua extensão, mas certamente nos conduziu a ela. Essa foi a revolução mais profunda da arte em nosso século. Marcel Duchamp realizou-a pela sua sensibilidade para o poder expressivo dos objetos da produção industrial, particularmente adequados às vivências do ambiente contemporâneo, assim como os novos materiais.

O objeto funcionando como obra de arte pode ser uma estrutura de raios luminosos, como as que são hoje frequentemente empregadas. Poderia ser também uma estrutura de raios invisíveis que não impressionasse os nossos sentidos mas agisse sobre o nosso corpo, determinando processos mentais conscientes: raios infravermelhos, ultravioletas, ultrassons etc.

O objeto funcionando como obra de arte não deve ser necessariamente artificial. Pode ser uma pedra, um ser humano ou toda uma paisagem. Uma das tendências mais importantes da arte de vanguarda é usar o corpo humano como obra de arte. É também frequente a "apropriação" da paisagem na arte ambiental. Os animais vivos também vêm sendo utilizados como obras de arte.

3. Tradicionalmente, as obras de arte eram objetos duradouros e de grande valor. A civilização tecnológica contemporânea nos habituou a objetos de grande valor mas de duração efêmera: automóveis etc. Aliás, as pessoas ricas que podem adquirir tais objetos não devem conservá-los por muito tempo, pois se tornam fora de moda, a exemplo da *haute couture*. Surgiu assim a ideia da efemeridade dos objetos valiosos, que facilita a aceitação das obras de arte efêmeras, indispensáveis para exprimir o mundo interior do artista contemporâneo.

A utilização intencional de objetos efêmeros é uma das características mais interessantes da arte de vanguarda. No Brasil, Lygia Clark, Hélio Oiticica e Mira Schendel, entre outros, deram exemplos admiráveis dessa poética objetal do efêmero, que transmite uma impressão pungente da dissolução das coisas no fluxo do tempo e das novas vivências espaciais. Esses objetos prestam-se a uma simbolização eficaz de muitas vivências e, quando há participação ativa dos fruidores, permitem vivências por vezes intensas, que não podem ser obtidas por outras formas de arte.

Recentemente, objetos efêmeros têm sido usados juntamente com o corpo humano, ou vários corpos humanos, para a realização de manifestações artísticas de extraordinário interesse. As experiências de arte vivencial de tendência fenomenológica de Lygia Clark nos últimos anos, com a utilização de vários materiais perecíveis, contribuíram decisivamente para a criação de um novo campo de aproximação da arte com a vida.

4. Desde a época do dadaísmo vem assumindo importância a chamada antiarte. Podemos considerar a antiarte como um alargamento do campo da arte no sentido tradicional. Ela procura essencialmente eliminar o afastamento entre a arte e as vivências tidas como não-artísticas pela estética do passado. Enquanto as realizações mais originais da arte contemporânea se deslocam para o campo da antiarte, muitos dos valores estéticos de forma, harmonia etc., vão sendo absorvidos pelo *industrial design* e incorporados aos produtos industriais. Por outro lado, objetos industriais vão adquirindo o poder de despertar vivências várias, graças ao valor simbólico adquirido ou por sua associação com as experiências humanas, podendo ser utilizados como antiarte.

O alargamento do campo da arte determina naturalmente a sua convergência com outras atividades humanas. Um dos aspectos mais interessantes das pesquisas artísticas dos últimos anos consiste precisamente no desenvolvimento dos aspectos lúdicos da arte, dando lugar à chamada arte lúdica. Aliás, as atividades lúdicas passaram a ser altamente respeitadas. Até a existência de um elemento lúdico na investigação científica tem sido salientado. Por outro lado, verificou-se que alguns brinquedos envolviam ideias de grande importância para a arte, especialmente os que exigem esforço criador intelectual para a sua utilização, como os de construção.

Obras de arte lúdica começam agora a ser produzidas industrialmente em numerosos exemplares, assim como outros tipos de arte objetista. Surge uma nova relação dos artistas com a tecnologia, que alterará consideravelmente a sua situação econômica, equiparando-os aos inventores. Não é bem a mesma situação dos *industrial designers,* que não fazem puras obras de arte mas objetos utilitários ou decorativos. Nessas obras de arte, produzidas em série, não há um original e cópias: todos os exemplares são originais, baseados num protótipo. Como no caso da gravura, a existência de originais múltiplos permite o barateamento da obra de arte, que deixa de ser objeto de grande valor econômico. Isso contribui para aumentar a aceitação de obras de arte efêmeras.

5. A elucidação da natureza da arte como processo de comunicação levou a uma concepção nova da obra de arte, que não só eliminou a tradicional distinção de pintura, escultura, gravura, desenho etc., mas também suprimiu a restrição ao tipo exclusivamente visual de impressão sensorial. Surgiram obras multissensoriais, atingindo vários sentidos, sobretudo a visão, a audição e o tato, mas por vezes o olfato e, mais raramente, o paladar. Há numerosas experiências de criar vivências supersensoriais não conceituais, afins do Zen, pela arte.

Por outro lado, vão-se ampliando as formas de arte conceitual, em que a natureza da mensagem transmitida tende a constituir uma ideia, frequentemente bastante abstrata e sutilmente especulativa. Nesses trabalhos aparece quase sempre, de uma forma ou de outra, a problemática da natureza da arte, relacionada com a dialética da ilusão e da realidade. Há como que uma convergência da arte com o filosofar.

Tornou-se corrente aparecer a palavra falada ou escrita – discurso, poema ou canto – integrada com elementos visuais e outros na obra de arte. Aparecem relações complexas entre a palavra e a impressão sensorial, criando um novo tipo de manifestação em que convergem arte e literatura, também relacionada com a arte conceitual. Há também as formas de letrismo, nas quais as letras são usadas como elementos construtivos da composição.

Além das impressões sensoriais ordinárias, são por vezes utilizados efeitos subliminais ou hipnóticos. Assim se atinge o subconsciente e a consciência. A tecnologia moderna oferece numerosos recursos para tal fim: sons e ruídos especiais, luzes fluorescentes e luz negra, estroboscopia, sistemas de espelhos planos ou deformantes, arranjos caleidoscópicos, imagens de televisão, inalações, interruptores rápidos, células fotoelétricas etc.

Nos últimos anos, a holografia realizou progressos rápidos graças aos *lasers*. Ela veio abrir um campo imenso de possibilidades fascinantes para a arte. Basta mencionar as imagens tridimensionais, estáticas ou em movimento, que poderão nos dar um novo espaço dinâmico em arte e também uma solução satisfatória para o cinema tridimensional. É interessante observar ser o *laser* um instrumento relacionado com a nova eletrônica quântica, cujo funcionamento se baseia de modo essencial nas leis físicas dos quanta.

## A arte cinética e a arte ambiental

1. Cada transformação profunda da vida humana e social implica mudanças do sentimento espacial e das ideias filosóficas, matemáticas, científicas e artísticas sobre o espaço. Surgem assim novas concepções geométricas, novas relações entre o espaço e o seu conteúdo material e energético na física, novas formas de expressão espacial na arte.

O século XIX iniciou uma revolução profunda nas ideias geométricas, ao mesmo tempo que desenvolvia a Primeira Revolução Industrial. Surgiram a geometria diferencial das superfícies, de Gauss, e a geometria diferencial dos espaços curvos mul-tidimensionais, de Riemann, que, no século XX, permitiria o desenvolvimento da teoria da relatividade geral de Einstein. Por outro lado, a introdução dos grupos contínuos de transformações levou Klein, Helmholtz e Lie a uma concepção mais dinânmica e profunda dos vários tipos de espaços geométricos: espaços não--euclidianos de Gauss, Lobatchevski, Bolyai e Riemann; espaços projetivos e afins; espaços conformes etc. A fusão da geometria diferencial com a teoria dos grupos foi realizada no século XX, principalmente por Cartan e Weyl.

Durante o século XIX começaram os estudos sistemáticos de um novo tipo de relações geométricas extremamente profundas que viriam a constituir a topologia. As propriedades e figuras topológicas despertariam a atenção dos artistas no século XX. Basta recordar a fita de Moebius, tão utilizada por Lygia Clark e outras artistas. A topologia geral se tornaria um dos ramos fundamentais da matemática no século XX. As deformações das figuras na arte do século XX revelam o aparecimento do senso topológico.

Outro desenvolvimento interessante da geometria no século XIX consistiu na escolha de vários elementos diferentes como geradores do espaço. Na geometria de Euclides, o elemento gerador do espaço é o ponto: o deslocamento do ponto gera a linha; o deslocamento da linha gera a superfície; o deslocamento da superfície gera o sólido tridimensional. No começo do século XIX a descoberta do princípio de dualidade da geometria projetiva veio mostrar que o espaço projetivo tridimensional pode ser gerado indiferentemente pelo ponto ou pelo plano. A geração do espaço pelo plano viria a ser um dos fundamentos da arte cubista no século XX. A importância das estruturas filiformes na escultura do nosso século corresponde ao uso da linha como elemento gerador do espaço, segundo as concepções geométricas de Plücker, Klein, Moebius, Laguerre e Lie do século XIX (geometrias da reta e do círculo).

2. Na física, o espaço matemático abstrato é substituído pelo espaço físico, ambiente dos fenômenos materiais. Na passagem do espaço matemático para o espaço físico diminuiu o grau de abstração: o espaço físico é uma aproximação melhor da realidade do que o matemático. Há espaços mais concretos e ricos do que o físico: espaços biológicos dos seres vivos e, sobretudo, o espaço humano social e histórico, com o qual se relaciona o espaço da arte de uma época. O espaço da arte de uma época é talvez menos concreto que o espaço humano social e histórico contemporâneo, mas possivelmente mais rico porque inclui também de certo modo as fantasias da vida interior.

Há uma diferença essencial entre o espaço matemático e o espaço físico, mesmo não relativista, porque, a rigor, é impossível considerar um espaço físico sem o tempo. O espaço físico se relaciona necessariamente com a matéria em movimento, que é uma síntese espácio-temporal. Uma espacialidade não temporal corresponde a um grau de abstração maior que a do espaço físico, ou é de tendência mística.

A teoria da relatividade restrita de Einstein eliminou a separação de espaço e de tempo existente na física newtoniana, em que havia um espaço absoluto estático e um tempo absoluto, independentes do estado de movimento de cada observador. Surgiu assim um espaço-tempo absoluto, no qual a separação de espaço e de tempo era relativa ao estado de movimento de cada observador. Na teoria da relatividade geral, a geometria quadridimensional do espaço-tempo não é mais plana *a priori,* mas determinada pela distribuição de energia e quantidade de movimento da matéria: em geral o espaço-tempo é curvo. Essa curvatura dá lugar às forças gravitacionais, que são assim incorporadas à geometria do espaço-tempo. O espaço-tempo curvo de Einstein é maleável e dinâmico, adaptando-se ao seu conteúdo material-energético, de modo que as propriedades geométricas das várias regiões se influenciam mutuamente. Ele é também mais rico que o da física anterior pela variabilidade da sua curvatura de ponto a ponto. Nas chamadas teorias do campo unitário foram propostos tipos de espaço-tempo ainda mais maleáveis e ricos de propriedades, a fim de poder tirar delas as forças elétricas e magnéticas, além das gravitacionais.

3. O espaço de representação utilizado pela arte da Renascença era estático, pobre e rígido, como o da física anterior à relatividade. Desde o barroco começam as tentativas para tornar o espaço da arte mais rico e mais dinâmico. Na arte do barroco vai surgindo um espaço-tempo pela ênfase dada ao movimento. São particularmente interessantes as transformações do espaço pelos efeitos de luz e sombra e da cor, a partir dos venezianos do século xvi até a pintura holandesa do século xvii. Esses desenvolvimentos são paralelos aos da dinâmica e da nascente óptica e às profundas intuições de Leibniz sobre o espaço e o tempo.

No século xix, durante a Primeira Revolução Industrial, Turner e os impressionistas revelaram uma sensibilidade especial para com os novos desenvolvimentos tecnológicos e científicos e também alteraram substancialmente o espaço renascentista. Contudo, só no século xx ocorreu a ruptura decisiva das concepções espaciais da Renascença com o nascimento da arte abstrata e da antiarte dadaísta e construtivista.

Os pioneiros do abstracionismo, vindos do expressionismo, do cubismo e do futurismo, foram sendo levados à criação de espaços não representativos. Libertando-se das restrições naturalistas, puderam escapar ao velho espaço da Renascença. Por outro lado, os dadaístas e os construtivistas foram conduzidos ao espaço-tempo pela introdução do movimento mecânico e dos efeitos luminosos nas suas obras de antiarte. Os dadaístas e os surrealistas abriram o caminho para a arte ambiental e os espaços mágicos. Introduziram também o acaso na arte, com a escrita automática e as teorias do objetivo aleatório (*hazard objectif*).

Mondrian e os neoplasticistas iniciaram a arte concreta, que tanta influência teria no desenvolvimento do *op* e da arte cinética após a Segunda Guerra Mundial. É importante notar a influência do concretismo entre os artistas latino-americanos, que depois dariam contribuições decisivas para a arte cinética e a arte ambiental. Cabe destacar os artistas brasileiros, argentinos e venezuelanos. Malevich inspirou o movimento neoconcreto brasileiro de Ferreira Gullar, Lygia Clark, Hélio Oiticica, Amilcar de Castro, Lygia Pape e outros, que projetaram a vanguarda brasileira no cenário mundial nos últimos anos com as suas contribuições fundamentais para a arte cinética e a arte ambiental.

Na década 1960-1970 o novo espaço-tempo multissensorial e supersensorial surgiu em seu pleno desenvolvimento, já no período da Segunda Revolução Industrial, com a consolidação da arte cinética e da arte ambiental. O rápido avanço da contribuição cibernética representa a influência da novíssima tecnologia nesses movimentos. Um dos aspectos mais interessantes dessa contribuição relaciona-se com os robôs na arte cinética. Generaliza-se o emprego de cérebros eletrônicos em obras de arte cinética.

4. A arte cinética levou a uma transformação importante das relações tradicionais entre o artista e o fruidor da obra, em consequência da participação corporal ativa do fruidor, em vez de uma pura participação sensorial e mental, como antes. Isso decorre basicamente da introdução do novo espaço-tempo da arte que inclui tanto a obra como o fruidor de um modo integrado. O espectador ficava fora do espaço da arte renascentista, como corpo físico atuante.

É certo que há ainda numerosas obras de arte cinética em que a participação do fruidor ainda continua renascentista, ou se limita a apertar um botão elétrico ou pisar num pedal. Nesses casos, poder-se-ia substituir o botão ou pedal por um comando a grande distância por célula fotoelétrica sensibilizada automaticamente pelo espectador, sem alteração essencial da comunicação artística. Trata-se, na realidade, de obras de transição em que, havendo uma participação consciente mas superficial do corpo do fruidor, não se atingiu efetivamente o novo espaço-tempo da arte cinética.

A participação ativa do fruidor confere a muitas obras de arte cinética um caráter lúdico. Aliás, há um tipo de arte cinética aparentada com as manifestações pirotécnicas que também têm conotações lúdicas, sem exigir a participação ativa corporal do fruidor. A problemática da atividade lúdica desperta agora considerável interesse, que deverá aumentar ainda mais com o crescimento futuro do lazer. Do ponto de vista social, o progresso tecnológico tende a deslocar o centro das atividades humanas do esforço produtivo para o lúdico. Naturalmente, a maioria da humanidade ainda está bem longe disso, sofrendo as agruras do subdesenvolvimento e até da desnutrição.

5. Nas obras de arte cinética há várias modalidades de movimentos: movimento mecânico de máquinas, movimento luminoso, movimentos mecânicos naturais, movimentos humanos etc. A rigor, o movimento mecânico de máquinas é o de tipo mais elementar, em princípio. O ato corporal humano é o mais elevado, qualitativamente. Em algumas das melhores obras de arte cinética o fruidor-participador desloca-se em relação ao ambiente em que está inserida a obra de arte, determinando assim, só pelo seu movimento, alterações essenciais das impressões recebidas (Agam, Soto, Cruz-Dïes e muitos outros). Sérgio de Camargo utilizou com grande sutileza o efeito do movimento luminoso. Lygia Clark inicialmente (*Bichos*) usou a manipulação do participador como forma de movimento criador de novas formas. No *Caminhando*

o participador vai cortando com uma tesoura uma fita de Moebius de papel: o gesto determina uma vivência supersensorial, enquanto é criada a obra. Amélia de Toledo vem utilizando também com felicidade a manipulação do fruidor nas suas obras.

O eminente crítico inglês Guy Brett, na sua obra sobre a arte cinética, reconheceu a contribuição excepcional dos brasileiros para a utilização do ato humano na arte cinética. Sem dúvida, essa é a nossa contribuição mais característica. Artistas brasileiros como os pioneiros A. Palatinik, Waldemar Cordeiro, Wesley Duke Lee, Nelson Leirner, Marcelo Nitsche, Efísio Putzolu e Toyota, realizaram obras importantes de arte cinética e ambiental usando motores ou outros aparelhos tecnológicos, que se enquadram mais nas tendências internacionais. Mesmo os artistas cinéticos brasileiros de mentalidade mais tecnológica sentem as condições limitadoras do nosso subdesenvolvimento e utilizam necessariamente uma tecnologia mais simples que a dos países mais industrializados. Isso não implica necessariamente num empobrecimento artístico, já que o seu nível tecnológico, correspondendo ao nosso meio, adquire por isso mesmo expressividade e conduz à comunicação artística.

Nota-se uma tendência dos artistas cinéticos de São Paulo a empregar maiores recursos tecnológicos que os de outras regiões do Brasil, inclusive da Guanabara. Isso é facilmente compreensível pela maior industrialização de São Paulo. Por esse motivo a arte cinética paulista se enquadra mais nas tendências internacionais.

6. A arte ambiental tem-se desenvolvido simultaneamente em várias formas diferentes com grande vitalidade. Há uma arte ambiental relacionada com o realismo social crítico ou o superrealismo no sentido *pop*. Outro caminho se relaciona com a criação de ambientes mágicos ou fantásticos, em particular com a chamada arte psicodélica. Um dos tipos mais interessantes de arte ambiental procura criar experiências suprassensoriais que se aproximam da cerimônia do chá do Extremo Oriente, ligada ao zen. Há também um tipo de arte ambiental ritual.

Hélio Oiticica tornou-se uma das personalidades mais importantes do movimento da arte ambiental em todo o mundo. Partindo do neoconcretismo carioca, compreendeu a riqueza de possibilidades artísticas da vida dos morros e favelas, sabendo aproveitá-las com um talento excepcional. Foi uma das figuras principais da *nova objetividade* e do movimento tropicalista. Hélio Oiticica tem se inspirado ultimamente da arte arquitetural dos indígenas brasileiros. Por outro lado, sente profundamente a problemática da contracultura dos jovens, assim como o zen e o psicodelismo.

Gerchman e Vergara deram contribuições importantes para uma arte ambiental de sentido social e político. Cildo Meireles é uma das figuras mais promissoras entre os artistas ambientais mais jovens da Guanabara, com experiências notáveis de arte ritual e de outros tipos. Ione Saldanha tem realizado nos últimos tempos experiências muito pessoais de arte ambiental com os seus bambus, uma nova espécie de arte paisagista. Sulamita Mareines destaca-se entre os novos ambientalistas de São Paulo pelos seus ambientes mágicos, utilizando variados recursos tecnológicos, sobretudo eletrônica, som e espelhos. Efísio Putzolu tende também para uma arte tecnológica ambiental inspirada na ficção científica.

Mira Schendel tem-se dedicado recentemente a um tipo de arte ambiental ligado à problemática do vazio nirvânico dos seus desenhos e *droguinhas*, mas já agora influenciada por algumas ideias da teoria dos quanta sobre a relação probabilista do invisível com o visível.

### Arte e física quanta

1. A revolução mais profunda da física do século xx foi realizada pela teoria dos quanta. Essa teoria dá as leis de movimento dos corpúsculos atômicos e subatômicos e dos fótons que constituem a luz. A física dos quanta mostrou que esse mundo invisível se comporta de maneira totalmente diferente do mundo dos corpos visíveis, regido pelas leis da física newtoniana ou da física relativista de Einstein. O "movimento" de um elétron dentro de um átomo escapa totalmente às nossas capacidades intuitivas, não possuindo trajetória, como geralmente se supõe. Para aplicar as ideias de espaço e de tempo aos elétrons é necessário um complexo formalismo matemático de equações com derivadas parciais descrevendo a propagação de ondas de probabilidade num espaço com grande número de dimensões.

*Grosso modo*, a física dos quanta nos apresentou uma visão do mundo em que há um nível invisível – o mundo atômico com as suas leis tão estranhas – e o mundo visível dos objetos comuns que servem de instrumentos de detecção e medida do mundo invisível. Para compreender as propriedades dos sólidos, líquidos, gases, etc., do mundo visível temos que aplicar aos átomos que os constituem as leis dos quanta.

Como se não bastassem essas complicações da teoria dos quanta, surgiram inúmeras outras quando se procurou adaptá-la ao espaço-tempo da teoria da relatividade restrita. Uma das coisas mais fascinantes foi a descoberta de que o vácuo era uma coisa complicadíssima. Provou-se também a possibilidade de criar e destruir partículas elementares, verificando a previsão de Einstein de que a massa, medida da inércia, era também essencialmente a mesma coisa que a energia, medida do dinamismo efetivo ou potencial.

O tipo de determinismo da teoria newtoniana foi substituído por uma previsibilidade probabilística. O caos e o aleatório tornaram-se elementos integrantes do cosmos. A humanidade, apavorada, tomou conhecimento com Hiroxima de que as energias mais tremendas estavam escondidas no mundo invisível dos átomos.

2. A física dos quanta teve uma importância extraordinária no desenvolvimento de outros ramos da ciência. Permitiu compreender as propriedades dos metais e de outros sólidos, abrindo o caminho para inúmeras aplicações tecnológicas. Basta lembrar o transístor, que revolucionou as telecomunicações e a cibernética eletrônica. Na teoria dos metais desempenha um papel fundamental a estatística de Fermi dos elétrons, baseada no princípio de Pauli.

A física dos quanta lançou muita luz sobre os fundamentos da mecânica estatística, sobretudo em relação ao problema da natureza da entropia. A descoberta de propriedades estatísticas especiais das partículas luminosas – os fótons, que obedecem à estatística de Bose – permitiu a construção do *laser*, instrumento fundamental da tecnologia do futuro. O *laser* baseia-se na emissão estimulada da luz, descorberta por Einstein há mais de cinquenta anos.

A física dos quanta permitiu compreender os fenômenos nucleares, abrindo o caminho para a produção da energia atômica e das armas atômicas. Essas descobertas asseguram o aprovisionamento energético futuro à radioatividade natural e artificial. Os isótopos radioativos artificiais adquiriram importância fundamental em todos os domínios da tecnologia e também na medicina.

O desenvolvimento da física do núcleo teve enormes repercussões sobre a astronomia. Foi possível descobrir os principais mecanismos de produção de energia nas estrelas, entre as quais o Sol. A física dos quanta é a chave de toda a astronomia moderna, sobretudo da estelar.

Um dos sucessos mais notáveis da física dos quanta foi a descoberta da teoria das forças de valência química. Com isso os fenômenos químicos foram integrados na física e o mistério da saturação das forças de valência ficou esclarecido. A explicação quântica dos fenômenos químicos abre novas perspectivas para a compreensão profunda da natureza da vida, baseada em fenômenos químicos de moléculas gigantes.

Não pode haver qualquer dúvida sobre o fundamento quântico da vida. Aliás, as técnicas da física atômica e nuclear já vêm sendo aplicadas para a produção de mutações, há muitos anos. A física torna-se cada vez mais a base da biologia, não só pelas técnicas experimentais como pelas ideias teóricas.

A sensibilidade do corpo humano para os efeitos quânticos se revela claramente no mecanismo da visão. Sem exagero, podemos afirmar que o olho humano percebe os fótons das radiações visíveis, já que bastam alguns para produzir uma impressão visual. Há talvez outros mecanismos biológicos de sensibilidade extrema aos efeitos quânticos que podem desempenhar um papel decisivo em muitos comportamentos misteriosos da mente humana, tais como as vivências supersensoriais.

É bem possível que as aplicações biológicas acabem levando a novos e surpreendentes desenvolvimentos da física dos quanta, com repercussões sobre todo o pensamento físico. O futuro talvez considere a física dos quanta sobretudo como a ponte entre a matéria inorgânica e a vida.

3. Ainda não houve bastante tempo para que a influência das ideias da física dos quanta tenha atingido na medida necessária todos os domínios do pensamento humano. Mesmo assim, o impacto foi tremendo sobre o pensamento de vanguarda, modificando de modo essencial algumas atitudes anteriores.

A física dos quanta levou a uma visão dialética de novo tipo dos fenômenos naturais. Enquanto a dialética hegeliana e marxista surgiu dos estudos filosóficos relacionados com questões sociais e históricas, temos agora uma nova teoria dialética de base física, que não parece poder ser tratada com as categorias da dialética anterior, apesar da existência de muitos pontos de contato. Um dos elementos básicos da nova dialética é o seu conceito de probabilidade, síntese de determinismo e acaso. Na física quântica as probabilidades funcionam de modo diverso do cálculo das probabilidades, que se relaciona com a lógica comum. Há os fenômenos de interferências de probabilidades da física quântica dependentes do fato das suas probabilidades serem calculadas à base de amplitudes de probalidade, dadas em geral por números complexos. A existência das amplitudes conduz à dualidade onda-corpúsculo, típica da física dos quanta.

A estrutura epistemológica da física quântica se baseia sobre a observação e medidas aplicadas aos fenômenos de um mundo de partículas sensorialmente "invisíveis" por aparelhos na escala do corpo humano, sensorialmente "visíveis". Essas observações implicam em perturbações dos microbjetos "invisíveis" regidas pelo princípio de incerteza de Heisenberg. As grandezas físicas são "fabricadas" pelos nossos instrumentos com a "matéria-prima" dos microbjetos. Elas podem variar contínua ou descontinuamente, segundo os casos.

O nosso conhecimento do mundo "invisível" vem unicamente das medidas "fabricadas" pelos instrumentos. As propriedades espáco-temporais da física pré-quântica valem para os instrumentos mas só limitadamente para os microbjetos do mundo. A discussão das bases epistemológicas da física dos quanta foi feita sobretudo por Bohr, que introduziu também a noção de complementaridade. As ideias de Bohr tinham alguns pontos de contato com a atual semiótica.

Max Bense observou a existência de um paralelismo entre o modelo dos dois números da epistemologia quântica e as tendências da arte contemporânea. Introduziu assim os conceitos de macroestética e microestética, que correspondem aos de física pré-quântica e de física quântica, respectivamente. Ele tinha em mente sobretudo a arte abstrata e a arte figurativa tradicional.

É interessante observar que crenças sobre a existência de um mundo invisível – de realidade superior à do mundo visível – existem desde tempos imemoriais, associadas a concepções animistas ou religiosas de vários tipos. A física dos quanta reintroduz novamente ideias de dois níveis da realidade em base puramente científica, sem conotações religiosas ou animistas. A teoria da relatividade restrita levara à concepção de que a energia é a substância universal, procurada pelos filósofos pré-socráticos. Contudo a substância universal energética da relatividade faz recordar muito a concepção de *mana* dos aborígines australianos. Aparentemente havia aspectos fisicamente verdadeiros em algumas das mais antigas concepções do homem, consideradas como de natureza mágica ou animista.

4. Há uma dialética especial no desenvolvimento da arte do século XX que se revela pela consideração das tendências opostas que se desenvolvem simultaneamente em correntes artísticas opostas. Temos assim os pares (fauvismo + expressionismo) *versus* cubismo, concretismo *versus* abstracionismo informal, arte *op versus* (neodadaísmo + pop), arte cinética *versus* arte minimal, arte conceitual versus arte mágico-psicodélica etc...

Encontramos no século XX um surto surpreendente de tendências de dissolução da forma, em paralelo com um surto não menos acentuado de forma geométrica puríssima. As tendências informais ou caóticas podem ser aproximadas da introdução do caos como um dos ingredientes básicos do mundo pela física dos quanta. A forma geométrica rigorosa em arte parece corresponder ao papel fundamental representado pelas simetrias e pelos grupos de invariância na física dos quanta.

A física dos quanta se carateriza por uma dualidade da continuidade e da descontinuidade, que aparece mais claramente na chamada teoria quântica dos campos. Cada campo de ondas se relaciona com determinadas partículas e reciprocamente cada espécie de partícula se relaciona com o seu campo. O caso conhecido é o do campo eletromagnético cujos quanta são os fótons, as partículas de luz. Essa relação partícula-campo depende essencialmente do tipo de propriedades estatísticas das partículas: estatística de Bose ou de Fermi. A existência dos quanta leva a descontinuidades energéticas.

Há também na arte do século XX uma dialética de continuidade e descontinuidade que se manifesta na oposição do *hard edge* e das novas formas de pintura escorrida derivadas do expressionismo abstrato. A descontinuidade é característica das várias formas de pintura reticular abstrata e de muitos tipos de escultura atual. As experiências de obter retículas a partir de imagens fotográficas muito ampliadas envolve uma oposição de continuidade e descontinuidade.

As experiências de arte supersensorial se relacionam também com a ideia básica da epistemologia instrumental dos quanta. As impressões sensoriais que produzem a vivência supersensorial correspondem às observações instrumentais que revelam os microbjetos "invisíveis". Provavelmente as convergências mais profundas entre arte e física dos quanta são dadas pela arte supersensorial. Assim, as vivências de um vazio que não é o nada podem ser aproximadas da noção de vácuo físico da teoria quântica relativista, que possui propriedades físicas, apesar de desprovido de energia. Esse vácuo físico determina a emissão espontânea de luz por um átomo excitado, porque está associado a flutuações caóticas do campo eletromagnético na eletrodinâmica quântica. É interessante recordar que as vivências de iluminação são das mais importantes não só na arte supersensorial como em oniroterapia etc. Estarão talvez associadas a alguma percepção de efeitos quânticos sutilíssimos pelo corpo humano.

Muitas dessas coisas parecem misteriosas ou fantásticas. Não devemos porém esquecer que as bases da própria vida são efeitos quânticos. Eles afetam a nossa bioquímica comum mas devem estar associados aos processos mentais ainda muito obscuros.

**Ausência da escultura**
*José Resende*

*A ausência da escultura na cidade contemporânea exprime um impasse que está muito além do problema do urbanismo: o da própria inserção da arte no espaço social. Nenhum modo de incorporação da arte no ambiente físico pode solucionar o monopólio dos códigos de leitura e a consequente alienação do trabalho de arte na sociedade contemporânea. O tradicional projeto construtivo de integrar a arte na arquitetura pode ser visto hoje como uma tentativa de escamotear contradições sociais. A proposta desse artigo é simetricamente oposta: a tarefa da arte seria justamente acirrar essas contradições.*

Se o Cristo Redentor fosse destruído e o pedestal do Corcovado tivesse que ser ocupado, que alternativas a arte ofereceria?

Poderia se indicar um artista, simplesmente, para que uma de suas obras ocupasse o pedestal? Que critério usar para a escolha desse artista e que obra seria mais significativa?

Uma coisa é certa, o nome do artista assumiria uma importância muito maior do que a obra exposta. O pedestal estaria ocupado não por um trabalho, mas por um artista que carregaria inclusive todo o restante de sua obra sob o rótulo da peça exposta no morro.

Quem é autor do Cristo do Corcovado?

Se admitirmos o prestígio desse pedestal, a indicação será consagratória e, dessa forma, compromete-se mais a crítica, que estabelece o critério de escolha, que é o artista.

A Igreja está para o Cristo Redentor como a crítica para a arte hoje? A possibilidade de várias respostas para esta tarefa, ao nível de arte, é mais interessante do que a escolha de uma. A solução viável seria então uma rotatividade de obras? O pedestal hoje é o museu? Para o mercado sem dúvida, pois o endosso da institucionalização estaria assim multiplicando o número de trabalhos vendáveis.

Mas o que é o pedestal?

A escultura esteve tradicionalmente vinculada às características do edifício ou ao desenho da praça; ocupa os espaços vazios da cidade e o marco de sua presença tem normalmente por função possibilitar uma compreensão do desenho urbano e balizar uma memória desse desenho. Ora, a cidade contemporânea não tem mais a escala humana e os espaços públicos de convívio perderam significação. A reconquista da praça medieval é uma utopia passadista. A cidade é o espelho das contradições que a sociedade de classes estabelece. Tentar interferir nela é acirrar essas contradições.

Quais são os monumentos da cidade contemporânea?

Os equipamentos que a técnica de construção oferece exercem enorme atração na cidade: o espetáculo de uma grua ou um bate-estaca em funcionamento junta gente. A complexidade do equipamento, mesmo que não seja percebida sua função, é o bastante para o encantamento e garante uma atitude de contemplação.

Conivente com o sistema que rege nossa sociedade, será a publicidade a arte do nosso tempo? (Milton Glaser)

Um batom gigante do Oldenburg, que para olhos mais sofisticados é um símbolo fálico, colocado na cidade parecerá mesmo um anúncio onde falta o anunciante ou, na melhor das hipóteses, se for reconhecido, uma ótima propaganda do próprio Oldenburg.

A objetividade da propaganda ou da técnica é uma qualidade reconhecida. Sua adequação se sobrepõe a qualquer investida da arte em um confronto no contexto da paisagem urbana (os pacotes do Cristo são, nesse sentido, uma denúncia, na medida em que há uma apropriação do espaço urbano de forma provocativa e autoritária).

Os monumentos novos geralmente têm uma forma geométrica isenta e sua interferência na paisagem é descomprometida. A monumentalidade de certos equipamentos, por outro lado, garante à sua presença uma interferência significativa na paisagem e o inusitado de seu desenho, ao nível da arte, é às vezes mais instigador.

A arte está isolada. O acesso a sua linguagem tem sido controlado pelas instituições (museu, crítica e mercado) e seu discurso se restringe a um percurso dentro do próprio circuito de arte. Um confronto direto público/obra no espaço urbano carece de significado pois o repertório necessário para sua leitura permanece enclausurado pelo domínio de um pequeno grupo que detém sua propriedade. A possibilidade de ação ao nível apenas de sua presença é, portanto, inviável. A possível pretensão de atingir uma eficácia ao expor mais publicamente o trabalho é uma atitude que esquece as contradições da sociedade em que vivemos e que pretende arte uma consciência autônoma, distanciada e descomprometida com a sociedade. Ou seja, que pretende arte uma verdade revelada.

De outro lado, a inviabilidade de sua presença é contestável ao nível das manifestações que tentaram interferir especificamente nesse espaço e que originaram os mal-entendidos de se pensar arte como decoração da cidade, ou então como atividade didática que parte do pressuposto que arte é ilustração de uma consciência política a ser "comunicada" (muralistas mexicanos).

O vínculo arte/sociedade tem sido discutido. Questionar a presença da arte hoje na cidade é alimentar essa discussão, uma vez que na sociedade moderna, predominantemente urbana, embora os processos de acesso à arte sejam controlados de forma que haja um contato rarefeito com esta linguagem, como em qualquer outro período histórico, procedimentos da vida cotidiana são facilmente reconhecíveis nas referências da manifestação mais contemporânea de arte: uma montagem de Carl Andre lembra uma pilha de madeira numa serrania; esculturas com perfis pesados de Robert Morris são mais simples que o desenho de qualquer estrutura industrial montada por operários sem nenhuma especialização, e mesmo esculturas mais elaboradas de Anthony Caro lembram cercas ou equipamentos de terraplenagem comuns na paisagem contemporânea (para citar exemplos de artistas que procuram tratar de problemas relativos à própria linguagem da arte sob risco, até, de serem taxados de formalistas). Os procedimentos da arte não estão, assim, distantes do contexto social contemporâneo e seu discurso, como no decorrer de toda história da cultura, está ligado ao homem de seu tempo, sua realidade e problemática.

A possível identidade de códigos construtivos, embora referencie a arte, não oferece por si só um acesso a sua linguagem. Pode-se dizer que uma pilha de tijolos é uma obra de arte?

Em uma palestra no MAM de Nova York, em 1961, na exposição *Arte da Assemblage*, Duchamp disse:

Um ponto que quero frisar é que a escolha desses *ready-mades* nunca foi ditada por uma determinação estética. A escolha foi baseada em uma relação de indiferença visual, com uma total isenção de bom ou mau gosto... de fato uma completa anestesia.

Por outro lado, Duchamp escreveu:

Se mister Mutt (pseudônimo de Duchamp) com suas próprias mãos fez a fonte (um mictório de cabeça pra baixo) ou não, não tem importância. Ele a ESCOLHEU. Ele trouxe um objeto da vida comum e, expondo-o, simplesmente desapareceu sua significação usual sob um novo título e um novo ponto de vista – criou um novo pensamento sobre aquele objeto.

A referência não se torna obra de arte, mas sim o que se faz com ela. O mictório de Mr. Mutt é uma obra de arte porque ele o incorporou ao discurso da arte. Inverter essa relação é um engano que determina uma visão imediatista da relação arte/sociedade muito em voga, do tipo: "arte e meio ambiente", "arte e tecnologia", etc., onde arte se torna comunicação de problemas alheios a ela, onde a referência é que justifica a manifestação. Assume-se assim um descompromisso com o próprio discurso, como se o exercício desta linguagem não fosse significativo. Ora, sentido da arte, enquanto expressão e forma do conhecimento, está na própria formulação de seu discurso, como ele se dá e não sob qual referência e com que ferramentas ele acontece, que são informações paralelas e secundárias.

Uma pilha de tijolos pode ser uma referência para a arte, o que não quer dizer que a arte constitua uma referência para o homem que fez a pilha de tijolos na obra. Não porque a linguagem da arte seja hermética em si, como foi visto, mas porque o acesso à continuidade de seu discurso é difícil e rarefeito seu conhecimento, o que impede uma leitura coerente e uma perspectiva crítica dessa manifestação. Se não é em função de um hermetismo da linguagem que se dá o afastamento da arte, mas pela dificuldade de um acesso contínuo ao seu discurso, poderia se pensar que o problema não seja a produção da arte, mas seu processo de distribuição.

É forte a tendência formalista na manifestação americana após os tempos românticos do abstracionismo de Pollock ou De Kooning. A recuperação de uma atitude construtiva mais estruturada foi incorporada por Barnett Newman, Ellsworth Kelly, [Kenneth] Noland, à arte americana.

É curioso notar o vínculo com o real denunciado pela notação fotográfica de Ellsworth Kelly e seu nível de implicação no trabalho. As contradições que estabelece essa atitude indicam a oposição das correntes que iriam sofrer influência desses artistas: por um lado, o *pop* que realmente trouxe uma novidade à linguagem da arte; e, por outro lado, o hiperrealismo, que reconhece as mesmas raízes (no dizer, por exemplo, de Malcolm Morley que se define como pintor abstrato) e que pretende assim uma modernidade apesar da utilização de uma linguagem completamente acadêmica como procedimento, e recupera a pintura ao nível do gosto burguês: da habilidade artesanal, da semelhança com real, da pintura trabalhosa que vale o dinheiro que custa.

A busca de referências não é uma atitude "estética" descomprometida; sua escolha é parte significativa do processo de criação e é coerente com um posicionamento do artista frente à realidade; vai determinar o procedimento constitutivo do trabalho até sua aparência final e estabelece parâmetros para uma coerência na continuidade do discurso, que não é uma atividade apenas intuitiva, mas determinada por uma ação inteligente, comprometida por uma posição ideológica do artista e pensada a partir de uma estratégia de ação. O interesse pela referência termina na medida em que é incorporada no trabalho, que dessa forma não é uma representação de realidade, mas constitui uma posição frente a ela.

A anotação fotográfica é um processo que já define uma escolha que não é isenta. Pode até se bastar, dependendo da linguagem que se pretende utilizar.

A modulação da carga em uma carroceria de caminhão acarreta processos construtivos simples, mas de grande variedade enquanto estruturas e desenhos. Certas cargas se deslocando na paisagem criam relações inesperadas.

A arquitetura industrial, por ter de se adequar aos equipamentos (que muitas vezes até se misturam no desenho do edifício), apresenta soluções pouco habituais que constituem marcos na paisagem urbana mais significativos que edifícios de projeto "sotisficado", que apelam para um decoraticismo gratuito, o que acaba determinando modismos que se repetem. São Paulo apesar de sua topografia marcada se tornou uma cidade de desenho amorfo, pouco característico. A avenida Paulista, por exemplo, apesar de sua situação geográfica específica, está se confundindo entre as construções que começam a se espalhar em torno, obedecendo as mesmas regras construtivas que a moda vigente estabelece. A mesma antena desenhada para o pico do Jaraguá está também na avenida Paulista.

Para situar historicamente esse problema de distribuição, vamos recorrer à introdução do livro sobre construtivismo da editora Comunication, que enfatiza a necessidade de demarcar o salto produzido pelo "aparecimento de uma rede de compra e distribuição de obras de arte para um público que já não é a Igreja, a aristocracia ou o poder monárquico, como vinha sucedendo até começos do século XIX, para um público burguês que já não está em contato direto com o artista. [...] o artista já não se vê obrigado a trabalhar por encargo [...] como sucedia na Idade Média, no barroco, etc.; em certa medida podemos dizer que recuperou sua liberdade, e isso em duplo sentido; como artista, enquanto pode criar o que quiser, ser original; e enquanto cidadão, posto que pode trabalhar independentemente, quando quer, não está submetido nem a um lugar nem a uma jornada de trabalho impostos por alguém alheio a ele, conserva algumas das caracterísitcas dos artesãos, e é, afinal de contas, um 'intelectual independente e livre'. Mas, se por um lado recobrou como indivíduo (pintor ou cidadão) uma liberdade que até agora parecia desconhecida, ela não foi só isso – e essa é a segunda faceta do assunto –: o preço é a perda de controle de sua obra; sua obra passa ao poder de uma galeria que lhe é produtora de mais-valia".

Em outras palavras, a produção, a fruição (entendimento) da obra, na medida em que a obra só existe ao ser consumida. Ou, ainda, é a arte que cria a necessidade dela, e não o contrário. A unicidade da fatura/fruição da arte implica que o mercado aliena uma parte da produção, ao retirar do artista a possibilidade de controle do "acabamento" da obra (seu entendimento). A manipulação de seu trabalho pelo mercado é inevitável, estando ou não o artista interessado nele, pois as regras que determinam as possibilidades de veiculação de seu trabalho são, naturalmente, as do mercado e não os critérios relativos ao discurso da arte.

É, pois, na unicidade da produção/distribuição que se deve verificar a práxis do artista, e não na fragmentação dela. Uma ênfase na distribuição causou os enganos de se pensar a gravura como o suporte mais "democrático", uma opção de "arte para o povo". Na verdade, abriu-se apenas mais uma frente de mercado, como se vê hoje.

Quando se pensa na ausência da escultura na cidade, está-se fazendo referência, em princípio, a um processo de veiculação da arte alheio às regras do mercado. A constatação da inviabilidade dessa presença levanta um dos problemas mais fundamentais para o artista, que é pensar um espaço possível para atuação da arte, ou seja, um espaço para produção da arte. Um circuito fechado, como existe hoje, é autofágico. Uma produção não terminada na fruição é alienante. Mas arte não é inocente. Ela trabalha com categorias socialmente dadas e historicamente definidas. Ao romper com sua condição de mercadoria, ela não só interfere obrigatoriamente na sua veiculação, como estabelece uma reflexão crítica sobre seu próprio discurso. Ou, de outra forma, pensar seu próprio processo de conhecimento é demarcar claramente o contexto ideológico, no interior mesmo de seu discurso. A possibilidade de um espaço para arte refere-se, portanto, não só aos meios e condições de produção, mas, especialmente, refere-se à definição da veiculação como parte constitutiva desse processo. Condição *sine qua non* para a continuidade do discurso da arte.

Imaginar substuir o Cristo do Corcovado indica, dessa forma, que o produtor de arte não pode atuar apenas nos limites da área de criação, ou seja, na manipulação de seu vocabulário, mas deve assumir a necessidade da postura crítica frente às condições de produção da arte e da premência de uma estratégia de ação, sob risco de seu discurso permanecer estanque e manipulado por critérios alheios à arte, sobre os quais não pode exercer nenhum controle.

## O NOVO E O OUTRO NOVO
## (O MODERNO E O CONTEMPORÂNEO)

*Ronaldo Brito*

Com a explosão das vanguardas nas primeiras décadas do século xx, a obra de arte passou a ser tudo e qualquer coisa. Nenhum ideal teórico, nenhum princípio formal poderiam mais defini-la ou qualificá-la *a priori*. Seguindo um movimento paralelo ao da ciência – e até da própria realidade, com o afluxo das massas – a arte tornou-se *Estranha*. A sua aparência mesma mostrava-se oposta ao mundo das aparências, com o qual sempre esteve (problematicamente) ligada. A Modernidade apresentava de início um sentido manifestamente liberatório, caracterizava-se pela disponibilidade absoluta: parecia possível fazer tudo, com tudo, em qualquer direção. Bigode e cavanhaque na Mona Lisa, peças de mictório em museu, assim por diante. Mas o gesto de liberar implica uma situação de opressão, uma situação insustentável. A liberdade moderna não era simplesmente a afirmação de novas possibilidades: era sobretudo uma revolta, um desejo crítico frente às coisas e valores instituídos. No limite, expressava o paradoxo de um sujeito que não reconhecia mais o mundo enquanto tal. E de um objeto – o mundo – que parecia não se comunicar com a principal figura construída pela civilização ocidental: o Sujeito. A correlação organizada – amarrada mesmo por laços de autoridade indiscutíveis – entre Sujeito e Objeto, a famosa Razão do século xix, dissipava-se ao sabor dos ventos no cotidiano massificado. Era desconstruída minuciosamente nos laboratórios de pesquisa e salas de aula. Por que os ateliês ficariam alheios a essa, digamos, Confusão Esclarecedora?

A radical negatividade dadá, o escândalo surrealista e a Vontade de Ordem Construtiva, com suas diferenças irredutíveis, tinham porém um ponto em comum: desnaturalizavam o olho, descentravam o olhar, abriam um abismo no interior da contemplação, o lugar por excelência das Belas-Artes. Sem a segurança desse lugar – sem o sublime dessa atividade imaterial e desinteressada da contemplação pura –, onde situar a arte? Uma resposta inicial era evidente e inquietante: em nenhum ponto fixo que organizasse, em perspectiva, o mundo ao redor. As chamadas artes visuais não distribuíam mais um suposto duplo da realidade aparente (de fato, nunca o fizeram), uma reconfortante e gratificante doação de prazer que ratificasse a plenitude da Nossa visão. Ao contrário, empenhavam-se em dissolvê-la, questionar o próprio visível, denunciar a sua fragilidade. Assim, não localizavam nada – inversamente, tiravam as coisas do lugar. Ora, com isso perdiam sua posição marcada, os pontos de apoio, ficavam enfim deslocados. Isto é, sem localização fixa. Histórica e filosoficamente destinadas pelo Ocidente a duplicar a Realidade – daí sua condenação ou valorização –, a arte perdia o seu estatuto ao voltar-se contra si mesma e contra o Real enquanto Unidades. Realizava desse modo tarefa simetricamente oposta à que lhe fora atribuída.

Desde então, fala-se em *Crise da Arte*. Em sentidos vários, de maneiras diversas, a arte não reencontraria mais a plena Razão de Ser. Claro, a crise era extensiva a todo o espaço cultural, a todo o *Simbólico* de um mundo em meio a processos de transformação que o desfiguravam ininterruptamente. No caso da arte, porém, a contradição atingia em cheio a própria obra, suspensa e indefinida agora entre seu caráter único – guardado pelas belas-artes – e a multiplicidade exigida pela técnica. Esta inadequação básica, imediata, provocava no trabalho uma premência, uma tensão, que em diferentes níveis seguem presentes ainda hoje. Obrigada a ser *Única*, convocada a ser *Múltipla*, a obra de arte virava um campo de batalha no qual lutavam forças opostas e desiguais. Cindia-se assim a *Bela Aparência* e dela emergiam espaços e figuras sem nome. Aí começa a inevitável pergunta: isto é arte? Não, senhoras e senhores, arte é que é *isto*. Qualquer *isto*. Um *isto* problemático, reflexivo, que é necessário interrogar e decifrar. O saber da arte, o poder da arte, desenvolvidos mais ou menos à sombra da civilização do *Logos*, puseram-se em movimento para "compreender" a nova situação. O projeto moderno, convém lembrar, representou um esforço duplo e contraditório: matar a arte para salvá-la. Questão de sobrevivência – ou pensar a inteligência negativa de si mesma ou correr o risco de morrer despercebida no tumulto de um mundo anônimo e feroz.

Pensar a morte da arte, praticá-la, por assim dizer, era a rotina das vanguardas no início do século XX. Que o fizessem pondo em circulação uma infinidade de novos esquemas formais, novos procedimentos, assimilando ainda uma complexidade de raciocínio aparentemente estranha à sua *démarche*, prova somente a qualidade do problema. Nenhum gesto isolado, nenhum decreto conseguiria interromper esse processo intelectivo coerente sobre o qual o Saber Dominante Ocidental (a filosofia e, em seguida, a ciência) sempre manifestou desconfiança ou desprezo. De fato, ao colocar-se em xeque, a arte visava também ao que se pensava e ao que se dizia correntemente dela. Eis um ponto em que, surpreendentemente, filosofia e senso comum andaram muitas vezes juntos. Hoje aparece cada dia com mais clareza a distinção – senão a contradição – entre o *Saber da Arte* e o *Saber sobre a Arte*. Entre a verdade produtiva dos trabalhos de arte, ao longo da história, e o discurso da história da arte. E se constata o quão pouco se conhece desse primeiro e decisivo saber, apesar dos esforços em direção a uma pretensa ciência da arte.

Dessa diferença, passada às vezes sob silêncio, a arte moderna tirou sua força de emergência. Da insuspeitada distinção entre a obra e o valor da arte. Ou, em linguagem contemporânea, entre o trabalho e o Sistema da Arte. Obviamente um faz parte do outro, mas não são coincidentes. O que causou escândalo, impôs-se como poder negativo, foi afinal a revolta do trabalho contra o seu processo de institucionalização. A discussão do seu valor social, no sentido amplo do termo. As linguagens da arte, subitamente evidenciou-se, não criavam o próprio valor. Este era construído, fabricado pela estrutura burocrático-ideológica que as cercavam. Como tudo o mais, essa atividade que se supunha existir numa região qualquer da empiria mas abaixo do Real, com letra maiúscula – protegida e dominada por ideologias como a da genialidade – possuía uma materialidade social. Era instrumentalizada como força simbólica, cumpria papéis enfim. Ao investir contra esses papéis, a arte investia de certo modo contra si mesma – ela também era isto, quisessem ou não as estéticas decadentes da arte pela arte. Mas, ao sobreviver a esse choque, adquiria espaço próprio, precário e ambíguo, mas próprio, para atuação crítica. Interpunha uma distância polêmica entre a sua inteligência e as figuras do museu, as determinações do mercado, a autoridade da chamada história da arte.

Esse espaço crítico precário, essa distância polêmica, as vanguardas criaram a golpes de lúcida loucura. Pode-se tomá-los como o seu verdadeiro trabalho, para além das obras e ideologias específicas. Aí residiu, rigorosamente falando, o *Território da Vanguarda*, seu valor e delimitação históricos. Depois desse momento, fala-se em vanguarda num sentido figurado, ou de fato equivocado. Como o termo *Vanguarda* implica e explica, ela significou um momento em que a produção estava radicalmente à frente do local onde operava a Instituição-Arte. Ora, um descompasso *radical* só pode sê-lo uma única vez – no momento mesmo em que é denunciado. A defasagem entre a produção e a instituição segue em curso no nosso conturbado universo cultural, mas agora sob o paradoxal signo da *continuidade do descompasso*. Nomeá-la vanguarda, a rigor, é desconhecer a realidade atual ou abusar do termo: não pode haver a tradição da vanguarda, a não ser como contrafação.

## A tradição da inquietude

A institucionalização da modernidade, a complexa manobra de transformações e recalques que exigiu do universo simbólico dominante, produziu uma esquisita situação. Harold Rosenberg chamou-a *A tradição do novo*.[1] O ingresso dos objetos modernos na história da arte não se fez sem profundas acomodações do terreno. Mas ocorreu, é um fato consumado. Aquele material em princípio "inaceitável" foi enfim submetido ao mesmo processo sublimante e, tanto quanto as obras do passado, transformou-se em Figuras Ideais. Modelos, coisas transcendentes à condição de coisas. A modernidade vencera, a modernidade perdera. Não há meio simples e direto para sintetizar a questão. Necessariamente toma forma antitética, obriga a pensá-la em suas diversas dimensões. Aceita, incorporada à tradição, a modernidade foi automaticamente negada enquanto vanguarda. A tradição moderna apresenta-se entretanto de maneira problemática, pois a instituição não detém ainda sua completa inteligibilidade. Daí o "eterno retorno" da questão da vanguarda – a presença surda de conteúdos como a morte da arte, a antiarte e outras metáforas dessa ordem, ou melhor, dessa desordem. Daí o sentimento de falência, o fantasma de culpa que parecem onipresentes em todos os espaços do mundo da arte. De algum modo, os trabalhos radicalmente modernos ainda pressionam e irradiam uma inteligência avessa à ideologia Belas Artes. Esta percebe e recupera só os traços superficiais, os signos externos. As operações transgressoras não são devidamente assimiladas. O que pode significar, por exemplo, pensar um Picasso? Certamente algo diferente das verdades correntes atribuídas a Picasso. O saber produzido por esse artista, quem o acompanha no registro correto, no seu embate minucioso (e silencioso) com a história da pintura? Não é um problema de *métier*. Mas exatamente a questão da pintura enquanto sistema organizador da visualidade, cotidiana, inclusive. Desnecessário praticar pintura para compreender a questão. É indispensável, contudo, conhecer por dentro as articulações do processo para não ficar preso à sensibilidade do olho empírico. Esta sensibilidade, contra a suposição comum, é a que existe de menos espontânea: está totalmente determinada pela estrutura dos códigos vigentes de inteligibilidade. Gostar ou não gostar, nesse sentido amplo, é a mesma coisa – em qualquer dos casos já se perdeu a chance de ver o real do trabalho ao traduzi-lo na rede instituída do *Visível Possível*. E este, vale insistir, não representa o limite do olho humano, e sim o de uma dada construção da Visualidade coerente com a implantação e manutenção da ordem burguesa. Aí

1 ROSEMBERG, Harold. *A tradição do novo.* São Paulo: Perspectiva, 1974.

dentro a modernidade artística situa-se ambígua e dificilmente. Onde se queira mostrar sua estrita aderência a essa ordem, até mesmo alguma função protetora, é fácil localizar as partes antagônicas (o raciocínio acima pretendeu demonstrá-las). Onde, inversamente, se tente provar uma oposição absoluta entre o modo de produção capitalista, vamos dizer, e os procedimentos da arte moderna, o raciocínio corre o sério risco de cair no vazio. Impossível ser simples em se tratando de relações ou refrações complexas, superpostas, invisíveis a olho nu. Impossível decidir a questão num julgamento formal de valor.

Essa resistente inadequação, essa inquietude dos esquemas formais modernos (Theodor W. Adorno[2]: as formas são conteúdos historicamente condensados) no quadro da História da Arte, vai possibilitar uma arte contemporânea e, adiante, um espaço da contemporaneidade. Esta não seria uma figura clara, com âmbitos plenamente definidos. Seria um feixe descontínuo, móvel, a se exercer na tensão com os limites da modernidade, interessado na compreensão e superação desses limites. Não há uma diferença evidente entre o trabalho moderno e o trabalho contemporâneo, *válida por si*. Há, isto sim, *démarches* distintas agindo "dentro" e "fora" deles. "Dentro" porque o trabalho de arte contemporâneo não encara mais a ação modernista como esta se idealizava e sim como resultou, assimilada e recuperada. A erosão dos novos valores, a modernidade evidentemente desconhecia: a luta era contra os arraigados valores do século XIX. A partir da *Pop*, no entanto, a arte vive no cinismo inteligente de si mesma. Vive com a consciência aguda das castrações que o Princípio da Realidade impôs à libido das vanguardas. Mais grave, com a certeza sobre a incerteza da identidade de suas linguagens – estas, por mais radicais, sofrerão inevitavelmente o choque com o circuito, e aí, só aí, dirão quem são.

"Fora", os procedimentos são outros também. A mudança da hegemonia do mercado de Paris para Nova York não foi somente uma questão geográfica. Foi uma mudança estratégica. Nova York não é um centro como Paris o era, representa um novo tipo de hegemonia que age pelo descentramento, pela expansão volátil, sem fronteiras nacionais ou outras delimitações fixas. Os novos procedimentos condensam as articulações do circuito: os ismos se atropelam a ponto de perderem sentido, a "História da Arte" aparece cada vez mais maciça e, até, totalitariamente. Os trabalhos acumulados não vão possuir uma cronologia explicativa de movimentos. Não existe mais uma ordem de sucessão temporal que permita o encadear de semelhanças, oposições, filiações e conflitos. Quem desaparece diante da

<hr>

2 ADORNO, Theodor W. *Théorie esthétique*. Paris: Klincksiec, 1974.

produção contemporânea é a nitidez da instância genealógica da História da Arte e multiplica-se a densidade e complexidade da instância teórica. Não pode existir uma Teoria da Contemporaneidade. O próprio desta contemporaneidade é ser um "amontoado" de teorias coexistindo em tensão, ora convergentes, ora divergentes. Esta é a História deste Outro Novo. Ao mesmo tempo, em contrapartida, a produção se especifica, analisa com detalhes cada um de seus momentos, é atravessada por uma série de exigências técnicas que põem em suspenso o próprio conceito de arte como era e ainda é entendido. E aqui a técnica deixa de ser meio expressivo do sujeito. Ao contrário, passa a ser necessidade objetiva de os artistas dominarem uma racionalidade profunda e generalizada para acompanhar as determinações do sistema cultural. Necessidade de investigar o seu campo de atuação no nível da consciência crítica. Numa certa medida, não é mais a arte que permite a história da arte e sim o inverso – a História da Arte, esta construção *a posteriori*, infiltra-se na produção e parece mesmo determiná-la.

Curioso, sintomático mesmo, pouco se fala na passagem da modernidade para a contemporaneidade. Talvez inconscientemente a última passe, para a maioria, como mera decadência da primeira. As grandes obras teriam sido feitas e restaria apenas a tarefa de esgotar as linhas de pesquisa modernistas. Ou então o contemporâneo vira sinônimo de toda realização do momento, resumida assim a uma cronologia empírica. Esse critério risível esquece, prefere esquecer, a luta que se trava no campo simbólico para tratá-lo como espaço neutro, contínuo e indiferenciado. Num outro nível, menos inconsequente, a insistência sobre a ideia de vanguarda indica a resistência em reconhecer a Questão Contemporânea e sua especificidade. Esta mostra-se muito menos maleável a simplificações, pois rejeita esquemas formais ou conteúdos privilegiados. Nem sustenta a sedutora ingenuidade de matar a arte – ela não é apenas a produção dos artistas, mas uma empresa do Sistema, um canal ideológico, uma Instituição Histórica, enfim. A arte não pode, não tem poder para matar a Arte.

### As manobras contemporâneas

Como abordar a Questão Contemporânea? De que maneira encaminhá-la? Em torno dessas indagações esse texto vai tentar localizar alguns pontos. A dificuldade inicial reside na impossibilidade de aceitar certas colocações correntes, com conceito e reputação críticos formados. Por exemplo: toda espécie de interrogação direta sobre arte e política, arte e sociedade, arte e tecnologia, arte e ciência etc. Este modo de questionar revelou-se improdutivo ao querer definir os nexos entre as transformações da arte moderna e aquelas ocorridas nesses outros espaços. Quase sempre o reducionismo mutilou a própria realidade da arte. A experiência contemporânea conduz a manobras simultaneamente mais abertas e precisas. Paradoxalmente, para decifrar os pontos de contato entre a arte e os demais processos sociais, mostrou-se imprescindível aprofundar a investigação no interior da própria arte e aí, só aí, violar sua intimidade e esclarecê-la. Não se pode tomar suas representações empíricas e procurar ligá-las, à força, com outros interesses. Querer que a arte diga o que não quer dizer, e sim o que se quer que ela diga.[3] Na verdade, essas operações imediatistas acabavam por deixá-la intacta, não empreendiam a tarefa de desmontar sua construção e apontar suas conexões e cumplicidades dentro do que se está no direito de chamar guerra ideológica em curso. Falhavam em criticar sua inscrição no processo de transformação social, falhavam ao pretender usá-la como "instrumento" revolucionário. Sem pensá-la como objeto específico – atravessado por interesses de todas as ordens sim, mas mediados sempre por uma instituição e uma História particulares – é impossível conhecer o real da arte como discurso e saber promovidos e hierarquizados pela civilização cristã-ocidental.

Do mesmo modo, a Questão Contemporânea resiste às inevitáveis investidas acadêmicas formalistas. As diversas empresas teóricas que desejam adequar os novos procedimentos ao *teílos* da história da arte esbarram de saída com a "falta" de novidade, a impossibilidade de localizar, precisa e inequivocamente, um lance, um sintagma, com grau positivo de transformação. Para uma certa contabilidade positivista, a contemporaneidade artística lembra um simples *Espaço da Repetição*. À falta de rupturas formais (bem entendido, o que supõe serem rupturas formais), o moderno olhar acadêmico pensa reencontrar a antiga estruturação dos códigos visuais clássicos, no máximo procura detectar mudanças sintagmáticas dentro da continuidade modernista. Em ambos os casos, erra o alvo. Ver na *Pop*, insistindo no exemplo, um retorno ao figurativismo é acreditar demais no *Estilo* e em tudo o que essa suspeita categoria esconde – a própria verdade produtiva. De fato, a inteligência *Pop* é de ordem mais *Abstrata* do que a maioria da arte dita abstrata, presa já às Figuras da Abstração. Uma aguda consciência reflexiva da materialidade arte e uma concepção altamente abstraída do seu sentido histórico estão na raiz da operação *pop* – suas figuras são assim abstratas por excelência, põem em xeque a própria substância, o seu valor mesmo enquanto linguagem instituída. Só a extrema e surpreendente aderência de preconceitos substancialistas no interior das visões formalistas explica

---

3 Segundo Adorno, o elemento engajado é sempre o elemento não artístico do trabalho.

leitura tão grosseira – a organização horizontal-vertical de Mondrian viraria, nessa linha de raciocínio, uma *Substância*, um *Conteúdo*, carregados de verdades em si, e em seu nome seriam isoladas todas as outras sintaxes. Isso significa não apenas a incompreensão da *pop*, mas do próprio Mondrian e demais postulados construtivos anti-substancialistas. Inferir relação coerente entre as imagens pop e os conceitos que "representam" é desconhecer as manobras de estranhamento, cinismo corrosivo, dessubstancialização e desconstrução dos códigos vigentes ali expostos. Identificar todo e qualquer procedimento "figurativo" com a estruturação da linguagem tradi-cional implica fetichizar os chamados procedimentos abstratos – promovê-los, no nível imediato e até certo ponto falso do Estilo, à categoria de Norma. Quer dizer, academizá-los, buscar a estruturação definitiva. Não perceber a desestruturação da linguagem pop passa a ser apenas sintoma de um desejo renovado de ordem. Sintoma de um desejo de sentido pleno.

Mas o simples ato de enquadrar a *pop* na sequência da Arte Moderna, como novo lance transformador, não vai também muito longe. Trata-se de um gesto assimilatório, já devidamente produzido pelo mercado e por museus em âmbito internacional. À custa, diga-se, do poder de fogo *pop* por excelência – a informalização generalizada dos conteúdos e hierarquias do Mundo da Arte, sua redução ao modelo chapado da sociedade de consumo, a dispersão inteligente e calculada dos vários momentos e instâncias desse sutil canal ideológico. Embora contabilizada pelo "desencanto" *pop*, a recuperação de seus esquemas e sua entronização na História da Arte violam a in-teligência do movimento ao realizar *démarche* inversa: reconstruir a positividade dos momentos da arte e passá-los, incompreensível e magicamente, sob a forma mítica de um valor sem valor, "objeto de cultura". Nessa assimilação entretanto foram e vão um pouco as cinzas – ou a areia – da prévia consciência da obra *pop* sobre o seu destino "assimilável". Pela primeira vez, visivelmente, os trabalhos traziam consigo as marcas da própria alienação – existiam na tensão de serem o que não eram e não serem o que eram. Essa cicatriz risonha do trabalho *pop* continua a incomodar a instituição que o absorve e trafica, a ironizar sua zelosa violência.

Há, sim, um conformismo aí. Ao conformar-se ao ambiente em redor, moldar um estilo homólogo, o trabalho *pop* rompe, numa primeira instância, com a tradição romântica maldita. Tradição de culto ao embate imediato. Nesse aspecto, compa-rativamente, a contemporaneidade em geral tende à sobriedade e à economia de meios. O peso da morte da Morte da Arte foi considerável, suficiente para levar à reavaliação de seu verdadeiro poder. Um raciocínio político mais fino e minucioso, estratégico, vai aparecer, entretanto, como nova modalidade de combate crítico. Um raciocínio analítico, mediatizado, que logre detectar as articulações da materialidade arte e nela possa intervir com um cálculo de eficiência. A presença problemática desse cálculo caracteriza e distingue a produção contemporânea, muito mais do que quaisquer procedimentos formais ou núcleos temáticos.

## Razões de arte

Operação mimética – e não puramente eidética –, a arte sempre estabeleceu relações sinuosas, escabrosas até, com a Racionalidade. No limite, sempre produziu verdades mais ou menos clandestinas enquanto tais. Verdades menores, errantes, que não chegavam a enfrentar o tribunal da Razão. Reino do talento e do gênio, atributos da Naturalidade, participava da cultura com esse estatuto ambíguo – para sua glória e transitoriedade. Dizendo o mínimo: a arte passava por uma estranha espécie de conhecimento que não se auto-conhecia. Assim foi aceita e nomeada. E, por essa limitação constitutiva, estava em tese desde Platão condenada a desaparecer. A sedimentação generalizada – e generalizante – da Razão Técnica, a partir do século XIX, transforma, porém, a morte da arte em matéria cotidiana: o novo ambiente, a psicanálise, a política, a ideologização progressiva das esferas de comportamento ameaçam diretamente invadir seu domínio, dissipar seu interesse, desmitificar sua sedução. Em meio ao rigor especificante da ciência e à expansão volatizante dos processos ideológicos, onde ficaria a arte? Onde poderia desempenhar tarefa própria, sem dissolver-se na organização do Conceito ou perder a identidade nos meandros de um ultra-ativo senso comum eletrônico?

A racionalidade artística é levada assim cada vez mais a acirrar-se – sobretudo para sustentar sua diferença frente às demais racionalidades instituídas. Afastar-se delas e lograr legitimação como saber específico. Na era da modernidade, isto foi feito ainda em grande parte no contato crítico imediato com o material artístico tradicional, vamos dizer, *in loco* – ali onde se articulava a tradição – no nível da organização do espaço, da pincelada mesma, ou no nível dos fetiches de pensamento. Por perceber e atacar os limites mais amplos desses fetiches, Duchamp tornou-se Duchamp – o precursor da contemporaneidade. Foi um privilégio da modernidade surgir como um saber a mais diante da razão do século XIX – em plena vigência cotidiana até pelo menos os anos 1940 – e seu desprezo quanto à capacidade racionalizante da arte. Subitamente, esta chocou pelo excesso de inteligência e com isso capitalizou uma estranha positividade. Agora a questão surge muito mais rarefeita, mas sutil e difícil – a tarefa é trabalhar sobre as rupturas modernistas, elucidá-las, "desidealizá-las", rompê-las, se possível. Romper rupturas, eis a embaraçosa situação. Para a arte contemporânea o problema assume, de saída, forma de aporia: o que fazer quando tudo já foi feito?

Vencer esse bloqueio inicial, esse apriorismo repressivo, que carrega o estigma da academia, exige desdobramentos reflexivos e violências estratégicas – seu material mediatizado, integralmente culturalizado, não permite à produção contemporânea agressão direta. Esse material já resulta de sucessivas agressões que formam a sua História. Nesse terreno minado, saturadamente histórico, não há lugar para a consciência ingênua. O fato de a maior parte da produção atual se resumir a um anacrônico esforço para renaturalizar a arte demonstra apenas a persistência suicida do Mundo da Arte em recalcar a História e a Política para apegar-se a um estatuto oriundo do século XVIII. E representa, sem dúvida, uma reação à própria modernidade enquanto projeto de transformação desse estatuto. A farsa da renaturalização da arte seria assim um meio sub-reptício para afirmar sua validade sem entrar em choque com o Real, como se fosse possível escapar ao processo de racionalização que toma progressiva, cancerosamente, todas as dimensões do real e nelas imprime a pressão da produtividade.

Mais do que nunca, aparece agora o caráter regressivo e reacionário da arte pretensamente a-histórica: um trabalho atual que tenta passar por cima de sua história enquanto objeto de arte, perpetra uma delicada violência fascista – se oferece candidamente ao consumo do imaginário dominante, e, para tanto, procura apagar as marcas que expõe, contra a própria vontade, como produto de uma acirrada luta histórica. Trabalhos dessa ordem, trabalhos-maquiagem, formam vários segmentos do meio de arte e compõem, em conjunto, uma maquiagem para esse meio – um recanto nostálgico-decadente que finge ignorar os acontecimentos a seu redor.

## Capitalizando o zero

Um cálculo de razão, uma incessante cerebração, passam constitutivamente pelas várias instâncias da arte contemporânea na exata medida em que seu lugar é apenas e radicalmente reflexivo. Até certo ponto, existe somente na trama da própria produção, não possui materialidade definida. Operando sobre o choque da modernidade com o real, não detém a ciência do seu próprio choque – este ainda está interiorizado no trabalho de forma especulativa. O seu material é, portanto, a reflexão produtiva sobre a história ainda viva, pulsante, da obra moderna. Uma reflexão sobre a negatividade desse material – as torções a que foi e está sendo submetido, as leituras contraditórias que nele se cruzam, suas idas e vindas, por assim dizer, como matéria simbólica. A arte contemporânea está obrigada a achar aí sua sobrevivência – no meio dessa confusão deve produzir trabalhos que tenham a clara inteligência da cisão que ao mesmo tempo os constitui e separa de si mesmos. Nesse sentido, sobretudo a nova arte está condenada à reflexão: traz consigo, no nível da "imediata" formalização, seu próprio absurdo, a dúvida sobre si mesma.

Só talvez como tara de razão, paroxismo, pode a arte reencontrar algum poder expressivo (sua ambígua universalidade, enfim) na sociedade da razão técnica – recusar a racionalização é negar a própria inteligência, aceitar a condição de objeto decorativo. Como tal, não seria mais arte; tragada inteiramente pela empiria, perde a transcendência. Mas, sem levar ao extremo essa racionalidade, sem tensioná-la nos seus limites e aí confrontá-la com o seu contrario – a irrazão, a loucura – não cumpre sua não-função, a heterogeneidade que a distingue no universo do *logos*. A arte acaba, assim, simples paisagem de conceito.

O cálculo contemporâneo, como defini-lo? Talvez como uma espécie de racionalização do heterogêneo. Um esforço paradoxal para capitalizar poder negativo. Este poder era o apanágio das vanguardas, seu ponto de partida. Agora, porém, não é mais passível de utilização imediata. No nível empírico, é um fato, coisa alguma impõe-se hoje pela estranheza. Tudo parece já visto, nada tem a força direta do heterogêneo, o impensado subversivo. Nenhum *happening* vale pelo *happening* mesmo – forma tão instituída quanto qualquer outra. As coisas da arte não apontam uma direção clara de posifividade ou negatividade – sua processualidade decide tudo nesse sentido. Vai daí, a coisa e o objeto em si não são o ponto final de um contínuo, nem a soma dos momentos de sua realização. Quando não são exatamente o seu contrário irônico – o que há aparentemente menos pensado do que a série *Stars* de Andy Warhol e no entanto o que há de mais elaborado e informado na acepção plena do termo? –, mantêm uma diferença conflitante entre o que são e como chegam a ser. Nessa distância está a sua possível heterogeneidade – o fato insólito, inexplicável, de ser diverso do seu "resultado" desafia a lógica da produção tecnológica. Desafia a própria lógica científica.

Por meio dessa perversão lógica, a arte readquire quase clandestinamente uma força de expressividade – faz falar o sujeito, o íntimo informalizável do Sujeito, preso em uma objetividade totalmente organizada. Mas atenção: faz falar o Sujeito preso nessa instância, agente de uma situação real. Não um Sujeito livre de determinações que, como é comum acreditar, encontraria na Arte o último canal para expressar sua essência no mundo capitalista reificado. Sutil, hermética e impopular na superfície, a arte contemporânea está profundamente "massificada" em suas verdadeiras dimensões – carrega os traços das lutas populares, anda literalmente às voltas com o afluxo das massas e sua contradição com o Sistema da Cultura. A transformação das linguagens não é reflexo das lutas sociais – é ela própria uma luta dentro da ordem simbólica. Daí o equívoco em analisar essas linguagens por comparação com outros processos sociais – na sua própria materialidade praticam a sua política, definem um posicionamento no real. A questão é interrogá-las no registro correto, na sua historicidade imanente, em vez de generalizá-las ao léu e, afinal, perdê-las de vista ao buscar sua ampla, geral e irrestrita representatividade.[4] Presa à metáfora da janela, muita gente procura para onde aponta o trabalho de arte e não vê o que ele está mostrando, ali mesmo, na trama problemática da sua constituição (no caso específico da janela, recomenda-se como antídoto eficaz Magritte).

O trabalho atual sofre pressão, de todos os lados e modos, para expor e exibir sua trama problemática. Não lhe sobram muitos artifícios de sublimação. Deve atender, de pronto, à própria voracidade, sob pena de paralisar-se num discurso sobre si mesmo – esta "irracionalidade" é a inevitável contrapartida de sua neurose reflexiva. Mas o caráter transitório, precário, longe de configurar simples espontaneidade, deriva de uma tensão interna básica: arriscar uma incerta concretização ou demorar indefinidamente na discussão de seu sistema. Daí seu aspecto esquisito, obrigatoriamente ocasional – ele é real e inelutável, uma vez que não há um "tempo" certo para a materialização do trabalho; o objeto está sempre em conflito com o sistema que o engendra. Através desses momentos antitéticos, embaralhados, de seu processo produtivo, revela um antagonismo profundo com a produção racional serializada e seu controle técnico do tempo linear. Ou seja, um antagonismo frente à sua circulação social na qualidade de mercadoria. Evidentemente essa dispersividade temporal e o jogo complexo de momentos diferentes também são incompatíveis com a produção artesanal. Seus procedimentos seriam "industriais", sofisticados raciocínios produtivos, ainda irrealizados. E que, astuciosamente, aparecem no real como se fossem irrealizáveis. A afirmação de uma inteligência atópica, sem recuperação possível pelo Espaço da Dominação onde se exerce, confere à arte um poder negativo específico – pensar o impensável, fabricar o infabricável, ainda que o faça nos limites regulados pela própria realidade, no terreno espiritualizado da "criação". Assim, a arte contemporânea perfaz-se enquanto arte, constrói ilusões de verdade e destrói as ilusões da Verdade.

4 Na verdade, a ânsia por uma representatividade genérica abstrata para a arte segue a visão tradicional que justamente a reduz a fenômeno ilusionista e, por isso mesmo, perigoso para o destino do Estado. Daí a necessidade de submetê-la às considerações do *logos* e conduzir sua fala delirante. Tanto quanto na República de Platão, a arte vai servir aqui apenas para acompanhar uma ginástica, no caso uma ginástica ideológica.

**Pintura dos anos 80:**
ALGUMAS OBSERVAÇÕES CRÍTICAS
*Ricardo Basbaum*

No plano internacional, Achille Bonito Oliva destaca-se como um dos principais nomes críticos ligados à nova pintura, sendo responsável pela criação e divulgação da tendência italiana transvanguarda. Sua importância reside na construção de um conjunto de afirmações teóricas que auxiliaram na legitimação da pintura transvanguardista internacionalmente. Outras tendências internacionais da nova pintura (neoexpressionismo, figuração livre, nova imagem) não se apresentam organizadas sob um corpo teórico coeso e estruturado tal como foi trabalhado por Oliva no nível da produção italiana. Dessa forma, devido ao amplo e veloz destaque internacional atingido pelas ideias do crítico italiano, muitos dos conceitos por ele gerados, particularmente a partir da produção transvanguardista, costumam ser generalizados e aplicados à nova produção emergente como um todo. Assim, vamos selecionar aqui, para uma rápida análise, alguns aspectos do pensamento de Oliva que nos parecem mais adequados a uma aplicação global ao contexto da nova pintura – pois não interessa determo-nos em particularidades da produção italiana: buscaremos, dentro do corpo teórico da transvanguarda, conceitos úteis à análise do panorama generalizado da nova prática pictórica surgida nos últimos anos, internacionalmente – sem excluir a produção brasileira. Esses conceitos, porém, longe de serem utilizados de maneira direta a partir dos textos em que se encontram, serão comentados, desenvolvidos e criticados a partir de uma outra série de conceitos, extraídos de movimentos artísticos de outras épocas, notadamente das tendências que trabalharam os limites da ação artística nos anos 1960. Em seguida, passando diretamente para o contexto local, verificaremos a gênese das primeiras leituras críticas sobre a nova pintura brasileira. Num circuito bem menos sofisticado que o circuito internacional da arte, a legitimação crítica acerca da produção brasileira mostra-se bem menos precisa e contundente, esquivando-se do confronto direto com as obras para centrar-se em aspectos comportamentais de uma geração cuja presença no circuito consagra-se com a expressão "Como vai você, geração 80?".

A. B. Oliva caracteriza o novo momento artístico como "mais amarrado às emoções intensas do indivíduo,[1] privilegiando assim as "vibrações descontínuas da sensibilidade"; propõe ainda que a presença da subjetividade, nesses artistas, deve ser entendida como "harmonia da arte com motivos individuais". Como resultado dessas preocupações, "a sensibilidade dos anos 1980 [...] tende a trazer o trabalho criativo para a pintura, afastada de qualquer homologação internacional, favorecendo a pesquisa individual sobre a grupal". A emergência desse movimento se dá dentro de um contexto de "crise cultural do modelo ideológico, que desorientaria artistas e intelectuais" – o que determina que a pesquisa anterior da arte, apoiada "na estrita observância das regras experimentais das vanguardas, seja substituída por uma arte fixada fora dessas coordenadas". Bonito Oliva sugere então que esse novo artista segue "uma atitude nômade que vê todas as linguagens do passado como reversíveis", já que opera em desacordo com a "ideia evolucionista de um darwinismo linguístico, cujos antecedentes fixos são encontrados na vanguarda histórica".

Pode-se concluir que o direcionamento da sensibilidade da época para a pesquisa individual é o principal elemento dessas primeiras observações de Oliva. Vê-se, portanto, que a sensibilidade do novo artista desloca-se do eixo de um programa de ação coletivo para voltar-se ao presente imediato, recorrendo à sua própria interioridade como fonte de impulsos para a ação. E a forma utilizada pelo artista dos anos 1980 para trabalhar essa interioridade difere de outras atitudes já experimentadas no campo artístico: não se restringe, por exemplo, à exploração da prática da arte fora dos rigores da pura racionalidade (Dadá), nem cultiva um projeto de trabalho mental dentro da teoria do inconsciente na arte (surrealismo); da mesma maneira, não se limita à relação corporal artista-obra proposta por Pollock, com seu automatismo gestual-motor. Sem deixar de absorver cada uma dessas faces históricas, o impulso criativo interior do novo artista é principalmente vivencial, derivado diretamente da prática artística dos anos 1960 – responsável pelo exercício de integração da paisagem interna do indivíduo com a paisagem física exterior em uma matriz ambiental vivencial-corporal, sem a intermediação do objeto formalizado.

Diferenciando-se o artista experimental dos anos 1960, entretanto, o artista da década de 1980 restringe deliberadamente seu espaço de atuação ao espaço

1 As citações de A. B. Oliva reproduzidas neste texto foram coletadas em *Transavantgarde International.* (Milão: Giancarlo Politi Editore, 1982.)

simbólico da tela, rematerializando o objeto e admitindo a manipulação de linguagens formais, o que demonstra uma alteração na matriz ambiental instauradora de sensibilidade vivenvial-corpórea da arte experimental: se antes essa matriz era construída pela integração (superposição) da paisagem interna do indivíduo com a paisagem física exterior (materiais reais, espaço real), agora ela será gerada a partir da superposição da paisagem interna do artista com a paisagem da superfície pictórica, configurando um território da imagem. Tais imagens originam-se a partir de duas fontes principais: imagens preservadas pela tradição (história da arte, arte popular, bancos de dados) e imagens que compõem o meio urbano contemporâneo (indústria, *mass media*). Verifica-se, dessa forma, que as imagens da nova pintura raramente percorrem uma dimensão hiper-subjetiva, sendo preponderantemente culturais, manifestando preferência em dialogar com imagens pré-existentes no ambiente: tanto imagens do ambiente imaginário (imagens da tradição) como imagens do ambiente físico (urbano-industrial). Evidencia-se, portanto, um caráter de diálogo ambiental na nova pintura, em um primeiro nível ressaltado pela maciça presença do suporte, pelo padrão decorativo ou mesmo pela utilização de uma figuração narrativa – e, em um plano mais aprofundado, como resultado da equação vivencial corpo-imagem-superfície. A sensibilidade do pintor dos anos 1980 aproxima-se, então, da ampliação de campo que a prática experimental dos anos 1960 provocou no domínio da arte, situando-se distante da sensibilidade do típico pintor construtor de formas da vanguarda moderna, estando mais afinada com uma sensibilidade expandida, plurissensorial.

O conceito de ambientalidade com o qual estamos lidando consiste na estruturação de uma matriz ambiental composta por três parâmetros: corpo-materiais-espaço. Tal conceito é obtido a partir das primeiras produções artísticas que passam a trabalhar sua materialidade dentro de dimensões reais de espaço e tempo, liberando a pulsão própria da obra para trocas com o meio circundante. Essa importante passagem modifica o modo de ação do objeto artístico de uma postura passiva – afeita à contemplação – para um posicionamento ativo, de interferência ambiental.

No Brasil, o não-objeto neoconcreto inaugura uma nova atuação do objeto de arte no espaço e no tempo, com a obra procurando tanto imantar o espaço – o espaço neoconcreto tem o caráter de campo,[2] pretendendo emprestar transcendência ao espaço real, modificando-o – quanto operar em uma dimensão temporal dentro de

---

2 BRITO, Ronaldo. *Neoconcretismo: vértice e ruptura do projeto construtivo brasileiro.* Rio de Janeiro: Funarte / INAP, 1985.

um campo ativo de trocas, "ativando o relacionamento do sujeito com o trabalho" e "deixando em suspenso o 'tempo' da produção de modo a permitir a intervenção do espectador quase no sentido de completar os trabalhos, recriá-los cada vez de maneira diversa, viver os instantes de sua produção.[3] Dentro do desenvolvimento da arte norte-americana, Giulio Carlo Argan[4] comenta que a conquista do espaço real pela obra processa-se primeiramente a partir da pintura (através da corrente *hard edge*, que atua no sentido de "qualificar o espaço exterior como ambiente visual") e, depois, da escultura (as esculturas primárias, "corpos de cor [...] fruíveis como ambientes [...] que qualificam de campo a porção que é objetivamente influenciada pela estrutura"). Posteriormente, ocorrem "intervenções em grande escala tendentes a reestruturar e requalificar a paisagem, urbana ou não": *landart*, *earth-works*. A conquista do real físico aprofunda-se, ainda, pela incorporação no processo de trabalho, nos anos 1960, de "materiais reais",[5] isso é, materiais habitualmente considerados não artísticos. A *Pop art* e o *Nouveau Réalisme* também contribuíram para aproximar as fronteiras do território da arte e do território real cotidiano, com seu aproveitamento de objetos industrializados e imagens de massa. Kaprow, por sua vez, desenvolve a utilização de materiais reais dentro do espaço real, incorporando ainda a presença do corpo (do artista e do espectador), que se desprende, autonomiza-se, transformado agora em um material a se movimentar por esse território – a possibilidade do *happening*. Também o artista proveniente do neoconcretismo desenvolve proposições participativas utilizando o corpo do artista, o espectador, objetos, visando despertar nos participantes experiências vivenciais. Obtivemos então, através dos parâmetros corpo-materiais-espaço, uma matriz ambiental de atuação do objeto artístico, que permite à obra a inserção plena no meio circundante, sem estruturar-se a partir de virtualidades que a isolem de trocas com o ambiente. Um quarto elemento, porém, é indispensável, como conectivo que impulsiona essa matriz, determinando a especificidade operativa de cada produção: a dimensão temporal.

É necessário, portanto, fazer algumas observações acerca do modo como a produção da década de 1980 trabalha a temporalidade.

A partir do texto de A. B. Oliva sobre transvanguarda é possível extrair três possibilidades acerca da maneira com que a nova produção manipula a dimensão

---

3 Idem.
4 ARGAN, Giulio Carlo. *El Arte Moderno / 1770-1970*. Valencia: Fernando Torres Editor, 1984.
5 "Materiais verdadeiros" é o termo utilizado por Harold Rosenberg em "Desestetização". Em: BATTOCK, Gregory (org.) *A nova arte*. São Paulo: Perspectiva, 1975.

temporal: seu posicionamento fora do campo da projetualidade a colocaria numa perspectiva temporal oposta àquela das vanguardas: estas, de Baudelaire em diante, "necessitam encontrar a condição de pertencer ao seu tempo, insatisfeitas com a contemporaneidade [...] projetando sua atenção para o futuro";[6] além disso uma "*práxis* nunca repetitiva" desse artista ("o trabalho responde sempre à demanda de uma ocasião que não se repete, já que as relações cambiantes do artista com seus materiais são irrepetíveis")[7] implicaria uma estrita relação do tempo da vida do artista com o tempo de sua produção; e, ainda encontramos uma dimensão temporal deficitária, como resultado do "trabalho inatualizado" que "não pode nunca representar o artista no presente", conforme escreve Oliva.

Pode-se relacionar a segunda dimensão temporal descrita acima com a tendência de superposição entre arte e vida, encontrada em produções dos anos 1960. Nestas, a sincronia do tempo interno e do tempo externo cria uma "área de grande liberdade para o artista",[8] pois o controle de integração do sujeito (corpo) com os materiais, num determinado local, produzindo o momento da obra, está inteiramente sob domínio do artista – que calcula as temporalidades no sentido de fazer surgir o instante artístico num ponto precisamente definido do ambiente (sob as coordenadas corpo-materiais-tempo-espaço). No entanto, trata-se de estratégias diferentes, uma vez que, se nos anos 1960 essa superposição de temporalidade configura-se como projeto – reelaborando o conceito de arte e jogando esses tempos em um terceiro impulso temporal –, agora o "tempo da vida do artista" reduz-se quase a um ritmo biológico/fisiológico, no sentido de que a dimensão virtual de futuro é comprimida no rigor dos ritmos cotidianos.

Lançando esses dados temporais na equação vivencial corpo-imagem-superfície anteriormente obtida, iremos detectar um reforço no caráter ambiental da nova pintura: as imagens, trazidas à luz a partir de uma vivência corporal biológica/fisiológica, passam a interferir no espaço com esse mesmo padrão rítmico básico, isto é, biofisiológico, procurando atingir o espectador em seus sintomas de carência e desejo vitais – num mecanismo de sedução perceptiva derivado das formas de ação publicitárias, processo operativo similar àquele da visualidade da paisagem urbana-industrial. Daí se destaca também um tempo de repetição que, tornando a imagem habitual, faz com que possamos reconhecê-la sem nem mesmo olhá-la:

---

6 ARGAN, Giulio Carlo. "Art and the crisis of models". Em: *Transavantgarde International*. Op. cit.
7 OLIVA, Achille Bonito. Em: *Transavantgarde International*. Op. cit.
8 Idem.

exatamente por isso a imagem "acaba por assumir um senso vagamente mítico",[9] observa G. C. Argan. O artista apropria-se de uma visualidade gerada pela sociedade industrializada (e que basicamente desempenha papéis de sustentação dessa sociedade) para comentá-la a partir do saber pictórico, numa operação menos quantitativa (serialidade da *Pop art*, apropriações dos novos realistas) e mais qualitativa (trabalhar a espessura material das imagens).

Para A. B. Oliva, esse comentário das imagens *mass media* através do saber pictórico proporciona o principal valor da *transvanguarda*, o "valor do ecletismo", que consistiria em "juntar diferentes níveis culturais que têm estado afastados há décadas: a alta-cultura, objeto da tradição das vanguardas do início do século xx e das neovanguardas e a baixa-cultura que é produto da *imageria* da civilização de massa".[10] O deslocamento da velocidade das imagens *mass media* para a "lentidão viscosa do tempo de produção da pintura" capacitaria o artista a "restaurar para a imagem a profundidade semântica que parece ter sido cancelada pela civilização de massa". Na combinação desses níveis culturais, a "imagem é posta em funcionamento pela neutralização de seu significado profundo".

Interessa-nos essa "neutralidade da imagem como mecanismo de compactação perceptiva, que, eliminando camadas de primeiros e segundos significados que poderiam desviar a percepção para possíveis leituras subjetivas parciais, dirige a obra imediatamente, como uma totalidade, para o olhar do espectador. Esse primeiro olhar, extremamente rápido e instantâneo, tem por efeito provocar uma reação de retorno – um segundo olhar que então procura orientar-se pela superfície pictórica, esquadrinhando-a. A neutralização da imagem é, na verdade, um processo de *potencialização perceptiva* da imagem, que tem por efeito a comparação da obra em uma totalidade que mergulha o olhar dentro do espectador, caracterizando-se como um mecanismo provocativo, agressivo ou sedutor da visão. Nessa operação, o saber pictórico se expressa principalmente enquanto estrutura que irá ordenar o trabalho hipertrofiado da imagem na superfície de suporte. O conceito de ecletismo, proposto por Oliva, perde então sua utilidade, pois na verdade interessa a essa produção ultrapassar o pressuposto de uma imagem dualizada e ambígua para atingir uma eficiência perceptiva compacta. Não se trata de reunir sistemas diversos – pois isso obrigaria que a obra os mantivesse separados entre si, cada qual ocupando território próprio dentro de um conjunto, que resultaria fragmentado – , mas sim de recolher

9 ARGAN, Giulio Carlo. "Art and the crisis of models". Op. cit.
10 OLIVA, Achille Bonito. Em: *Transavantgarde International*. Op. cit.

elementos de diversas origens, na confecção de um produto no qual todos participem dissolvidos no ordenamento de uma nova superfície.

Bonito Oliva nos fala, ainda, da nova pintura como "organismo independente", construído "a partir de uma visão que encontra dentro de si mesma o prazer de sua própria presença e as razões para sua própria persistência". Propõe que o projeto pictórico da nova produção seja um "projeto doce, no sentido de que não se refere ao que se estende para além de seu próprio campo de ação". Essas declarações revelam uma autoconsciência da nova pintura em relação aos seus limites enquanto objeto de arte – o que nos permite associar o produto contemporâneo com aquele sistema de ideia que procurou definir a natureza da proposição artística, a arte conceitual.[11]

É preciso fazer, entretanto, uma importante distinção: enquanto a arte conceitual realiza proposições acerca da natureza da arte, vista em seu campo ampliado, a nova pintura é capaz de questionar apenas a *natureza da imagem* – uma vez que, dentro do panorama da arte moderna e contemporânea, não é mais possível recuperar, como nas belas artes, as diferentes modalidades artísticas como gêneros (posicionadas segundo uma hierarquia de valores), mas sim enxergá-las como meios (recursos empregados para alcançar um objetivo, expediente, método) à disposição das necessidades expressivas do artista. Kosuth, simplificadamente, propõe arte como um "termo geral" e pintura como um "termo específico". Seguindo esse raciocínio, a nova pintura não poderia ser considerada como uma proposição acerca da defi-nição de arte, mas acerca da definição de pintura – lembrando que a nova pintura não parte de qualquer definição apriorística do que deva ser pintura, ainda que leve em consideração, como a pintura moderna cubista e pós-cubista, a condição irredutível da bidimensionalidade do suporte como especificidade estrutural da superfície pictórica.

Baseando-se então na lógica interna do sistema traçado por Kosuth, é possível montar, em relação à nova pintura, um quadro similar, tentando demonstrar a presença de uma raciocínio conceitual em sua natureza operativa de imagem. Para que esse trabalho alcance a plenitude expressiva da imagem, deverá estruturar-se como uma proposição acerca da natureza da imagem. Isto é, mover-se em um campo conceitual: a operação da imagem própria da nova pintura, de "neutrali-zar" imagens ambientais a partir de um saber pictórico do plano, aumentando sua dimensão perceptiva, seria uma operação conceitual. A condição conceitual dessa operação poderia ser mensurada pelos conceitos "quantificadores" propostos por

11 KOSUTH, Joseph. "Arte depois da filosofia", *Malasartes*, nº 1. Rio de Janeiro, 1975, p. 10.

Kusuth: condição de arte e habilidade em funcionar enquanto arte. E aqui somos obrigados ainda a restringir-nos à área específica da pintura: condição de pintura e habilidade de funcionar como pintura. Continuando, a condição de pintura estaria satisfeita se a obra se apresentasse como um comentário da própria pintura – e na nova pintura esse comentário se realizaria a partir do saber pictórico do plano que acolherá a imagem ambiental, ou seja, o saber desenvolvido pela pintura moderna, no sentido de criar estruturas visuais, abstratas, responsáveis pela organização interna do campo pictórico. Não alternando fundamentalmente essa ordem pictórica interna ao quadro, a nova pintura irá utilizá-la como molde para decupar as imagens ambientais de que se apropria, com intenção de reduzi-las à sua estrutura elementar. Essa redução da imagem às suas linhas de força estruturadoras é que, finalmente, realizará a ampliação do impacto perceptivo característica da nova pintura. Já a habilidade da nova produção pictórica de funcionar enquanto pintura parece satisfazer-se a partir do momento em que aceita posicionar-se como jogo de imagens que não almejam comentar o saber de outras disciplinas que não o saber pictórico, voltando-se para seu próprio território de ação, ou seja, o comentário da imagem através da imagem, procedimento que fica claro a partir do momento em que a imagem ambiental é capturada pelo plano pictórico e afastada de sua função original, dissecada pelo instrumental próprio da disciplina da pintura.

A ampliação do campo da arte, provocada pelas tendências experimentais dos anos 1960, é vista assim, como matriz geradora do novo fato pictórico que emerge na década de 1980. A estruturação em termos metafóricos da superfície (cujo rompimento pode ser exemplificado pelo movimento neoconcreto e pelas tendências *hard edge* e *primary structures*), bem como uma temporalidade não corporal – contemplativa – impunham ao espectador um olhar interno à obra, isto é, uma exigência de se posicionar "dentro" da superfície pictórica para a fruição dessa superfície, sob regência de seus parâmetros estruturais: era preciso "tornar-se uma forma" entre as formas da tela, o necessário deslocamento que, partindo do real, atingisse a construção pictórica. A esse olhar era lançada a questão, que obrigava a fragmentar-se: mundo ou obra?, sendo que o primeiro poderia ser reconstruído pela segunda. Já no momento contemporâneo, sob a condição de campo ampliado, o deslocamento em direção a uma virtualidade não é mais exigido pela obra, que compartilha com o sujeito uma mesma ambientalidade, provocando a geração de um olhar que percorre a pintura de um ponto de vista exterior ao plano, ou circundante. Agora, ao olhar não é mais exigida sua fragmentação, pois move-se num campo de ambiente e pintura: ela é que é obrigada a esforçar-se visualmente na captura do olhar fugidio do espectador. Inserção da pintura em um circuito ambiental, a partir de uma temporalidade corporal.

Se no nível da crítica internacional encontramos um corpo teórico sistematizado legitimando (institucional e mercadologicamente) a nova pintura, no contexto brasileiro o acompanhamento da crítica de arte em relação à nova geração de artistas processa-se de forma diversa: a nova pintura brasileira legitima-se no circuito local desprovida de um discurso crítico que a objetive como produto pictórico portador de uma conceituação específica. Dessa forma, ainda hoje é difícil não falar de geração 80 como apenas um rótulo, já que inexiste uma reflexão diretamente direcionada a essa produção.

Ao voltarmos a atenção para a emergência da nova pintura no Brasil, particularmente no Rio de Janeiro, é possível destacar um percurso de exposições coletivas (de1982 e 1984) que marcam a reintrodução de discussão da pintura do circuito de arte brasileiro e o surgimento de uma produção local relacionada diretamente ao contexto da arte internacional. Esse percurso se inicia com *Entre a mancha e a figura* (MAM, setembro de 1982, RJ) *À flor da pele* (Centro Empresarial Rio, maio de 1983, RJ) e *3x4 grandes formatos* (Centro Empresarial Rio, setembro de 1983, RJ) e termina com *Brasil pintura* (Palácio das Artes, novembro de 1983, BH), *Como vai você, geração 80?* (Parque Lage, julho de 1984, RJ), *geração 80* (Galeria MP2 Arte, julho de 1984, Rj) e *Arte no espaço* (Galeria Espaço, Planetário da Cidade do Rio de Janeiro, outubro de 1984).[12] Optamos por privilegiar exposições coletivas, em detrimento das individuais, por cumprirem um papel cultural mais amplo, ao projetarem possíveis tendências. Tal seleção, portanto, deve-se ao fato de que essas exposições possibilitam a monitoração da gênese de alguns conceitos acerca da nova produção, já que possuem textos de apresentação a cargo dos mesmos nomes da crítica: Frederico Morais, Roberto Pontual e Marcus de Lontra Costa.[13] Assim, nos parece correto

12 Estas exposições coletivas podem ser agrupadas em dois blocos distintos: "Entre a mancha e a figura" e "3x4 grandes formatos" reúnem principalmente artistas cujos trabalhos e obras originam-se a partir de contextos anteriores ao contexto internacional da nova pintura, compondo-se tanto de artistas que sempre pintaram (Iberê Camargo, por exemplo), como de nomes que "retornaram à pintura", após haverem abandonado (Como Rubens Gerchman e Carlos Vergara). Já "Brasil pintura", "Como vai você, Geração 80?", "Geração 80" e "Arte no Espaço" marcam a entrada em cena de novos artistas, cuja produção se inicia dentro do contexto da nova pintura, trabalhando em diálogo com o novo cenário internacional. A exposição "À flor da pele" pode ser colocada no primeiro bloco, pela diversidade de produções apresentadas, embora inclua um nome da nova geração (Leonilson).

13 F. Morais escreve para "Entre a mancha e a figura", "3x4 grandes formatos", "Brasil pintura" e "Como vai você, Geração 80?". R. Pontual comparece com o texto em "3x4 grandes formatos" e lança o livro *Explode Geração!* durante a exposição do Parque Lage. M. de Lontra escreve para "À flor da pele" e "Arte no Espaço", e é um dos curadores de "Como vai você, Geração 80?". É preciso esclarecer que outras exposições coletivas importantes no período ("Pintura como meio", MEC-USP, agosto de 1983; "Pintura! Pintura!", Fundação Casa de Rui Barbosa, outubro de 1983; "Stand 320", Thomas Cohn Arte Contemporânea, junho de 1984; "Casa 7", Centro Cultural São Paulo, 1984) não foram aqui relacionadas por não colocarem em circulação qualquer texto crítico de apresentação ou então portarem textos assinados por outros nomes da crítica, que não atuaram tão direta e especificamente no processo de legitimação da nova pintura brasileira.

determinar, particularmente no ambiente cultural carioca, esses três nomes como os críticos que acompanharam mais de perto e desempenharam o papel mais destacado na emergência da pintura jovem brasileira dos anos 1980 – já que é em torno desses três nomes que circulam textos e curadorias de algumas exposições coletivas que se destacam naquele momento. Não podemos ainda nos esquecer do nome de Jorge Guinle Filho, autor de textos críticos a respeito da nova pintura brasileira e internacional, publicados da revista *Módulo* e nos catálogos de exposições coletivas como *Geração 80* e *Como vai você, geração 80?*. Por ser ele próprio um pintor, suas observações críticas diferem daquelas dos três nomes já citados, uma vez que se guiam principalmente por uma relação direta com as obras apresentadas, e menos por uma preocupação de articular um contexto institucional.

A gênese do discurso crítico com o qual foi lançada a nova pintura brasileira passa, então, necessariamente pelas ideias articuladas por esses nomes – que podem ser acessadas consultando-se os textos e artigos por eles produzidos nesse período. E é do texto escrito por Frederico Morais para o catálogo de *Como vai você, geração 80?*[14] que destacamos três grupos de frases que sintetizam, de alguma maneira, a leitura crítica mais divulgada acerca da nova produção pictórica e da sensibilidade do novo artista brasileiro dos anos 1980:

1) pintura é emoção, ela tem de nascer dentro das pessoas, no estômago, no coração, só na cabeça não dá. [...] A pintura é fruto de uma experiência, não nasce como teoria [...].

2) [...] investem no presente, no prazer, nos materiais precários. O jovem artista dos anos 1980 não se sente absolutamente comprometido com temas, estilos, suportes ou tendências. Joga para o alto qualquer coerência.

3) A nova pintura [...] é uma reação à arte hermética, purista e excessivamente intelectual predominante nos anos 1970. [...] rigor e objetividade na arte da década eram, na verdade, um excessivo hermetismo [...] um álibi que escondia a empáfia dos artistas conceituais tratando de matérias [...] que não eram de sua competência.

Tal leitura crítica seria, em sua essência, reafirmada em cada um dos textos das principais exposições coletivas que procuram discutir a emergência da pintura no Brasil dos anos 1980. Direcionando nossa análise a outros textos do mesmo crítico, é possível monitorar o percurso dessas formulações na construção do pensamento de F. Morais acerca da nova pintura. E o que constatamos é que os mesmos conceitos

---

14 MORAIS, Frederico. "Gute Nacht Herr Baselitz ou Hélio Oiticica onde está você?" (*Módulo*, Catálogo oficial da mostra "Como vai você, Geração 80?", jul. 1984). N. do E. Cf. este texto nas p. 224-30 da presente coletânea.

com os quais Morais situa a Geração 80 dentro do contexto da nova pintura já estavam explicitados em 1982, no texto do catálogo da mostra "Entre a mancha e a figura": aí se encontram formuladas as ideias de uma "redescoberta da pintura, do prazer de pintar", de uma oposição às "tendências conceituais vigentes nos últimos anos" e de que "os artistas atuais [...] viajam através da história da arte, dos países, dos estilos, sem qualquer compromisso, sem qualquer preocupação com genealogias, sem praticar o que Bonito Oliva chamava de darwinismo linguístico, ou seja, contra uma ideia evolucionista em arte". Basicamente, estas mesmas generalizações podem, ainda, ser localizadas em outros dois textos do mesmo autor, publicados na apresentação das coletivas 3x4 grandes formatos (setembro de 1983) e Brasil pintura (novembro de 1983): nesses textos também está presente a visão da pintura dos anos 1980 como "algo visceral [...] experiência sensorial em primeiro lugar" (3x4 grandes formatos), como "fonte de prazer, meu orgasmo" (Brasil pintura), como "reação à tautologia conceitualista" (3x4 grandes formatos), como "prática arqueológica sem sofrimento, um mergulho no próprio passado das formas da pintura" (3x4 grandes formatos) ou "prática arqueológica que leva o artista a buscar na história da arte o que antes buscava na natureza" (Brasil pintura), como reação contra "todo e qualquer darwinismo linguístico" (Brasil pintura) ou "sem praticar isso que Bonito Oliva [...] denomina de ideia evolucionista de arte" (3x4 grandes formatos). "A arte virou novamente um vale-tudo" (3x4 grandes formatos), "pintura voltou a ser um vale-tudo" (Brasil pintura).

Baseando-nos na análise do percurso das exposições coletivas, explicitada anteriormente,[15] é possível concluir que F. Morais constrói suas ideias acerca na nova pintura brasileira antes que essas obras ingressem de fato no circuito, isto é, na ausência efetiva da nova produção – que se manifestaria somente a partir de Brasil pintura –, sem preocupar-se em definir quais artistas (dentre os participantes das mostras apresentadas) estariam trabalhando a partir do novo contexto internacional e quais partiriam de outras conceituações para suas obras. Assim, os conceitos críticos comumente vinculados à produção brasileira da nova pintura fragilizaram-se bastante, pois percebe-se que não foram gerados em contato direto com essa produção, mas a partir de um conceito de pintura mais amplo, tão genérico quanto indeterminado. A utilização de um mesmo grupo de conceitos para realizar leituras críticas de obras sujeitas a pressupostos teóricos tão diversos só é realizável se esse grupo de conceitos sofrer um processo de generalização e descontextualização que o desloque de seu contexto específico: e aqui a manobra foi transformar conceitos

15 Ver nota 12.

característicos de produções específicas (como a teoria de transvanguarda de A. B. Oliva, por exemplo, ou a rejeição da arte conceitual por artistas que voltam à prática da pintura nos anos 1980 após a haverem abandonado) em conceitos que serviriam para construir uma categoria (chamada simplesmente de pintura) genérica o suficiente para abarcar todas as tendências atuantes no momento. Essa anulação das diferenças teóricas entre as produções conduz a uma visão distorcida do fenômeno da "volta à pintura" como um acontecimento do qual participam, em ressonância, diversas gerações de artistas – quando, na realidade, a obra pictórica de um artista que trabalha no campo da nova pintura exige uma conceituação diversa daquela outra produzida a partir de questões de um período anterior, que impunham outro raciocínio e outro contexto para o surgimento da obra. A atuação de F. Morais revela que a principal intenção dessa sua leitura crítica é localizar a mostra *Como vai você, geração 80?* (considerada o evento que batizou e legitimou a nova produção brasileira) como etapa de uma processo mais amplo, o processo da pintura brasileira (dotada, talvez, de uma dinâmica própria, embora não seja explicitada pelo crítico), ignorando que essa exposição consagrou a penetração do movimento da nova pintura internacional no Brasil.[16]

A atuação crítica de Roberto Pontual também é marcada por uma análise da pintura dos anos 1980 que se esquiva do confronto direto com a nova produção, preferindo situá-la no contexto local a partir de sua adequação a um modelo chamado por ele de "polaridade essencial do espírito brasileiro".[17] Grande parte da movimentação em torno do *slogan* "Geração 80", como divulgador de um novo comportamento e uma nova produção artística, deve-se ao livro *Explode geração!*, lançado por Pontual na exposição *Como vai você, geração 80?*. Nessa obra o crítico demonstra sua linha de análise da nova produção, sugerindo como "dado fundamental, característica mais consistente da Geração 80: seu poder de acoplar modelos", esclarecendo que se a geração 80 "descobre na Europa e/ou EUA fontes irresistíveis de interesse [...] o mais importante a lhe dar rigor é, no entanto, a capacidade maiúscula que observo nela de assentar-se fundamentalmente sobre modelos endógenos. De aceitar beber de preferência a água nossa". Pontual propõe então, dois modelos, uma vez que, para ele, o "espírito criador brasileiro" constitui-se como "polaridade": "de um lado, ardente, o modelo antropofágico; do outro, ponderado,

---

16 Publicado em *O Globo* (20 de julho de 1984), esse comentário demonstra de que maneira F. Morais situa essa mostra no contexto da arte brasileira daquele momento: "coroando uma série de exposições pioneiras que procuraram revelar e iniciar a análise dos novos comportamentos da arte brasileira, 'Como vai você, Geração 80?' repõe o Rio no seu curso natural, a vanguarda".

17 PONTUAL, Roberto. *Explode Geração!*. Rio de Janeiro: Avenir Editora, 1984.

o modelo construtivo". Haveria ainda a "proeminência de um terceiro modelo: [...] modelo do construtivismo simbólico de Joaquim Torres Garcia". Pontual sustenta ser o "modelo antropofágico tão velho quanto o primeiro contato do europeu com o índio", enquanto lança o modelo construtivo "tão longe quanto a sua aparição entre os nossos índios". Já em relação a Torres Garcia, afirma que o "mestre uruguaio [...] exemplifica esplendidamente uma das maneiras mais favoráveis a nós todos, na América Latina, de obter o acordo perfeito de forma pura com a forma simbólica [...] – paixão e construção conciliadas".

Nesse instante, é importante observar que os mesmos modelos de análise foram propostos por R. Pontual em 1983, em texto que publica no catálogo da coletiva *3x4 grandes formatos*,[18] que difere da exposição *Como vai você, geração 80?* por apresentar, em sua maioria, artistas que estruturam suas obras em momentos pictóricos distintos daquele em que irá se constituir a nova pintura – o que configura esses modelos como categorias não geradas exclusivamente a partir do contexto da nova produção, ou melhor, categorias que querem situar-se em um contexto mais amplo, além das especificidades conceituais dos vários tipos de pintura. A validade dessas categorias é, sem dúvida, bastante discutível. Mas é importante demonstrar aqui que a análise de uma produção pictórica (sujeita a mudanças estruturais através dos tempos) a partir de um modelo (atemporal) só pode ter como resultado um trabalho de aperfeiçoamento desse modelo, e não um desvendamento das características próprias da produção em questão. Esse método, portanto, interessa somente ao modelo e sua autoperpetuação, configurando-se, na verdade, em uma ação crítica que ignora a presença das obras e suas especificidades. Assim, também fragiliza-se a linha de análise proposta por R. Pontual, porque através dela não é possível obter qualquer dado acerca da estruturação interna da nova pintura brasileira. Isso se deve ao fato de que, para Pontual, parece ser mais importante caracterizar essa produção como legitimamente brasileira do que desvendá-la em suas especialidades. Mas como pode ser possível discutir as características culturais particulares de uma produção, se esta não é corretamente analisada em sua estruturação interna própria?

É interessante destacar que a ausência de uma leitura crítica em contato direto com as novas obras não prejudica a repercussão do fenômeno da geração 80. De fato, as ideias que acabam consagrando-se como representativas do trabalho desses artistas desempenham um papel altamente eficiente como *slogans*, frases de efeito,

---

18 PONTUAL, Roberto. "Crise da crise? A resposta também pode ser nossa". Em: "3x4 grandes formatos". Centro Empresarial Rio, setembro de 1983. Catálogo.

chamarizes sugestivos, a um só tempo sedutores e transgressores, fluindo através dos meios de comunicação de massa: prazer, rebeldia, alegria, espírito libertário, ocupação de novos espaços, o efêmero, arte não cerebral etc. Bastante ilustrativo é o título do artigo da revista *Manchete* de 18 de junho de 1984: "Transvanguarda: o *pop* e o punk explodem nas telas".[19] Torna-se necessário reconhecer que esta adjetivação apresenta alto grau de eficiência, ao destacar de imediato a nova produção da produção anterior – e "Geração 80" é um s*logan* eficiente –, mas, na falta de outra dimensão crítica mais consistente, transforma-se em frágeis conceitos, sujeitos ao consumo desgastante da mídia.

Dentre os três nomes que anteriormente destacamos como articuladores da nova pintura brasileira, Marcus de Lontra Costa é quem constantemente procura afirmar o caráter coletivo da arte que se faz no momento, enfatizando a importância de se garantirem os espaços conquistados pela nova produção. Ainda que as ideias com as quais Lontra se lança a campo em defesa dessa produção, basicamente as mesmas a que nos referimos há pouco como capazes de desempenhar papel eficiente de propaganda, sua atuação legitima uma série de eventos que se seguem ao sucesso de *Como vai você, geração 80?* ( da qual foi um dos curadores, ao lado de Paulo Roberto Leal e Sandra Mager). Dentre esses eventos, é possível selecionar alguns textos, de modo a acompanhar seu pensamento. No impresso de apresentação dos artistas convidados para a pintura da fachada da loja Fiorucci, em Ipanema, em agosto de 1984, escreve:

"Arte na cabeça, nos olhos e no coração, geração oitenta mil braços, oitenta mil planos e desejos [...] o momento presente [...] pede expansão, crescimento. É hora de se romperem os limites [...] . A arte se faz também nos muros, nas ruas, nas festas. [...] conquistaram novos cenários de ação [...] nova geração de artistas reafirma, com suas obras, sua importância e seu valor."

Em setembro do mesmo ano, apresentando a coletiva "Arte no espaço", reafirma que:

"A arte, decididamente, ocupa todos os lugares, abraça todos os espaços. Ela rejeita os limites impostos por um sistema não adequado [...] a arte hoje espraia-se pelos muros da cidade, pelos painéis antes dedicados unicamente às mensagens publicitárias, pelos centros produtores de mora [...]. O espaço da arte é o espaço da vida [...]. Dele participam todos, sem grilos de sexo, credo e geração [...]. O que realmente importa agora, nesses tempos de alianças, é manter-se atento. Atento e forte."

19 Citado por F. Morais em seu texto para o catálogo de "Como vai você, Geração 80?".

Ainda em 1984, em texto que escreve para o catálogo de uma coletiva em Salvador, reunindo artistas do Rio e da Bahia,[20] Lontra mais uma vez exprime sua crença na presença e no papel da arte, afirmando que "a arte continua viva, e hoje cada vez mais presente", crença reafirmada no catálogo do 7º Salão Nacional de Artes Plásticas (dezembro de 1984), no qual assinala que "o efêmero e o prazer são as armas que [...] [os] artistas dos anos 1980 se utilizam para alimentar a esperança de um mundo melhor. [...] Arte em todos os espaços". A partir do ano seguinte, M. Lontra assinala ainda textos individuais para diversos artistas, nos quais se nota, entretanto, o abandono da postura de uma defesa coletiva e política da nova produção exibida nos primeiros textos, substituída agora por uma atitude mais crítica e retraída frente aos novos acontecimentos.

Quando não incluímos o nome de Jorge Guinle Filho entre os principais articuladores da emergência da pintura no Brasil dos anos 1980, foi por necessidade de preservar a especificidade de sua atuação. Na realidade, ele se configura como o único teórico da nova pintura brasileira a surgir nos anos 1980. F. Morais, R. Pontual e M. Lontra são os articuladores da emergência da pintura, isto é, como críticos, promotores e administradores culturais procuram orientar suas táticas de ação no sentido de forçar o redirecionamento das máquinas institucionais para o objetivo de legitimação da pintura, vista por eles como uma forma "genérica" de ação, já que não demonstram preocupação em diferenciar conceitualmente esta ou aquela produção, resultando o fato de que para esse grupo a nova pintura não é expressa teoricamente em termos de suas propriedades de pintura, mas sim enquanto resultado de um novo comportamento, uma nova atitude diante da vida e da arte, por parte de uma nova geração de artistas. Já o compromisso de Jorge Guinle é para com a realização prática e teórica de sua obra, pois trabalha os dois níveis indissociadamente. Sua produção crítica procura sempre articular-se em relação direta com as obras ou artistas analisados, evitando desviar-se por interesses que vinculariam a análise do fato artístico a outras determinações e demonstrando assim preocupações com aspectos teóricos e estruturais da nova pintura.

O esquema de análise que procura utilizar no exame teórico das produções é o mesmo que utiliza na definição conceitual de sua própria prática pictórica. Definindo a iconografia de seus trabalhos como uma "iconografia da história da arte",[21]

---

20 COSTA, Marcus Lontra. "Rio / Bahia: nas águas da arte". Salvador: Galeria O Cavalete, dezembro de 1984.
21 As citações aqui transcritas de Jorge Guinle Filho provêm dos seguintes textos de sua autoria: "O conceito da imagem na nova pintura do século XX", *Módulo* nº 67; "Expressionismo vs. neoexpressionismo", *Módulo* nº 74; "Leonilson: a implosão da imagem", *Módulo* nº 75; Os dois tempos de Iberê Camargo", *Módulo* nº 82; XVII Bienal Internacional de São Paulo (Catálogo geral); "Papai era surfista profissional, mamãe fazia mapa astral legal. 'Geração 80' ou como matei uma aula de arte num shopping

J. Guinle realizará a construção de suas telas a partir da apropriação heterogênea de "estilos já dados e digeridos", lançados na superfície pictórica de modo a provocar "tensão e diálogo entre as diversas partes conflitantes da tela", em uma operação em que "cada apropriação de um estilo, de um pensamento inicial, é desviada do propósito inicial da escola escolhida justamente pela inclusão de uma outra escola que seria sua negação". A expectativa é de que essa "heterogeneidade que negaria a unidade de pensamento que cria o sublime homogêneo" provoque o surgimento do sublime "justamente [...] nessa crítica do sublime".

Referindo-se à nova pintura nacional e internacional, propõe que a espessura contemporânea do trabalho pictórico seja determinada em função da oscilação provocada pela "escolha entre o deleite estético momentâneo e a força resultante do autoquestionamento da obra que a leva a um abismo, um vazio", gerando um "revezamento sutil" que "renova e constitui a aura do trabalho". Assim, essa sensibilidade contemporânea seria responsável por um "vazio planejado", marcado pela "súbita dissolução da premissa inicial"da obra. Imagens "pescadas no dia a dia do *mass media*" seriam trabalhadas na superfície da tela, gerando um conflito entre a "pele experimentada"(o saber pictórico) e a banalidade das imagens públicas do *mass media*. Dessa forma, a nova pintura se caracterizaria por representar "dois tempos culturais", sendo o "conflito desenho-pintura um dos traços marcantes da pintura da década de 1980": um primeiro movimento "guarda o antigo saber, o saber do ofício do pintor", sendo atirado e simultaneamente posto em xeque, comentado de uma maneira vigorosa e combatido pelo combatido pela segundo tempo". Essa fórmula operativa aparentemente pressupõe a presença da imagem como elemento a ser contraposto ao fundo pictórico. Nesse sentido, J. Guinle postulou a presença na sua obra de uma "pré-imagem tão abstrata que só a essência dela permeia a tela", ao contrário da "maioria dos energéticos", que trabalham com figurações mais definidas.

É possível detectar nessa formulação conceitual de J. Guinle a influência das ideias de A. B. Oliva, como seu conceito de operatividade da imagem da transvanguarda pela "neutralização de seu significado profundo", ou ainda o conceito de ecletismo como "superposição de diferentes níveis culturais". Em sua obra pictórica, entretanto, Guinle ultrapassa o pensamento de Oliva ao realizar uma aproximação – inédita entre seus companheiros energéticos internacionais – entre imagens e conceitos. Assim, realiza a operação de "autoquestionamento da obra", que leva ao "vazio-

Center"; "2 tendências possíveis na jovem arte brasileira e tradição modernista frente ao inconsciente dos anos 80" (Catálogo de "Geração 80", MP2 Arte, jul. 1984).

planejado"da "dissolução de sua premissa inicial"não através da superposição de uma imagem sobre o campo pictórico (como quer o ecletismo de Bonito Oliva), mas pela superposição de diferentes estilos (imagens abstratas obtidas através de "conceitos-clichê" desses estilos, ou "pré-imagens", como definiu o próprio Guinle). Desse modo, ao afastar-se do ecletismo proposto por Oliva, a conceituação pictórica de Guinle transforma a superposição de diferentes tempos culturais, estruturando-se a partir de temporalidades.

Cremos, portanto, que o fenômeno da "volta à pintura", em nível internacional (sem incluir o contexto brasileiro), deve ser considerado como uma etapa significativa, por recolocar, com toda a força, a discussão da imagem e da pintura. Hoje, entretanto, a pintura dos anos 1980 deve ser libertada, como objeto de análise, de suas primeiras leituras críticas, já que essas tiveram, como primeiro e principal propósito, a tarefa de legitimá-la e lançá-la no circuito, ressentindo-se agora de um grau maior de precisão e análise. O impacto de sua presença ainda não encontrou um reflexo adequado no campo teórico, sendo urgente trabalhar no sentido de aproximar imagem e palavra, pintura e conceito.

# O NOVO LIVRO DO MUNDO:
## A IMAGEM PÓS-MODERNA E A ARTE
*Rodrigo Naves*

Contemporaneamente, a discussão acerca do estatuto da imagem ganhou um papel de relevo no processo cultural. Pensada criticamente por alguns e positivamente por muitos outros, ela passou a ser um dos pontos centrais no debate em torno da questão pós-moderna, e perpassa toda uma gama de eventos, da refilmagem de antigos clássicos do cinema às polêmicas sobre a noção de simulacro e à própria transformação das mercadorias em imagens de si mesmas. No entanto, que imagem é essa? Afinal, o termo adquiriu significados tão diversos através dos tempos que não seria impossível traçar toda uma história dos seus vários momentos.

Falando de uma das marcas distintivas dos tempos modernos, do pensamento que se desenvolve sobretudo a partir de Descartes, Heidegger afirma que "onde o mundo torna-se imagem, a tonalidade do ente é comprometida e fixada como aquilo sobre o que o homem pode se orientar, como aquilo que ele quer, por conseguinte, trazer e ter diante de si, e com isso, em um sentido decisivo, representá-la [*vor sich stellen*]".[1] E a esse movimento corresponde simultaneamente a transformação do homem em "um *subjectum* em meio ao ente".[2] No entender de Heidegger, a imagem do mundo mostra-se como produto de um sujeito forte que baliza o terreno da objetividade e se coloca como suporte de todas as operações possíveis. É pela remissão ao sujeito que se obtém a medida de tudo. Mais ainda: é o estabelecimento dessa noção de imagem que possibilita a própria relação produtiva entre sujeito e objeto.

Lancei mão de Heidegger meio aleatoriamente, e não pretendo cortejar a relação entre imagem do mundo e Tempos Modernos com uma suposta pós-modernidade, nem tampouco comparar a extensão que Heidegger atribui à noção de imagem ao uso que dela se faz atualmente. Vários outros autores e interpretações poderiam

1 Martin Heidegger. "Die Zeit des Weltbildes", em *Holzweg*. Frankfurt, Vittorio Klostermann, 1980, p. 87.
2 Idem, p. 90.

ser tomados como exemplo, na tentativa de melhor caracterizar – por contraste – a noção de imagem que nos interessa mais de perto. Mas, partindo dos elementos que depreendemos do pensamento heideggeriano, conseguimos ver que pouco ou nada disso é encontrável na atual discussão sobre imagem. A imagem tal como quase sempre é entendida nos nossos dias aparece sobretudo na forma de uma autorreferencialidade que anula por completo a relação polar que está na base do raciocínio de Heidegger. Não sem razão, Peter Bürger irá escrever que "uma tese central do pensamento pós-moderno afirma que, em nossa sociedade, os signos não remetem a algo assinalado e sim apenas a outros signos; que nós não mais podemos encontrar em nossos discursos algo como um significado, e nos movemos numa infinita cadeia de significantes".[3] Nesse movimento tautológico, sujeito e objeto tornam-se velhas quimeras, substituídos por uma espécie de máquina semiológica de justaposição de signos a funcionar horizontalmente.

É curioso como, para esse pensamento, a questão do referente deve ser tachada de ingênua, e qualquer menção a um arcaico mundo precisa ser calada, por carecer de mediações. Afasta-se a dificuldade do problema pela imputação de improcedência, e a complexidade da questão da origem dos significados é substituída por outra complexidade, que se satisfaz com a expansão do intrincado da trama para, ao fim, afirmar que se pode dar por perdida a própria possibilidade de gênese. Por vezes também se confundem a autonomia e a reflexividade da arte moderna com esse ricocheteio perpétuo. Nesse quadro, não causa espanto ver que a informação – do modo como é isolada, por exemplo, pela teoria da informação – deixa de ser notícia sobre algo para se resumir à pergunta por sua própria estrutura. Penso ser possível deduzir desse raciocínio que, para ele, a imagem se transforma em pura virtualidade, submetida a uma combinatória que lhe proporciona sentido e significado. Mas também esse significado derivado carregará permanentemente uma fugacidade de base, produzida pela possibilidade de alocação e manuseio que rege seu enquadramento numa determinada situação.

Para que esse jogo de espelhos se efetive será preciso pressupor uma enorme proliferação de imagens, a partir das quais o mecanismo dessa máquina poderá entrar em funcionamento, agenciando-as a seu bel-prazer. É o que fará boa parte dos atores desse debate, ao erigir uma civilização da imagem como palco da existência contemporânea. Constatando a generalização da indústria cultural – mas

---

3 Peter Bürger, prefácio ao livro *Postmoderne: Alltag, Allegorie und Avantgarde*, organizado por Christa e Peter Bürger. Frankfurt, Suhrkamp, p.7.

não somente dela –, torna-se então fácil descrever uma situação em que impera a reprodução da aparência das coisas por meios eletrônicos – mas não só por eles – e a sua consequente sobreposição a qualquer resquício daquilo que foi reproduzido. Para alguns pensadores, como Guy Debord, a generalização da forma mercadoria e do valor de troca também converteria tudo em imagem, distante de qualquer experiência concreta.

Contudo, não é apenas essa promiscuidade da imagem que está em jogo. O modo dominante de produção de imagens não só as espalha por todas as partes como também acaba por se imprimir às próprias reproduções. A ubiquidade da imagem não se restringe à propagação ilimitada: envolve fundamentalmente a capacidade de justaposição de todos os espaços do mundo, a presença simultânea e sem distância de acontecimentos absolutamente díspares. O *slogan* de um dos nossos noticiários – "o mundo em sua casa" – resume bem essa situação. Na imagem, por meio dela, esfumam-se as distâncias e o tempo, e obtém-se a transformação da realidade na própria essência da imagem contemporânea: *uma virtualidade sem qualquer espessura.* Com o que a questão da origem torna-se ainda mais remota. Aqui convém evitar um mal-entendido. Numa obra como a de Matisse, as imagem se realizam na mais perfeita superficialidade, sem recorrer ao ilusionismo propiciado pela perspectiva. Contudo, a evidência alcançada por suas cores faz com que a percepção apareça como atividade, pois é pela cor – e quase que somente por ela – que o próprio espaço das telas é construído. Nesse movimento, a imagem ganha uma densidade que a diferencia totalmente daquela que estamos discutindo, já que as cores perdem seu caráter exclusivamente retiniano para ganharem o estatuto de matéria.

No jogo de imagens pós-moderno, tudo se passa como se presenciássemos extemporaneamente o retorno da metáfora do livro do mundo. Através dessas imagens o mundo se entregaria como alguma coisa já articulada, cujo sentido apenas solicitaria uma leitura adequada para sua plena apreensão. Despojado de sua nudeza e opacidade, ele apareceria como um significado possível, já que de alguma forma surge sob o comando de uma sintaxe. Há, no entanto, diferenças cruciais com o antigo livro do mundo que convém assinalar. A despeito dos diversos sentidos que essa metáfora ganhou, existem algumas características que se mantiveram por bom tempo, principalmente na Idade Média e no começo do Renascimento.

Hugo de São Vítor escreve no século XII que "todo o mundo visível é um livro escrito pelo dedo de Deus, ou seja, criado pelo poder divino; e as criaturas humanas são aí como que figuras, criadas não pela vontade humana mas instituídas pela autoridade divina para proclamar a sabedoria das invisíveis coisas de Deus. Mas assim como um iletrado observa um livro aberto e olha as figuras mas não reconhece as letras, do mesmo modo um tolo homem natural que não percebe as coisas de Deus vê exteriormente nestas criaturas visíveis as aparências, mas não compreende interiormente sua razão. Mas aquele que é piedoso e pode julgar todas as coisas, enquanto observa exteriormente a beleza do criado concebe interiormente quão maravilhosa é a  sabedoria do Criador.[4]

Nessa passagem exemplar, o mundo também precisa de converter em imagem. É necessário que as coisas visíveis abandonem sua crueza e se convertam em indicadores de algo superior.

De certo modo, nessa metáfora o mundo também se muda em transparência e virtualidade, na medida em que se assemelha a uma membrana simbólica reveladora de uma atividade maior. Para que se dê a "correspondência entre significação e aparência",[5] exigem-se, contudo, dois níveis distintos que se comunicarão apenas sob certas condições. O movimento de *transcendência* que leva do visível ao invisível solicita um mediador que, graças a um certo conhecimento e *experiência* – a experiência de Deus em si mesmo através da religião –, pode alcançar a razão interior das exterioridades. Afinal, sempre é possível ser apenas um "tolo homem natural". E esse movimento impregnará a imagem resultante com uma densidade simétrica à passagem que leva do visível ao invisível. Ler o livro do mundo significa compartilhar em alguma medida a grandeza do Criador, dado que os homens estão no mundo para "proclamar a sabedoria das invisíveis coisas de Deus", embora também eles sejam "figuras" deste mundo. Um halo místico envolve essa conaturalidade parcial e se instala na própria imagem criada. Nessa travessia, transcendência e experiência religiosa emprestarão uma dimensão particular à imagem, que assim vê sua transparência adensar-se consideravelmente. A imagem não se desprende do mundo, pois tem como suporte um ser que participa ao mesmo tempo do visível e do invisível.

Ora, é fácil verificar que essas características não aparecem no "novo livro do mundo", tal como sugere a discussão em torno do pós-moderno. Imaginemos algumas colunas gregas que sustentam um arco neoclássico, sobre o qual se ergue uma enorme fachada de vidro. Que elas não são gregas e muito menos colunas, salta aos olhos. Nada há que lembre o sentido de elevação das colunas gregas, nada do movimento ascensional que conduz a massa da construção à leveza do espírito. Seria igualmente vão procurar nelas o elemento mediador que harmoniza

<hr>

4 Citado em *The world and the book*, de Gabriel Josipovici. London, The MacMillan Press, 1979, p.29.
5 Idem, p.30.

escala humana e monumentalidade – o volume sereno a guardar as proporções do corpo humano e onde a escultura se insinua a todo momento, não permitindo que as colunas se cristalizem em inanimados cilindros de pedra. Mas então o que significam essas coisas?

É bem provável que essas colunas tenham sido pintadas de vermelho. As colunas gregas por vezes também o eram. Mas não com tintas esmaltadas que transformam superfícies em brilho, fazendo com que o volume não seja mais que uma luz refletida, infenso portanto a qualquer comunicação com o ambiente, já que o brilho o destaca em demasia dos demais objetos. Assim recobertas elas correm sobre um fundo que as recorta, sem que tal movimento encontre qualquer entrave, senão por sua própria extensão física. E por se destacarem assim dos meios que as cercam, deveriam tornar-se simples orçamentos, meras listras a embelezar uma fachada. Ornamentos buscam contudo, a seu modo, integrar as coisas. Por meio deles a natureza estilizada se entrelaça aos artefatos humanos, a austeridade da forma construída é suavizada pelos caprichos de arabescos e volutas, num convívio ameno e pitoresco. Nada disso ocorre aqui. Do modo como aparecem, essas colunas são *ostensivamente* supérfluas. Elas estão ali por um ato de arbítrio, porque uma vontade precisou exibir-se redundantemente como algo volúvel e sem regras.

E porque carecem de toda noção de medida são paradoxalmente uma ostentação intimista. Ao final, sobressai apenas o gesto que permite justapor tudo. Aquilo que foi manejado, aposto a uma outra coisa qualquer, retém somente os sinais de sua submissão, sem que sua evidência do interior do conjunto produza uma dimensão correspondente. A possibilidade de agenciamento dos elementos reina sobre tudo. Mas só porque esse é um agenciamento demasiado particular. Quando Picasso juntou diversos materiais para fazer suas primeiras esculturas, havia um esforço para liberar o volume da tridimensionalidade maciça tradicional e para criar *formas novas* que recusassem por completo um espaço dado *a priori*. Essas colunas e o gesto que as colocou ali, no entanto, desprezam qualquer interrogação formal, pois precisam reduzir todos os elementos a uma espécie de copresença que necessariamente prescinde da mediação formal. Mais: precisam *ostentar* a dispensa de qualquer mediação.

Esse agenciamento, contudo, quer ir além. Também o tempo precisará se render à voragem de justaposição que preside o movimento da imagem. O passado negro é convocado então para presenciar sua convivência com uma vidraça *high tech* sem que lhe iniba o testemunho de um arco neoclássico. Não estaríamos enganados ao ver aí um exemplo acabado daquilo que se convencionou chamar simulacro. Nossas colunas vermelhas sem dúvida remetem a um modelo exterior, grego, que, no entanto, é anulado em sua especificidade e permanece apenas como uma presença fantasmagórica que baliza o surgimento de um duplo que não é mais do que sonho de si mesmo, mas que necessita dessa sombra para que sua operação se complete. Aquilo que na metáfora do livro do mundo era transcendência muda-se agora num jogo espetacular no qual os rebatimentos não anunciam um novo sentido, repisando incansavelmente a mesma trilha.

Essa capacidade de manuseio não se restringe, é claro, à arquitetura. Basta abrir uma publicação atual para se constatar inúmeros procedimentos gráficos que remetem a questões semelhantes. Principalmente a partir do advento da impressão *off-set* a imagem gráfica tem seu estatuto grandemente transformado. Em primeiro lugar, a própria impressão se modifica, e o que antes era de fato uma pressão realizada sobre um suporte – o papel –, deixando aí suas marcas, passou a ser deposição de um desenho sobre papel, o que se convencionou chamar "impressão indireta". As imagens como que pousam sobre o material a ser impresso, ganhando uma autonomia que as realça enquanto reprodução. Com essa técnica – mas também com essas aparências –, generalizam-se várias práticas que conduziram a imagem por um caminho parecido com o que estamos discutindo.

É comum observarmos nas publicações de hoje – mesmo nas menos sofisticadas, como os jornais – deslocamentos de fotos que evidenciam sua irregularidade por meio de manchas negras assinalando a posição normal que deveriam assumir; colunas recortadas que desenham o perfil de uma foto; textos que invadem ilustrações e vice-versa – tudo como uma demonstração clara dos recursos de manipulação da imagem que as novas técnicas de reprodução propiciaram. No entanto, essa questão aparece ainda mais significativamente na concepção de composição, na orientação que reage o desenho e a disposição dos caracteres.[6]

Falando da tipografia desenvolvida pela Bauhaus, Giulio Carlo Argan diz que ela "se situa como o contrário da tipografia descritiva ou simbólica e somente aparentemente revolucionária dos futuristas, dadaístas ou surrealistas. É absurdo pedir à página tipográfica que ornamente ou comente os conceitos que estão escritos nela, e a rigor não se lhe pode exigir mais que uma clara comunicação visual. [...] A página, o espaço, a dimensão, a condição ou a forma da realidade em que se cumpre esse

---

6 Esse artigo foi publicado em 1989. De lá para cá, os programas eletrônicos de manipulação de imagem só fizeram radicalizar essas possibilidades de intervenção.

ato essencial do homem civilizado que é a leitura; a clareza e a ordem desse espaço, a propriedade dessa forma, são as condições da plenitude e da validade do ato. Em síntese, durante séculos os caracteres foram imaginados em função da escrita, mais ou menos como um complemento epigráfico da obra literária; agora, ao contrário, são concebidos em função da leitura, como um instrumento do leitor".[7]

Várias possibilidades criadas pela fotocomposição fazem pensar que voltamos ao primado da escrita e da ornamentação. Recursos como a condensação e a expansão de caracteres – tão em voga atualmente – recolocam o desenho das letras sob o signo da plasticidade. E com a maleabilidade dos tipos, algo do velho copista reaparece. Contudo, é preciso fazer uma ligeira observação ao texto de Argan: enquanto realmente vigoravam os manuscritos, a escrita tinha uma dimensão que extrapolava em muito o simples ornamentalismo. Como lembra Ernst R. Curtius, antes da invenção da imprensa " em cada livro copiado encerravam-se diligência e habilidade manual, atenção do espírito longamente sustentada, trabalho amoroso e desvelado".[8] Em boa medida o trabalho do copista se identificava com algumas particularidades da própria atividade intelectual, e parte dessa seriedade se transferiu para os caracteres, quando do surgimento da imprensa. Basta evocar os caracteres góticos da Bíblia de Gutenberg.

Hoje, porém, esse retorno da escrita toma feições totalmente diferentes. Mais do que reintroduzir certa pessoalidade na tipografia, sobressai a vontade de desestabilizar, por meio dessas deformações, o poder conceitual da palavra, introduzindo na sua aparência uma flutuação que procura atingir o conteúdo. Se nos construtivistas russos e também nos nossos concretistas havia o desejo de produzir uma identidade reveladora entre a letra e seu sentido, vemos agora uma operação voluntarista contente com a criação de anamorfoses gráficas, onde o exibicionismo da deformação tem mais a ver com um tecnicismo do que com a tentativa de potencializar a linguagem.

Como no exemplo das colunas gregas, é patente aqui a intenção de manipular realidades, justapondo-as livremente. Todavia existe um outro aspecto a ser ressaltado. Em todos esses procedimentos sobressai a dimensão de virtualidade manuseável das imagens (ainda que letras). Afinal, como diz o próprio nome (fotocomposição), trata-se de luz. Ou seja, na base dessas operações está uma transparência plástica aberta a diversos manuseios. A tipografia moderna era sobretudo apela à clareza

7 Giulio Carlo Argan. *Walter Gropius y la Bauhaus*. México, Ediciones G. Gili, s/d, p. 55.
8 Ernest Robert Curtius. *Literatura Europeia e Idade Média Latina*. Rio de Janeiro, Instituto Nacional do Livro, 1957, p.342.

e à ordem. A programação visual pós-moderna a princípio também poderia sê-lo. Para usar o jargão das artes gráficas, ela frequentemente "joga com o branco". Nas suas diagramações, os espaços impressos e não-impressos não raro se distribuem com elegância e equilíbrio. Vista mais de perto, essa disposição das superfícies revela outras facetas.

Um procedimento típico da "escola" consiste em forçar o espaçamento entre as letras – principalmente em títulos e subtítulos, créditos e assinaturas –, de modo a obter o efeito de equilíbrio mencionado há pouco. O resultado é uma espécie de vazio extenso entre as letras – há entre elas uma atração propiciada pela integridade da palavra, sem que essa região de significado ambíguo deixe de ser um branco –, que aparece como a própria verdade desse tipo de concepção gráfica: um meio resistente mas sujeito a toda sorte de conformações. E o que parecia clareza e rigor mostra-se, ao fim, simples profissão de fé na possibilidade indiscriminada de amálgama.

Fica claro com esses exemplos que o novo livro do mundo guarda pouquíssima semelhança com o antepassado medieval e renascentista. Por uma lado, reina aí uma intranscendência radical. Os espelhamentos que presidem a criação de simulacros impedem qualquer movimento que resulte em significação. As imagens se recobrem – como no caso das colunas gregas –, jogando sombra umas sobre as outras e criando as condições para que, nessa sobreposição, o cotejo entre ambas desloque incessantemente o significado, que dessa maneira torna-se puro tangenciamento, embora adquira a aura desvalida do fugaz e do evanescente. Há aí também algo de enganosamente mágico.

Por outro lado, exacerba-se o caráter de virtualidade da imagem, na medida em que a disponibilidade é seu horizonte, submetendo-se a toda espécie de operação. Nesse ponto o livro reaparece, mas num sentido estranho à metáfora original. De fato, o manuseio proporcionado pela excessiva labilidade da imagem sugere um folhear revelador do estatuto contemporâneo da imagem. Um procedimento usado à saciedade na televisão ilustra bem esse processo. Por meio de um aparelho chamado quantel, congelam-se as imagens, que depois são literalmente folheadas, a gosto do operador. Como num calendário, as imagens se sucedem umas sob as outras. E aí desponta como que a quintessência da imagem pós-moderna: algo que se desprega totalmente do mundo, imune a ele.

Nesse jogo, a experiência torna-se uma forma remota de apreensão do mundo. Com a instalação desse verdadeiro naturalismo do significante não há lugar para qualquer tipo de prática que estabeleça vínculos entre experiência e imagem – e o mundo das aparências, simulacro de si mesmo, rodopia sobre seu eixo, autonomamente.

Toda a discussão e práticas contemporâneas sobre a imagem sem dúvida anunciam muito do que ocorre, digamos, a nível simbólico em nossa sociedade. De fato, a produção cultural e artística, a elaboração teórica e o próprio modo de aparecimento da sociedade envolvem muito daquilo que esse debate aponta. Mas apenas aponta – e nesse sentido talvez a arte de Andy Warhol seja uma das produções mais esclarecedoras –, sem que possua qualquer dimensão explicativa. Por essa razão, não me parece ingênuo perguntar se essa questão não remete, em última análise, à velha discussão sobre o fetiche da mercadoria, incorporado acriticamente, e num grau inédito, à produção cultural. Realmente são tantos os pontos de contato entre ambas as questões que é praticamente impossível deixar ao largo essa interrogação. Do mesmo modo que os significantes remetem uns aos outros indefinidamente, também as mercadorias aparecem "identificando-se entre si".[9] " A equação da mercadoria abole qualquer referência a outrem. Os vinte metros de linho se reportam a um casaco ou a outros objetos quantitativamente determinados e nada mais. Linho e casaco configuram a mesma identidade posta, algo igual que se constitui pela comparabilidade dos vários valores de troca, que uma determinada quantidade de linho pode encontrar.[10] É nesse processo de espelhamento que se realiza o fetichismo da mercadoria, quando a "relação social determinada existente entre os próprios homens toma, a seus olhos, a forma fantasmagórica de uma relação entre objetos".[11]

Ora, para que esse movimento se cumpra, qualquer pergunta pela sua origem num trabalho concreto será dissolvida pelo circuito do mercado. Reduz-se, portanto, radicalmente a possibilidade de experiência na sociedade contemporânea – sobretudo a partir do momento em que as formas capitalistas penetram todos os poros da sociabilidade. Contudo, creio que esse movimento de universalização da mercadoria nunca se completa plenamente. Uma série de práticas – da amizade à argumentação, passando pelo próprio trabalho –, por mais permeados que sejam pela troca de seus interesses, mantêm diferentes graus de autonomia em relação a ela. Se não fosse assim, a própria formulação de uma teoria do fetichismo seria improvável, já que a alienação se realizaria sem deixar brechas. Tomando esses problemas mais pelo lado visual – que é o que nos interessa aqui –, é de notar que, nesse processo universal de troca, sobressai a "igualação das coisas no mercado".[12] E, embora esses rebatimentos se deem primariamente a nível econômico, visualmente

9 José Arthur Giannotti. *Trabalho e reflexão*. São Paulo, Brasiliense, 1983, p. 235.
10 Idem, p. 235.
11 Karl Marx. *Das Kapital*. Berlim, Dietz Verlag, 1975, vol. 23, p. 86.
12 Isaak Illich Rubin. *A teoria marxista do valor*. São Paulo, Brasiliense, p. 25.

o fetiche aparecerá pela perda do próprio recorte dos objetos, pois me parece claro que, à instalação do trabalho abstrato, corresponderá uma ruptura radical com a individualidade dos objetos. Assim, a própria noção de percepção torna-se altamente problemática, já que os objetos mal se desenham como possíveis objetos da percepção. Mais ainda, e o que é essencial: com a dissolução do trabalho concreto, progressivamente também, a construção de formas deixa de ser apreensível como experiência. Em síntese, a percepção tende a deixar de radicar na experiência: uma homogeneidade genérica de fundo se apodera de grande parte das representações. A atividade perceptiva se reduz, no máximo, a um reconhecimento de imagens, coisa que a *pop* soube antecipar com extrema pertinência.

Esse desgarramento da imagem em relação a uma experiência que se enraíze numa atividade – ainda que perceptiva – será a base de sua virtualidade manipulável. Descolada de toda e qualquer resistência à formalização – ou seja, do trabalho –, ela pode assumir ares de algo intercambiável e plenamente disponível. Sobre essa base – e apenas sobre ela –, várias outras peculiaridades do capitalismo contemporâneo obterão efetividade, permitindo afirmar que, "a rigor, [...] as máquinas não produzem objetos: produzem, ao infinito, imagens. Na nova escala de valores o objeto torna-se imagem e o sujeito, passando ao último lugar, torna-se coisa".[13] Coroando o processo, o *design* comercial buscará restituir a individualidade das mercadorias por meio da criação de traços diferenciadores, que no entanto precisam se coadunar com a dinâmica geral da mercadoria, aparecendo então com o aristocratismo de uma impessoalidade construída, com a elegância de uma anonimato ostensivo.[14]

No domínio dessa imagem mirrada, como fica a arte, em especial as artes visuais? Essa percepção chapada, rasa, não seria um indicador seguro da própria morte (indolor) da arte – um momento em que qualquer espessamento do sensível aparece necessariamente como algo postiço e claudicante? Não se trata, por certo de restaurar um sujeito íntegro que transponha para seus produtos a densidade de sua alma farta. Mas entronizar alegremente um sujeito errático, incapaz de tudo que não seja o espelhamento das imagens do mundo, tem muito de hipocrisia. Algumas importantes manifestações artísticas contemporâneas vão em outra direção. Ao menos nas artes visuais me parece difícil concordar com o diagnóstico

13 Giulio Carlo Argan. *Progetto e destino*. Milano, Mondadori, 1968, p. 32.
14 Por certo, essa discussão em torno das relações entre cultura e fetichismo da mercadoria deveria se reportar às formulações de Adorno, sobretudo na *Teoria estética*. Como o caráter deste texto não nos permite esse cotejo, fica aqui apenas a indicação de um trabalho possível. De outra parte, é mais ou menos óbvia a origem benjaminiana de alguns tópicos – experiência, reprodutibilidade etc. –, embora entrem aqui sem rigor algum em relação aos conceitos desenvolvidos por Walter Benjamin.

de Frederic James sobre a arte atual, onde, a seu ver, a incorporação dessa "transformação da realidade em imagens"[15] se faz sem nenhuma hesitação ou ressalva.

Um trabalho como o do norte-americano Richard Serra reverte essas tendências, embora até certo ponto as pressuponha. Por essa razão uma breve análise de seu trabalho tem grande interesse para essa discussão. Para o pensamento pós-moderno a cidade é o lugar por excelência da imagem volátil e do simulacro. Nela, a saturação das fachadas, cartazes, *outdoors*, mercadorias e toda sorte de reproduções cria as condições para essa espécie de simulacro em ato que seria o cotidiano massificado. Grande parte dos trabalhos de Serra atua no ambiente da cidade. Em praças, jardins e cruzamentos, enormes chapas de aço se estendem compondo "formas" pouco estáveis, apesar da massa descomunal. Reivindicando o espaço da cidade, essas peças de saída solicitam a sua inserção numa universalidade que é da ordem do mercado. De fato, a cidade é o local privilegiado em que as relações sociais se estabelecem, e onde as mercadorias encontram seus parâmetros e destinação. De algum modo o traçado da cidade é também o diagrama do mercado – e espaço em que coisas e homens transitam e são cotejados, onde as relações se reiteram ao infinito, numa reprodução incansável. Mas os trabalhos de Richard Serra rejeitam a fluidez desse movimento; também pouco pontilham a realidade urbana de símbolos que demarquem diferenças no terreno disperso da metrópole, como na tradição dos monumentos.

O *Tilted arc*, localizado na Federal Plaza, em Nova York, é um dos melhores exemplos de sua preocupação.[16] Colocado no meio de uma praça, num lugar de passagem de pedestres, o trabalho descreve uma curva que em tese não seria mais que a estilização do movimento que aí se realiza, uma evidenciação daquilo que o hábito termina por ocultar. Isso de fato acontece, mas só após um percurso cerrado, que deixará marcas no observador. O arco que *interrompe* o plano da praça não é simplesmente uma lâmina delicada traçando um desenho no solo. As chapas de aço têm uma espessura que inviabiliza a sublimação do material em desenho. Esse arco pesa e sua sutil inclinação para a frente aponta isso com precisão. Ao movimento que o conduz de uma ponta a outra se contrapõe, portanto, a presença marcante de um equilíbrio estável, que a impede de ser pura continuidade, para galvanizá-la num movimento tenso, que pode a qualquer momento voltar ao repouso, ou seja, ruir. O embate insolúvel entre os dois movimentos – uma

15 Fredric Jameson. "Pós-modernidade e Sociedade de Consumo", em *Novos Estudos Cebrap*, n°. 12, p. 26. Para Jameson "um significante que perdeu seu significado se transforma com isso em imagem", p. 23.
16 Esse trabalho foi realizado por Richard Serra em 1981. Após uma longa disputa judicial, foi destruído em 1989.

continuidade e uma instabilidade exponenciada – a seu modo entrava o fluxo da cidade, na medida em que cria uma *presença* imune à generalização das trocas urbanas. A tensão que se produz na superfície do arco rompe de chofre a *homogeneidade*[17] de uma imagem virtual e a tela ganha nova solidez. Integrado na paisagem urbana, o trabalho, no entanto, adquire uma *individualidade* máxima e irredutível. E, sem se fechar univocamente sobre si, surge com uma intensidade inesperada na vertigem da cidade.

Agora podemos voltar aos passantes que cruzam a praça. Ao redor do arco a tensão produzida por seu duplo movimento gera um verdadeiro campo de força e destrói a placidez dos espaços vazios. Aí, côncavo e convexo deixam de ser figuras geométricas para se transformarem numa experiência da própria cidade, dessa dinâmica de acolhida e isolamento que perpassa todos os grandes centros urbanos e que faz da cidade o lugar complexo do anonimato e da solidariedade, do trabalho assalariado e da cidadania, da desolação e do convívio.

Nunca como hoje as cidades procuraram tanto se mostrar como cidades. Por toda parte a convivência fragmentada, o anonimato e o abandono levantam marcos que procuram inverter a continuidade despersonalizada das metrópoles. Pontos de encontro, luminosos, áreas de lazer, arranha-céus, fachadas, colunas sociais de jornais simulam um convívio que se rarefez; demarcam lugares que anteriormente eram circunscritos por hábitos e costumes, por uma existência que sublinhava afetivamente locais e formas de convivência – como nos móveis coloniais feitos sob encomenda, tentam recriar as marcas de uma experiência que nos escapa.

A cidade já foi o lugar do vício e da virtude, o ambiente propício ao desenvolvimento das capacidades humanas e o terreno de degradação da boa natureza dos homens.[18] Hoje, em certa medida, a cidade não é mais que um nome, desesperadamente à procura de um objeto que lhe corresponda. E não causa espanto verificar como essa tentativa de recuperação de um espaço social da cidade tente para soluções conservadoras. Tomemos esses locais tão marcadamente socais das metrópoles – bares, restaurantes, *shopping centers*. A singularidade ostensiva que procuram criar por meio de arranjos e decorações desvenda a preocupação de traçar diferenças que suspendam a homogeneidade dos grandes centros urbanos. Aí, porém, a intimidade não está ligada a um longo processo de familiaridade com um determinado ambiente. Ao contrário, ela se apresenta objetivamente, desligada de uma vivência pessoal – na decoração *sui*

17 Devo essa ideia a uma exposição de Ronaldo Brito sobre Richard Serra.
18 Ver Carl E. Schorske. "The idea of the city in european thought: Voltaire to Splenger", em *The historian and the city*; Burchard e Handtin (orgs.). Cambridge, 1963.

*generis*, amaneirada, fornece-se de antemão a vivência de um espaço diferenciado, que substitui a afeição produzida na sedimentação de experiências particulares.

A amplidão das cidades é também a riqueza das relações que possibilitam. Mas nesses locais a sociabilidade complexa e problemática dos grandes centros urbanos ganha uma versão claramente regressiva. O aconchego, que se pretende a contrapartida da dilaceração urbana, rebaixa a sociabilidade a uma sociabilidade urbana, rebaixa a sociabilidade a uma proximidade doméstica absolutamente aquém das interrogações do nosso tempo. Protegidos por uma intimidade que nos é alheia e por um acolhimento apequenado, vemos a nós mesmo reduzidos a um estatuto muito semelhante ao da imagem contemporânea: limitados a uma sociabilidade de papel, na qual se encena uma convivência postiça mas apreensível. A sociabilidade como imagem – ao menos tal como aparece aqui – tem a amplitude de uma casa de bonecas.

E é *essa* pretensa sociabilidade recuperada – a partir da vivência de camadas sociais bem determinadas – que irá ecoar por parte significativa da produção cultural contemporânea. A tendência a transformar a cidade em um meio acolhedor explica em grande parte o uso generalizado da noite como ambiente de filmes como *Blade runner, Cidade oculta, Anjos da noite*, entre outros tantos. Nesses trabalhos a escuridão – e também a chuva, no caso de *Blade runner* – limita a extensão de espaços e coisas pela redução de sua visibilidade, agasalhando-os numa atmosfera sem distâncias, que integra tudo num movimento de indiferenciação.

Com a conversão da cidade em casulo, seus movimentos de oposição passam a ser a simples radicalização de um isolamento protetor, e não é de espantar que manifestações tão díspares como o filme *Nove e meia semanas de amor* e as *Brigadas vermelhas* deitem raízes num terreno comum, essa espécie de identidade intimista proporcionada por um esconderijo ou abrigo. Se o novo livro do mundo é o recobrimento do real por imagens que o reproduziam tautologicamente, vemos agora que ele é também uma tentativa *kitsch* de humanizar o mundo contemporâneo, por meio da produção de um cotidiano aparentemente familiar.

O que trabalhos como os de Richard Serra nos mostram é que as cidades são muito mais que o lugar da reificação absoluta ou de sua versão edulcorada e aconchegante. A combinação de rigor e subjetividade que marca trabalhos tão diversos como o de um jovem trompetista de *jazz* como Wynton Marsalis, e mais perto de nós – e porque não? – a música de João Gilberto, a pintura de Eduardo Sued e a escultura de Amilcar de Castro – apenas para citar alguns exemplos; o jogo sutil de uma formalização que evidencia a todo momento seus impasses e dificuldades – sem deixar de procurar uma forma –, a individualidade íntima e pública que busca expressão nessas obras desvenda uma cidade bem mais completa. Nela, sem dúvida a mercadoria traça sua dura objetividade. Mas não tão dura que impeça a grandeza da arte e de outras formas de convivência. Nos trabalhos desses artistas a subjetividade recusa a chancela intimista que a colocaria como um protesto muito aquém dos dilemas contemporâneos. Aí, o lirismo não é o apequenamento voluntário do eu, e sim a procura de uma expressividade que, sendo manifestação de experiências individuais, busca a todo instante uma universalidade nova, à altura da cidade contemporânea.

# Chega de futuro?
## (Arte e tecnologia diante da questão expressiva)[1]
*Paulo Sérgio Duarte*

> *Isso eu já toquei amanhã.*
> Júlio Cortazar, "O perseguidor".

## A natureza ambígua do processo

Hoje, uma das mais conhecidas interpretações de uma obra de arte moderna é aquela de Walter Benjamin do quadro de Paul Klee intitulado *Angelus Novus*. Mesmo para aqueles que, conhecendo o quadro de Klee, consideram o seu exercício hermenêutico exagerado em relação à imagem retratada na pintura, a passagem de obra a que se refere pode permanecer atual nesse início de milênio:

> [...] Representa um anjo que parece querer afastar-se de algo que ele encara fixamente. Seus olhos escancarados, sua boca dilatada, suas asas abertas. O anjo da história deve ter esse aspecto. Seu rosto está dirigido para o passado. Onde nós vemos uma cadeia de acontecimentos, ele vê uma catástrofe única, que acumula incansavelmente ruína sobre ruína e as dispersa a nossos pés. Ele gostaria de deter-se para acordar os mortos e juntar os fragmentos. Mas uma tempestade sopra do paraíso e prende-se em suas asas com tanta força que ele não pode mais fechá-las. Essa tempestade o impele irresistivelmente para o futuro, ao qual ele vira as costas, enquanto o amontoado de ruínas cresce até o céu. Essa tempestade é o que chamamos progresso.[2]

1 Esta é uma versão revista do mesmo artigo publicado em *Escritos sobre história e educação –Homenagem a Maria Yedda Linhares*, organizado por Francisco Carlos Teixeira da Silva *et al.*, Rio de Janeiro: Mauad / Faperj, 2001. O texto tomou como base a comunicação realizada no Instituto Itaú Cultural, em São Paulo, no seminário "Gravura: História, Técnica e Linguagem", realizado de 13 a 16 de fevereiro de 2001, e dá continuidade às questões tratadas em DUARTE, Paulo Sergio. "As técnicas de reprodução e a ideia de progresso em arte", in *Mostra Rio Gravura. Catálogo geral*, Rio de Janeiro? RioArte Prefeitura da Cidade do Rio de Janeiro, 1999.
2 BENJAMIN, Walter. "Sobre o conceito de história", in *Magia e técnica, arte e política: Ensaios sobre literatura e história da cultura. Obras escolhidas*, v. 1. Tradução de Sergio Paulo Rouanet, São Paulo: Brasiliense, 1985: 226.

Essa visão do "anjo da história", mais do que cética, pessimista mesmo quanto ao progresso, é tecida, durante a ofensiva nazista, em 1940, em Paris, por um judeu marxista heterodoxo, no momento em que as tropas alemãs começam a invasão, pouco tempo antes de sua morte, registrada como suicídio, na fronteira entre a França e a Espanha. Hoje, durante o triunfo da globalização e das comemorações do progresso científico com tantos exemplos, entre os quais o mais recente é a decodificação do genoma humano, é fácil esquecer a "catástrofe única, que acumula incansavelmente ruína sobre ruína."[3] Mas ela existe, bastante visível, se pensarmos nas parcelas da população brasileira e em nações inteiras que estão excluídas, dentro de um horizonte de prognósticos plausíveis, de participar dos frutos desse progresso.

No entanto, sob os efeitos avassaladores das conquistas tecnológicas, somos possuídos pela ideia unilateral do progresso e perdemos de vista sua natureza ambígua. Aceitamos trabalhar no gueto dos eleitos. Essa ideia, como os ciclopes de um só olho, capazes de ver estreito numa direção, se manifesta pela multiplicação de slogans publicitários nos quais o futuro se faz presente. Isso nos provoca e é quase como se tivéssemos que dizer "chega de futuro" – à maneira dos reacionários de antigamente – para, de fato, tomarmos posse desse presente conturbado e cheio de contrastes. A tecnologia – manifestação paradigmática desse progresso – é uma das formas materiais da técnica. É claro, a técnica não é redutível à tecnologia, mas esta é umas das formas mediante as quais ela se torna visível. E, hoje, com uma visibilidade ofuscante. Como insetos atraídos pela fonte luminosa, corre-se o risco de queimar as asas, e não se poderá mais voar em direção às sombras agradáveis longe do calor intenso daquilo que ofusca.

Não devemos subestimar os efeitos da técnica. À força de pensarmos a técnica à maneira moderna – como um meio prático para atingir determinados fins – esquecemos de suas consequências. Heidegger já nos ensinou, a partir dos gregos, sobre seu vigor específico, longe de "neutro", sobre a participação ativa da técnica na estrutura.[4] Afirmação trivial para um artista, que sabe muito bem o quanto a técnica é parceira na elaboração de sua linguagem. Quando se escolhe a aquarela, não se espera o mesmo comportamento das cores e da textura do que quando se escolhe o óleo; quando se escolhe a litogravura, sabe-se muito bem da diferença

---

3 A primeira versão desse texto foi escrita antes dos ataques terroristas de 11 de setembro de 2001, quando estávamos longe de imaginar que as ruínas seriam trágica e literalmente visíveis em Nova York e Washington – centros do poder econômico e político dos Estados Unidos.

4 HEIDEGGER, Martin. "La question de la technique", in *Essais et conferences*. Paris: Gallimard, 1958: 9-48 (Esse livro acaba de ser publicado no Brasil. HEIDEGGER, Martin. Ensaios e conferências. Tradução de Emmanuel Carneiro Leão, Gilvan Fogel e Márcia Sá Cavalante Schuback. Petrópolis: Editora Vozes, 2002. A tradução de "A questão da técnica" é de Emmanuel Carneiro Leão.)

constitutiva no resultado final em relação à xilogravura. E o mesmo pode-se dizer em relação a meios mais modernos, desde as diferenças entre filmes preto e branco e colorido, sensibilidade do filme, distância focal e profundidade de campo de objetivas, materiais de instalações, placas de vídeo, resolução de *pixels* e diferentes *softwares* de tratamento de imagens fixas e em movimento.

Entretanto, desde o século XIX engenheiros e economistas (e mesmo historiadores e cientistas sociais) pensaram a técnica como algo neutro; a mesma máquina e até o mesmo complexo industrial, por exemplo, poderiam estar disponíveis para fins de exploração da força de trabalho no capitalismo ou para realizar a utopia socialista. Esqueceram-se de uma característica: a técnica, produto humano, traz em si as relações sociais que a engendraram. Heidegger sugere também que, a partir de um determinado momento, os homens mudam por meio da técnica sua relação qualitativa com natureza. A grande represa que detém o rio, com suas turbinas e sua imensa parede, não se relaciona da mesma forma que a modesta roda d'água do passado com o curso líquido. E assim, de modo insidioso, sem percebermos, a técnica nos incorpora, e, incorporados, "está tudo dominado", como diz o refrão dos bailes funk, nos subúrbios do Rio de Janeiro. Entretanto, Heidegger, no mesmo texto, abre a porta e relembra os versos de Hölderlin, que nos despertam para a natureza ambígua da técnica: "Ora, onde mora o perigo / é lá que também cresce / o que salva".[5]

Por isso, devemos escutar com cuidado não apenas os prognósticos para o futuro, mas sobretudo examinar o presente – esse campo atual onde podemos agir ou onde, pelo menos, existimos. Consciente de que uma parcela ponderável da humanidade encontra-se virtualmente excluída ou "desconectada", no atual momento histórico, dos aspectos positivos do progresso e da globalização, vou examinar, primeiro, algumas tendências que vão ampliar não apenas os instrumentos disponíveis para o artista como redefinir a posição do produtor e receptor da arte. Depois, vou expor a permanência de formas de expressão, que trazem a crítica, na sua própria linguagem, do progresso na arte.

## A expansão técnica dos recursos para a arte e os novos paradigmas

Chamei a atenção dos recursos potenciais disponíveis, para a criação artística, na interatividade contida nos jogos eletrônicos – e, também, para a sua natureza ambígua:

5 Tradução de Emmanuel Carneiro Leão.

Se olharmos do ponto de vista de sua organização espacial, quase todas essas 'novas' imagens são tributárias de uma visão ilusionista pré-moderna. De um lado, a ferramenta contemporânea, tecnologicamente avançada, estaria a serviço de arquétipos arcaicos herdados da representação em perspectiva da Renascença. Arquétipos dos quais a arte, no Ocidente, se viu liberada pelo menos desde o Cubismo. De outro, podemos observar uma transformação completa do sujeito da fruição, assentado, na sua forma clássica, na contemplação. Os novos meios assinalam, mais do que nunca, nos seus mecanismos interativos, para uma percepção descentrada, subordinada muitos mais ao automatismo dos reflexos condicionados e nos processos de aquisição da complexidade crescente desses reflexos, como nos jogos de computador, do que na fruição contemplativa dos objetos. Mesmo nos trabalhos em que está descartada a interação, como na cultura dos videoclipes, os truques da geração de imagens virtuais vêm, quase sempre, acompanhados de uma velocidade de edição que solicita um novo tempo à recepção. Um tempo radicalmente oposto àquele da contemplação no qual se apoiavam as obras de arte convencionais.[6]

Não estou pondo em dúvida, do ponto de vista científico e técnico, as vantagens da aplicação da realidade virtual nos mais diversos campos. Mas, do ponto de vista artístico, há também algo de velho em parte dessa história: mediante formidáveis investimentos em *software* e *hardware*, a restauração dos códigos renascentistas e do elogio de procedimentos miméticos banais. Em muitos casos existe regressão literal e paradigmas próprios de um momento histórico que solicitou a construção da ilusão realista de profundidade na superfície bidimensional da tela. Dir-se-á que essa crítica já caberia ao cinema. É verdade, mas o cinema deriva da expansão qualitativa da fotografia, com suas características que contribuíram para liberar a pintura da ilusão realista; e, salvo em trabalhos experimentais, está sempre – como a ópera – em interação com outras práticas artísticas, desde a montagem( agora também chamada de edição, graças aos computadores e à impregnação das técnicas do vídeo) até a literatura, o teatro, a música e a cenografia, que formam a totalidade complexa da arte cinematográfica. Dentro do cinema, as aplicações da realidade virtual têm sido supreendentes, embora ainda esteja para aparecer o "Cidadão Kane" da nova era. Não é o caso da maior parte dessas manifestações da arte eletrônica nos seus primeiros passos. Nas exposições de "arte por computador", muita coisa

6 DUARTE, Paulo Sergio, op. cit.:27.

é de dar dó, quando nos lembramos de uma natureza-morta de Cézanne, de um Braque ou Picasso cubistas, nas manobras de Duchamp e das estratégias dadaístas. De outro lado, não há como deixar de assinalar a novidade da visão descentrada, quase sempre associada à exigência de velocidade perceptiva e – no caso dos jogos interativos – reativa. O que não deixa de ser, também, uma espécie do velho taylorismo, deslocado do controle da produtividade no trabalho, para a área do lazer.

Entretanto, a extensão das tecnologias digitais para o campo da arte amplia e redefine a própria experiência da interatividade. Investigações envolvendo o participante da experiência estética, em ambientes virtuais, solicitando seu corpo inteiro em diversos sentidos nos cenários produzidos pela máquina, estão obrigando a uma revisão de paradigmas diante de uma subjetividade estruturalmente diversa da que estavam submetidos os receptores da arte em regimes perceptivos anteriores. Diana Domingues, artista, professora e pesquisadora do Grupo Artecno, do Laboratório NTAV/ Novas Tecnologias nas Artes Visuais, da Univerdade de Caxias do Sul, é uma das pessoas que vem investigado e refletindo sistematicamente sobre este assunto, no Brasil, desde as primeiras manifestações da ciberarte. Sob sua ótica,

As formas de analisar e compreender a arte interativa extrapolam os limites do artístico e do estético para inserir as questões da criatividade em bases de uma implicação das leis científicas e da inclusão do biológico, que não dependem apenas de critérios do belo ou da contemplação, ou ainda da mera interpretação. A geração desses tipos de ambientes obriga os projetos artísticos a desenvolver sistemas em diferentes níveis de complexidade, voltados aos princípios de interativdade, conectividade, emergência, adaptabilidade, autorregeneração. [...] Esses ambientes apresentam qualidades semelhantes aos vivos em estados de vir a ser ou na emergência de novos estados, como processos de vida.[7]

Sem dúvida, estas novas exigências são diferentes dos conceitos necessários para entender experiências multissensoriais e participativas de obras como as de Lygia Clark e Hélio Oiticica dos anos 1960-1970. No final, entretanto, qualquer que seja a revolução técnica, persistirá na arte a exigência da qualidade poética.

Mas não ficam só aí as promessas das novas tecnologias à criação artística. É claro que serão desenvolvidos os *softwares*, se já não estão prontos nos ambientes de pesquisa, capazes de permitir aos usuários construírem seus próprios cenários, suas

---

7 DOMINGUES, Diana. *Criação e interatividade na cibearte*. São Paulo: Experimento, 2002: 227-228.

próprias regras e seus próprios personagens, liberando o exercício da inteligência e da imaginção, muito além das cartas marcadas, das imagens em 3D com regras pre-estabelecidas ou a simples manipulação em ambientes virtuais ou de telepresença.[8] Junto com essas possibilidades, a convergência das mídias e a Internet 2 ( a rede de alta velocidade, já em uso nos ambientes acadêmicos dos EUA e do Canadá) estendem o campo experimental da arte a um terreno novo. Já as CPUs presentes em nossos ordinários microcomputadores pessoais, mais poderosas que os computadores da Nasa quando levaram  o homem à lua em 1969, constituem verdadeiras catedrais invisíveis, pela complexidade lógica de seus circuitos em diversas camadas, reunindo arquiteturas híbridas de recursos Cisc e Risc,[9] investimentos intuitivos e criativos, na mistura de procedimentos algorítmos e heurísticos – resultado de trabalho coletivo, sem assinatura individual. Fora desse universo doméstico, a computação científica alcançou avanços consideráveis com as conquistas da computação paralela na última década do século passado, permitindo supercomputadores muito mais baratos usando a tecnologia de *clusters* – a combinação de múltiplos, às vezes centenas de microprocessadores, trabalhando simultaneamente e dividindo entre si, paralelamente, tarefas antes sequenciais. Essa tecnologia colocou em crise os caríssimos supercomputadores vetoriais. Assistir-se-á à expansão para usos mais genéricos desses recursos já disponíveis em *hardware*. Os *softwares*, entre eles os baseados nos princípios das redes neurais, poderão se expandir, gerenciados por sistemas operacionais seguros, estáveis e inteligentes. Aí, a convergência das mídias, e a rede de alta velocidade e sua largura de banda – milhares de vezes mais rápida do que os atuais

8 Nada impede que, em breve, combinados às reações impulsivas que solicitam um condicionamento de reflexos de alta precisão, não tenhamos disponíveis os cursos construtivos que vão solicitar imaginação, inteligência, enfim, reflexão e criatividade. O importante será o trabalho conjunto, interdisciplinar de artistas, teóricos da arte, cientistas e engenheiros de *software* no desenvolvimento de ferramentas sofisticadas e de fácil uso que conjuguem a multiplicidade de recursos hoje, fechados nos jogos, nos mais diversos aplicativos voltados 3D, vídeo e música, e dispersas nas diferentes ferramentas de desenvolvimento. Serão ferramentas de desenvolvimento multimídia e de realidade virtual muito mais sofisticadas e integradas que as que se encontram hoje disponíveis em ambientes altamente especializados, e que ainda exigem a conjugação de diferentes especialistas e operadores dos diferentes *softwares*. Essas ferramentas vão existir e serão operadas por interface vocal, sem teclado, *mouse*, luvas, capacetes, máscaras, ou *joystick* – essas próteses primitivas, ainda em uso, a primeira nascida no século XIX e as outras no século passado. Num futuro nem tão remoto, as próteses permanentes em seres híbridos substituirão diversos acessórios e extensões, hoje, externas. Passaremos da hipermodernidade para a pós-humanidade.
9 Trata-se de microcomputadores, não de computadores em geral. Esta arquitetura híbrida é característica das CPUs Pentium (os 586 da Intel) e compatíveis. Cisc (Complex Instruction Set Computer) é a arquitetura tradicional das primeiras CPUs de microcomputadores, quando se destacaram as da Zilog (uma dissidência da Intel e usadas nos micros da Tandy), Motorola (nos Apple) e as da Intel; estas últimas dominaram o mercado porque foram adotadas pela IBM para o padrão PC. A arquitetura Risc (Reduced Instruction Set Computer), criada pela IBM na primeira metade da década de 1980 e adotada por outras empresas, é muito mais veloz porque tem o conjunto de instruções estaticamente mais utilizado implementado em *hardware*, solicitando menos chamadas ao *software* para cumprir suas tarefas (todas as instruções executadas por *hardware* são milhares, às vezes milhões, de vezes mais rápidas que por *software*). A arquitetura das CPUs Intel e, especialmente, a dupla camada – Cisc e Risc – dos Pentium, é sempre uma astuciosa e inteligente solução de compromisso para atender à compatibilidade com investimentos realizados na biblioteca de *softwares* que foram desenvolvidas desde o velho 8088, no início da década de 1980, até a série X86, com as novas demandas das interfaces gráficas, dos recursos de multimídia e da Internet, desenvolvidos na década de 1990. Já CPUs Power PC (desenvolvidas por acordo técnico entre a IBM e a Motorola), das estações Risc IBM e dos Macintosh, bem como as CPUs das estações gráficas Digital, HP, Sun ou Silicon Graphics são soluções exclusivamente dentro da arquitetura Risc.

128 kbs das atuais linhas telefônicas ISDN – darão possibilidade ao surgimento das catedrais visíveis da nova era, com participação planetária e simultânea de artistas dos mais diferentes locais na sua construção.

A reprodutividade técnica na arte, que nasceu com as primeiras xilogravuras medievais retratando a vida de santos, e que chegou ao cinema, à televisão e ao computador, ganhará, então, novas fronteiras ainda inexploradas. Portando, quando lembramos de Benjamin, do anjo de Klee e da catástrofe da exclusão, não descartamos o outro lado da moeda. Tampouco se pode deixar de lado a avaliação incômoda das "perdas e ganhos". A cultura digital, pressupondo novas relações entre homem e máquina, a partir da era da informação emergente, nos provoca e solicita, mais do que nunca, as investigações transdisciplinares. De resto, sobra sempre a questão: no mundo globalizado, quem poderá construir, frequentar a fruir as novas catedrais que estarão embutidas nos próprios corpos dos seres pós-humanos?

## A permanência expressiva e a presença humanista: Iberê Camargo, Goeldi e Segall

Longe do universo digital, permanecem vivas as imagens produzidas com recursos centenários, sem novidades técnicas. E essa é a questão da arte, como lembra Argan, uma "cultura sem progresso".[10] A riqueza de sua linguagem não reside em nenhuma busca de novos meios, mas na capacidade de se fazerem presentes e atuais seus problemas poéticos independentes da idade da técnica. Examinemos rapidamente três manifestações do expressionismo no Brasil: Iberê Camargo (1914-1994), Oswaldo Goeldi (1895-1961) e Lasar Segall (1891-1957).

Existem águas-fortes de Iberê Camargo nas quais, como em tantos outros de seus trabalhos, encontra-se uma mulher com uma bicicleta. O ciclista é aquele que domina a capacidade de se equilibrar num veículo de duas rodas, para a inveja dos poucos desafortunados que não o conseguem. Mas à custa de nunca estar parado: a condição do equilíbrio, não esqueçamos, é o movimento. Ele é a própria imagem do ser sempre em trânsito. O ser que passa. Porém, não é só esse movimento físico que interessa a Iberê, nem à sua metáfora. É o movimento interno entre as coisas e os homens, no caso, entre a mulher nua e sua máquina, tão simples, a bicicleta, que se encontra no centro da questão. Em muitas de suas pinturas anteriores, os carretéis, com os quais Iberê brincava na infância, pousados na prateleira do ateliê,

10 ARGAN, Giulio Carlo. "A História da Arte", in *História da Arte como História da Cidade.* Tradução de Píer Luigi Cabra, São Paulo: Martins Fontes, 1989: 67.

como modelos de uma nova natureza-morta, são convulsionados num movimento constante ou do estilete ou do pincel. Mas aqui, não.

No ciclista há também outro movimento: um *continuum* entre a coisa e o ser humano; e de tal forma é realizada a conjunção que não distinguimos com clareza onde começa um e termina o outro. A mesma mancha incerta, escapando de qualquer exatidão geométrica, que poderia ser evocada pelo círculo perfeito das rodas, une o ser vivo e a coisa morta, como se fossem um só. Não chega à monstruosidade do centauro, tal a delicadeza, a debilidade mesmo, da garatuja híbrida de mulher-máquina precária, que se esparrama na mancha da água-forte. Está perto de nós, como ser deformado pela sua própria existência artística e encontra poesia andando na contramão das coisas, cheias de incerteza. Dispensa atmosferas e realiza o próprio traço que realiza sobre o papel. Nele não há carne, nem esqueleto, e, no entanto, vemos: está vivo na mancha cinza, que desenha. Tudo o que poderia ter de excessivo foi perdido, a fim de retirar a precisão de sua máquina e de nela impregnar sua própria natureza humana: a de ser no limite da incerteza.

Essa mulher – a ciclista – que não pode mais ser representada no sentido convencional da mímese, ou da verossimilhança, apropria-se do real pela caminho atravessado da transfiguração. Ao se alienar no mesmo traço da máquina que a transporta, ela passa humanidade aos objetos com os quais entra em contato.

Mas para isso foi necessário se despir do elogio da precisão e das formas exatas que se constituíram, na sua época, em elogio do casamento da racionalidade com a arte. O preço de impregnar a máquina de humanidade, e de com ela se confundir, é se apresentar como ser desossado e desencarnado. E Iberê nos ensina que existe o preço do contrário.

A forma expressiva, que recusa o elogio da clareza e da exatidão – atributos notáveis da racionalidade técnica –, nos ensina muito mais. Iberê nos fala, no traço e na mancha de seu desenho na gravura, da presença de um corpo, que não é só gesto, mas algo como uma trilha que anuncia o caminho do Ser, como se ciclista e bicicleta, homem e coisa, fossem um só, enfim o mundo. Nada além, nada aquém, o mundo inteiro, ser e ente. Na arte, essa comunidade, ou melhor, essa unidade comum entre a coisa e o homem, é originária, mas no mundo não se entrega sem a separação inevitável e hierárquica entre aquele que é e o que existe. Entre o que está lá em si e o outro que lhe dá sentido. Bicicleta ou montanha Santa Vitória, pouco importa, máquina ou natureza, o que conta é uma forma que emancipa, do universo amorfo, a relação com uma estrutra que fala. Longe de se conter nas regras das operações entre os diversos elementos formais, distante da perfeição das relações lógicas, mas, na experiência do confronto com o real, que não será o mesmo depois da disputa, essa estrutura perturba aqueles vetores exatos da modernidade, que se quer pura razão. A montanha Santa Vitória resume-se a uma bicicleta, e o olho de Cézanne e seu corpo, a um ciclista. E não sabemos mais, nessa gravura, quem é Cézanne e quem é a montanha. Iberê, o artista, está inteiro naquilo que seria seu objeto. É esta a questão expressiva.

Hollywood inventou um truque, o de filmar de dia e parecer noite. Essa noite artificial, criada exclusivamente através da combinação de filtros e marcação de luz – o *day for night* –, recebeu o apelido de *nuit américaine* na França (noite americana, para nós, ainda francófilos naquela época). Estávamos muitas décadas longe de os dinamarqueses formularem o *Dogma 95* e sua reação, entre outras, ao excesso de truques eletrônicos na linguagem cinematográfica, e restaurarem o direito à sombra. Mais do que a sombra, depois do dia claro é preciso que venha a noite, como no ciclo natural. Uma noite mesmo, como só uma noite artificial poderia ser, mas bem diferente daquela criada pela máquina da noite americana. Distante da euforia diurna estão a melancolia do crepúsculo e a escuridão noturna. Melancolia crepuscular, que não experimentamos nos trópicos, onde as noites caem num abismo, onde o dia se lança – luz suicida, vingança dos insetos – para nascer, de novo, sem o longo tingimento avermelhado do horizonte, aquela conhecida luz do *Grito* de Münch, que pode durar horas, senão meses, dependendo do paralelo em que se encontra.

Dessa noite tropical abrupta, que cai de repente, quem dá não é o cinema – nem poderia ser o expressionismo nórdico –, mas sim Goeldi, como nos mostrou Paulo Venancio Filho.[11] E nesse mundo, todos estão sós e no escuro. O peixe no mercado ou o boêmio perambulando nas ruas, o homem e seu guarda-chuva, ninguém está com ninguém. São todos sós. Há sempre muita noite e, em raros dias, eventualmente uma lua vermelha. Chamar o que vemos de espaço já seria uma traição e uma redução de lugar. Goeldi trata da tristeza na noite de um mundo subterrâneo, em que o sol nunca nasce, como se a noite tivesse caído para sempre. Então, não estamos mais na relação geográfica e na experiência natural da luz. Essa camada de escuridão não pode ser ditada só pela relação com a natureza, há um problema da forma se encontrar com o destino. Porque, em Goeldi, os seres cumprem uma sina: todos se movimentam no escuro. A fatalidade não se encontra em nenhuma transcendência, mas ali, na superfície na madeira, que a goiva irá escavar, sem relevos, a

---

11 Uma das mais originais abordagens da melancolia e seus aspectos noturnos em obras modernas da arte no Brasil encontra-se em Paulo Venancio Filho, "A crise da pessoalidade e o 'outro' modernismo: Cornélio Penna, Goeldi, Mario Peixoto", dissertação de mestrado apresentada ao Programa de Pós-graduação em Comunicação da Escola de Comunicação da Universidade Federal do Rio de Janeiro. Rio de Janeiro, 1991.

não ser aquele traçado nos pequenos sulcos, pelo esforço manual do trabalho, que acompanha com esmero o desenho do lápis. E tanto o persegue quanto o recria, na angústia safada e mesquinha – aquela que nos consome.

O problema está em que todo esse universo é contido na pequena escala de suas gravuras. Nisso ele se assemelha a seus próximos: os poetas que pensam em conter as coisas no limite das palavras ou dos versos. Ou será que, consciente das noções de escala, esse mundo é menor, porque só merece mesmo a dimensão das suas gravuras? Aposto que sim. Nenhuma anedota biográfica sobre a pobreza ou a precaridade da existência material do artista me convence do contrário. É exatamente o inverso o que acontece, os homens, seus bichos e suas cidades cabem todos naquele pedaço de papel e não passam disso: vida e mundo. É uma exigência maior, e não contingências materiais, que faz com que o trabalho se contenha naqueles limites físicos, que chamaríamos de domésticos, não fosse a potência expressiva de seus conteúdos. Há versos que não suportam a leitura pública, às vezes reagem até mesmo à voz, solicitando o ser solitário e silencioso para liberar seu sentido; versos que não querem a publicidade. Desenhos e gravuras de Goeldi são acontecimentos individuais, que não suportam o mundo no tom menor da tristeza em que cabem inteiros: a dimensão do pequeno papel, sem espaço.

Em Segall, a tristeza é compartilhada, os homens sofrem junto o sortilégio da história e da existência. Permitam-me lembrar a passagem de um pequeno texto que escrevi em 1987:

No *Navio de emigrantes* (1933/1941). A proa aponta o horizonte onde nuvens escuras antecipam o mau tempo, mas o destino desse barco é o alto. O plano no qual sua imagem se realiza ascende, se eleva, e o triângulo visível ocupa quase a superfície do quadro. Paradoxalmente, navega para cima, como se, independente das tempestades, passadas ou futuras, sua direção se perdesse no Infinito, não apontando para nenhum porto. O barco e sua carga humana se confundem numa só cor, são como só, o continente flutuando e seu conteúdo. Esse barco é a vida e a condição humana, e não há porque temer um naufrágio, porque está condenado a não afundar: as ondas, num plano evidentemente superior à superfície do navio, não o inundam. É licença poética da arte moderna mas produz sentido além da conquista puramente formal. O pintor se pôs na ponte de comando e observa, do alto, imponente e solidário. Entre a vida humana desgraçada e natureza revolta, não há oposições cromáticas violentas, são apenas diversas. A primeira é finita, apresenta certa engenharia e seus produtos, seja aquela do engenho humano técnico, a embarcação, seja a do engenho humano político, a emigração. A segunda, líquida ou aérea, movimentada, se perde no horizonte, muito presente, ocupa no entanto pouco espaço da tela, mas o alto. É apenas leito perene e cenário onde a primeira, provisória, desfila sua solidão. [...] Há na gravura a deformação e o grotesco comum ao desenho expressionista, mas não há ironia e caricatura, presentes em tantos trabalhos da época. A humanidade, em Segall, não se revela pelo distanciamento e escárnio, mas na íntima participação da obra com a situação dos seres representados. A tristeza da *Gestante* (1919) retratada na tela não é menor do que a das mulheres da série de gravuras *Mangue*. A tristeza é o elo comum, um fio condutor, já sublinhado em tantas críticas da obra de Segall. Esses seres são tristes e belos porque em cada tela, em cada gravura, eles não adoram nenhuma imagem, seres sem ídolos, todos parecem certos de sua finitude, tampouco foram pintados ou desenhados para serem adotados. Constrangidos no espaço da tela ou do papel são, antes de tudo, testemunhas da tragédia. Narciso passa ao largo dessas imagens.

A contrapartida das personagens de Segall encontro na lembrança da *Dança do bezerro de ouro*, pintada por Emil Nolde, e na representação da mesma passagem bíblica em *Moisés e Aarão*, de Schoenberg. A alegria histérica e a euforia maníaca daquele episódio antecipam, em grande parte, o cenário dos vencedores da modernidade, dos executivos e seu cartões de crédito, se sacudindo e brindando à noite por mais um dia de sucesso, de vitórias e conquistas, adorando seus ídolos terrestres, poder e dinheiro. Essa é a música de fundo que escutam as tristes figuras de Segall, é sobre essa nova dança do bezerro de ouro, ao preço de tantos massacres cotidianos, que, cansados, se perdem os olhares dos seres de Segall. Segall não é cezaniano para reiterar uma revolução que já fora feita, nem elementos cubistas participam de certas composições para enfatizar a subversão racionalista da bidimensionalidade do plano. Recebeu essa tradição recente como condição *sine qua non*, como compromisso inevitável da mesma maneira que as heranças mais longínquas de sua cultura de origem. Elas estão presentes, conquistas modernas e solidariedade étnica, como partes de um método: criar uma arte fundada numa ontologia, no interior de uma cultura onde triunfou a epistemologia, pagando por esse esforço o belo e elevado preço de cobri-la inteira com o véu da nostalgia. É a interrogação sobre a verdade do Ser que atravessa a obra de Segall e a resposta não podia ser outra: um sentimento, tristeza.[12]

---

12 DUARTE, Paulo Sergio. "Sua vida inclui a tristeza, mesmo nos momentos mais felizes", in *A gravura de Segall*. Rio de Janeiro: Paço Imperial / Fundação Nacional Pró-Memória, 1987.

Em Iberê, Goeldi e Segall, há um traço de união além da linguagem expressiva: um humanismo radical, sem condescendência, sem esperança utópica ou afagos piegas aos desgraçados. Desde o drama da existência da ciclista no seu equilíbrio precário, aos entes e seres noturnos, até a tragédia dos *pogroms*: nada nos afasta para um lugar em que a arte se realiza junto a épuras precisas, resultado de seus rebatimentos em planos ideais. Mas a questão não é só essa. Seriam esses trabalhos, como se costuma dizer, "datados"? Estariam eles encerrados no capítulo expressionista da arte como memória? Esse, também, o problema que a sua presença atual nos formula.

**A vertente expressionista contemporânea e seu valor crítico**

Acredito que a velha pintura e a gravura, do ponto de vista de suas técnicas tradicionais, continuarão a ser exploradas, de modo criativo, ao lado das experiências com novos meios e formas de expressão, da mesma forma que a televisão não substituiu o cinema, e este não destruiu o teatro. A cada nova invenção, a cada nova aquisição, no campo da cultura, há uma reorganização do terreno; depois do tremor inicial e seus pequenos abalos, surgem novas interações e reações produtivas entre os diferentes fenômenos. Mas o nó da questão encontra-se na permanência crítica da vertente expressiva da arte do século xx, que não pode ser reduzida a um romantismo – categoria estética por demais abstrata. E trata-se de outra coisa bem diferente do escárnio pictórico que se desenvolveu de modo generalizado nas décadas de 1970 e 1980 como neoexpressionismo.

Além dos veículos convencionais e de uma linguagem expressionista, de um Segall, Goeldi ou Iberê, absolutamente atuais, para ficarmos nos exemplos anteriores, assistimos a uma expansão do campo expressivo além de seus limite históricos, em numerosas obras contemporâneas, como, para somente alguns exemplos, nas de Marina Abramovic, Goerg Baselitz, Joseph Beuys, Antonio Dias, Luciano Fabro, Nelson Félix, Iole de Freitas, Eva Hesse, Rebecca Horn, Anselm Kiefer, José Resende, Tunga, Gilberto Zorio e nas investigações com o corpo e novos meios, desde Nam Jum Paik até Bill Viola e Marthew Barney. E esses desenvolvimentos, em que pese as formidáveis diferenças entre as questões de cada um dos artistas mencionados, têm um traço comum: são elaborados dentro de uma perspectiva antiformalista e com a construção de uma mitologia, às vezes de toda uma "teoria da arte", paralela à obra visível, em diferentes graus – desde a teoria crítica do sistema da arte de um Beuys, associada à construção autobiográfica com materiais elevados a elementos de uma mitologia (feltro, gordura, etc.) –, à evocação do peso histórico da tradição germânica, em Kiefer, a revisão do barroco de Viola, até as fabulações da ficção e seus diálogos com a filosofia e a ciência de Tunga – estas sempre governadas por um domínio de questões filosóficas e sugestões da ciência. Mesmo quando aceitam a herança construtiva, as obras, por não recalcarem o elemento expressivo, apresentam-se como negação da ilusão positivista e seu ideal de racionalização dos processos artísticos. E levam, para horror de muitos críticos e historiadores da arte, sua discussão para além do campo estritamente formal, como ele foi compreendido na modernidade. Uma extensão inaceitável do conceito de forma, dentro do monopólio moderno da cultura artística: se a arte é algo além da "forma visível", seria melhor aceitar sua morte.

Em contrapartida, esses críticos e historiadores "formalistas" também têm razão, quando o multiculturalismo – depois de ter cumprido seu papel na crítica das visões eurocêntricas e historicistas da cultura – agora, diluído, transforma-se na ideologia da moda. No *bric-à-brac* multiculturalista, a arte passa a ser tudo, menos a discussão da forma: problema de gênero, de etnia, de sociologia, tudo reduzido a diferentes "expressões de conteúdos". Até mesmo as cores e a luz são tratadas tematicamente. Nesse relativismo cultural é inevitável a exclusão de qualquer visão histórica em troca dos agrupamentos "temáticos" e dos acordes associativos de similitudes à distância. Uma vez quebrado o nexo histórico, vale tudo no balaio do curador pós-moderno. Com o apagar da história, ao contrário do que se pensa, as individualidades das obras, no lugar de serem sublinhadas, vão para o lixo, junto com os contextos que efetivamente lhe deram sentido.

Por isso, a questão expressiva, se não for tomada num sentido rigorosamente formal, pode conduzir a lamentáveis, equívocos. E qual é o sentido formal de uma linguagem que, por sua própria natureza, nega o formalismo? O rigor formal da questão expressionista reside na permanente exigência do olhar histórico capaz de apontar com pertinência, no campo da arte, as questões não-formais, que lhe pertencem desde a origem. Cresce, então, o potencial crítico da questão expressiva. Além da "negação da ilusão positivista e seu ideal de racionalização dos processos artísticos", o expressionismo restaura, num momento adverso, a exigência da história. Sua permanência e atualidade fazem da questão expressiva a própria manifestação formal da crítica do progresso em arte, onde a história se faz sem progredir. E as novas "catedrais" virtuais, produzidas coletivamente em rede, por artistas dos mais diferentes pontos do planeta, ou embutidas em nosso corpo, não serão superiores, nem interiores, às primeiras medievais. Serão outras, e estarão também esperando, um dia, pela seu Georges Duby, para situá-las na História.

## Abertura

Rio de Janeiro. A opção por um recorte que priorizasse a produção realizada na cidade não é casual. Apesar de alguns grupos, alguns coletivos agirem de forma efetiva e significativa em outras localidades do Brasil, o Rio de Janeiro – de maneira bem peculiar –, funciona como uma espécie de epicentro de epicentro dessas produções, não estabelecendo qualquer lógica de causalidade com as outras regiões e suas produções. Trata-se simplesmente de um espaço em atividade, um vórtice onde, na verdade, muitos desses eventos e acontecimentos de muitos grupos brasileiros ou de outros locais do globo acabam por tangenciar a cidade em algum momento de suas produções. Alguns pontos poderiam ser pensados como *leitmotiv* desse fenômeno. O esvaziamento cultural e financeiro pelo qual passa a cidade – com uma evasão, inclusive, no sentido demográfico –; a ausência total, ou quase total, de políticas públicas significativas no nível municipal e estadual; o recrudescimento e/ou fechamento de espaços e vias institucionais – sejam galerias, museus, salões etc. –; ou a obstrução dos espaços públicos da cidade em nome de uma noção fundamentalista de segurança que, de fato, não gera os resultados esperados e acaba por aumentar a possibilidade de insegurança, na medida em que impede a circulação lúdica e criativa pelos espaços públicos. Apesar de todos esses elementos, a questão que se coloca é: de que maneira se torna possível a proliferação desses diversos agentes, coletivos, ações, agenciamentos nesse quadro? A resposta talvez seja mais simples e direta do que se imagina: não se trata de pensar esses grupos, agentes e ações como reação ao contexto descrito acima. O quadro de produção de arte que se delineou do fim da década de 1990 até agora está muito mais ligado a modos de concepção e a políticas de afirmação *outros*, que escapam às ranhuras de sistemas e equações preestabelecidas pelo contexto. A maneira pela qual essas produções irão se realizar parte muito mais do caráter necessário dessas afirmações do que de uma reação específica a um contexto determinado e falido. A necessidade de atuar, de se constituir como/enquanto real produtor de arte, nesses contextos, deve ser pensada como uma ação de resistência. A resistência não se dá de forma frontal, unilateral, nem age na negatividade ou na reação tardia. A resistência é um modo de ser. É uma forma/força de estar imerso no movimento, é perceber-se como acontecimento corporal ativo, é a única possibilidade de tornar-se ação criativa de arte. A resistência é a dobra do ser. E essa dobra é a insistência na diferença, no outro, na produção de singularidades múltiplas. A multiplicação de atividades, de fóruns, de articulações e agenciamentos nos primeiros anos do século XXI tem, em seu caráter afirmativo, a chave de entendimento de suas próprias ações.

Um fator histórico que contribui, parcialmente, para esse contexto de produção é a série de produções e acontecimentos da década de 1960/1970 realizados da cidade. Apesar de não ser determinante para explicar, ou mesmo compreender, a emergência desses acontecimentos na cidade e no Brasil em geral, podemos dizer que não só o neoconcretismo, mas algumas produções posteriores e toda a emergência do conceitual têm um papel significativo nessas atuais ações. A maioria da produção que se seguiu nos anos 1970, ligada à chamada arte conceitual, marcou o imaginário da cidade e de muitos desses atuais produtores de arte, através de recepções e/ou referências das mais variadas. Essas produções são elos possíveis para se pensar a forma pela qual a configuração atual se realiza. Não se trata de pensar de maneira causal, mas de se articular possíveis pontos para a explicitação deste acontecimento. Os encontros realizados com produtores de arte de 1970 e com a atual produção se dão o tempo todo, a partir de diversas formas: aproximações, crítica, parcerias, diálogos, ataques e muitas vezes a própria presença dessas produções e de seus realizadores. A proximidade é sem dúvida um item para se levar em consideração.

A maioria dos produtores de arte do período 1960/1970 goza, hoje, de certo – ou relativo – êxito e prestígio nos canais e mercados de arte do globo. O sucesso desta produção abriu muitas possibilidades para os recentes produtores. A cidade acaba atraindo o interesse de curadores, galeristas, gerando mostras e bienais, e passa a *existir* nesse circuito de arte institucional. Sem dúvida, isso não garante o acesso a esses meios altamente seletivos e elitistas. Um dos casos mais gritantes é a história que envolve a *franchising* da Fundação Guggenheim, a ser realizada pela prefeitura do Rio. Não se trata de ser contra ou a favor de tal iniciativa, mas simplesmente de pensar a maneira pela qual as instituições públicas municipais praticam – ou seguem imaginando praticar – pretensas políticas públicas de democratização e acesso a bens culturais contemporâneos. Em que medida esse jogo de *marketing* político assumido pela prefeitura pode criar condições de acesso mais diretas é uma questão. Se o fluxo das obras não fosse unilateral, propiciando uma maior circulação da produção local no circuito e no espaço da tal fundação, tendo ainda as mesmas condições de apresentação e destaque nos meios institucionais da mesma, talvez essa iniciativa ganhasse um caráter afirmativo. Mas a realidade não se mostra assim – isso é muito mais do que uma ilusão idealista. Mesmo com as formas de produção de controle generalizado incorrendo em níveis vários de modulações, mesmo o corpo sendo o espaço de ação dessas forças coercitivas, ainda existem resquícios de momentos históricos pré-imperiais em muitas partes do globo. Afinal, os elementos históricos e culturais nunca foram homogêneos e estáveis em seus movimentos e linhas de força. Esse tipo de raciocínio pertence muito mais ao *oitoccento* e às suas questões.

Um dos pontos que vai chamar a atenção neste quadro – e que está ligado diretamente ao anterior – é que a maioria das iniciativas institucionais raramente produz políticas ou projetos eficazes de investimento ou fomento coletivos na cidade. A lógica institucional imprime uma hierarquização constante a essas produções. O que acontece, na maioria dos casos, é que um ou outro produtor de arte chega a ser beneficiado por bolsas ou algum tipo de apoio mais restrito a esse gênero. Muitas vezes, isso não implica a possibilidade de que ele venha a entrar nestes circuitos, ou faça circular suas produções por eles. Existe aqui um contexto, que nos remete a situações de conflito pós-coloniais. Mas não se pretende tangenciar nesta direção.

Entretanto, existe um fator surpreendente neste contexto: um circuito paralelo de arte acaba por se articular para além dos campos territorializados destas produções institucionais. É aí que irão surgir uma série de pequenos – ou menores, no sentido dado por Deleuze & Guatarri – agentes, agenciadores e agenciamentos desta produção atual.

## Agentes

A tática adotada por esses produtores de arte para veicular e realizar suas produções vai apontar num sentido anti-institucional por excelência. A maioria deles vai se articular em pequenos e potentes focos de produção. Não há nenhuma identidade construída *a priori*, nem nenhuma espécie de programa comum, os únicos possíveis elos de ligação e articulação são basicamente a necessidade de ocupar e produzir e a realização deste fato. Por mais que a maioria dos artistas tenha algum tipo de formação e passagem por instituições de arte – seja escolas, universidades, galerias ou museus – o discurso é prioritariamente anti-institucional. Na verdade, mais do que o discurso, as práticas giram, muitas vezes, em torno da construção de uma postura radicalmente contra o viés institucional. A aparente contradição que se demonstra não é tão significativa assim. Ela está intimamente ligada ao processo de produção destes produtores. O reconhecimento dos limites da crítica institucional, a falência de modelos modernos de vanguarda e a necessidade de se viabilizar enquanto produção, são elementos constitucionais das práticas e dos discursos destes produtores de arte. A contradição é um elemento comum.

Se na década de 1960/1970 tinha-se esboçado a possibilidade real de uma transformação radical dos regimes e sistemas de manutenção das ordens institucionais, a partir das mais diversas formas de pensamento e ação, elaboradas e explicitadas em projetos e programas, o que se percebe e se vive hoje é diametralmente o oposto. Não há espaço para nenhuma possibilidade de construção de projetos ou programas, e um dos motivos mais significativos deste fato é a ausência de desejo de construções homogênicas e hegemônicas. Não se trata de uma pretensão de superação do moderno enquanto evento histórico. Isso colocaria a produção atual no mesmo patamar belicista das neovanguardas dos 1960/1970. Trata-se muito mais da afirmação de outros trajetos, de outros reais, de outros *outros*. Sem dúvida, é uma tomada de posição, é uma tática constituinte necessária, no sentido de uma afirmação da diferença. Como Antonio Negri apontou, a grande utopia moderna se transformou no estado e na guerra. E o que sobrou desta experiência totalitária são as instituições de controle e as reproduções de produção de controle. O regime utópico do Estado, das instituições e da guerra é hoje algo pensado por esses produtores de arte como algo desnecessário, algo que deve ser escancarado e desmistificado sem nenhum pudor – mesmo quando se trata de estar dentro delas ou em torno delas. O trabalho de resistência se dá em um regime de ocupação permanente. As produções destes produtores afirmam a todo o momento a potência da diferença. Suas ações explicitam o jogo e suas próprias contradições. Uma série de táticas é desenvolvida para a realização de suas ações. Essas táticas não configuram programas, mas, através de seu contágio, estabelecem trocas e articulações de experiências: trata-se da experiência da criação de linguagens. Linguagens estas que devem sempre ser pensadas e tratadas no plural. Uma das grandes questões que perpassa essas produções, diz respeito à forma pela qual elas irão articular alguns contágios através da rede de resistências; em outras palavras, como conseguem criar elementos comuns em busca de linguagens minimamente compatíveis, e como, através disto, podem estabelecer algum tipo de comunicação e/ou articulação. Uma das possíveis e parciais respostas a essa questão pode ser estabelecida pelo vetor da ação. Em grande parte desta produção, a ação é o elemento definidor dos processos. A prioridade da ação se dá no sentido de reforçar a intensidade e a necessidade do ato. A ação vai ser definida na/pela ação, e a esse fato se associam as discussões relativas à ocupação e atividade dos circuitos de arte. Qualquer meio, qualquer espaço, qualquer corpo, qualquer um, qualquer mídia, qualquer situação, qualquer proposição, qualquer suporte – ou ausência dele –, qualquer gesto, qualquer fala, em suma, qualquer coisa pode ser transformada e apropriada pela ação de arte. Isso não significa uma desqualificação do ato ou da ação, uma espécie de vale tudo generalizado onde os critérios de valor são dispensados, mas, sim, uma ressemantização dos possíveis circuitos nos quais se deseja agir e atuar. É claro que, em certa medida, existe uma profusão de possibilidades completamente impensáveis há até pouco tempo. E também é óbvio que certas noções de valor, anteriormente estabelecidas através de critérios determinados pela crítica *especializada,* não são mais suficientes – e não interessam mais – para a realização de uma leitura desta produção. Esse deslocamento é muito mais uma tática ofensiva num campo de ação do simbólico contra o viés institucional de controle do que um evento de superação – pura e simplesmente – do moderno; algo tachado como pós-modernismo. As armadilhas presentes nesta leitura devem ser vistas com atenção. Muita produção crítica justificou – e ainda justifica – posturas conservadoras, comprometidas prioritariamente e/ou exclusivamente com a lógica de controle, onde a ideia de uma superação modernista do próprio moderno prevalece como um fetichismo intelectual redutor, buscando impedir qualquer tentativa de leitura que prima por uma produção de diferença.

Voltemos às noções de contágio e circuito. Produtores de arte, como Ducha – que realizou ações significativas no cenário atual de produção –, são um caso significativo pela maneira como vão lidar com essas questões. O já notório *Cristo em vermelho* é um acontecimento na direção das apropriações e propagações de circuitos através do contágio. Trata-se de uma ação que se desenvolve no Cristo Redentor do Rio de Janeiro: duas pessoas – o próprio Ducha, e uma menina, que tenta registrar o acontecimento – penetram no espaço que circunda o monumento, e, próximo ao mesmo, buscam os holofotes de iluminação principais. Chegando aí, introduzem papéis gelatina de cor vermelha em todos os holofotes, e escapam sem ser vistos. Essa ação *pintou* o Cristo de vermelho durante algumas horas daquela noite. Nada dessa intervenção teve apoio institucional de espécie alguma. A ação foi realizada em sigilo e algumas poucas pessoas – a maioria ligadas aos círculos de relação de Ducha – estavam avisadas sobre o acontecimento. Mas o que realmente foi surpreendente é que, indiferente da ação *per se*, no dia seguinte o acontecimento foi capa de um dos principais jornais da cidade, e teve um grande destaque nos outros. Nesse sentido, a ação de Ducha se realizou quando atingiu o circuito dos *mass media*, extrapolando o próprio acontecimento. Os jornais foram transformados em suporte para a ação, que, por sua vez, decorreu de maneira completamente extraoficial, sem qualquer espécie de vínculo ou relação com qualquer meio institucional. O trabalho de Ducha é atualizado pela sua capacidade de contágio, ou seja, a realização da ação se dá na medida em que penetra em espaços e meios completamente inesperados e inusitados, potencializando-os com sua capacidade de deslocamento, de movimento, embaralhando signos instituídos, gerando produção de diferença como necessidade da ação.

Os contágios – enquanto realizações da ação como produções de diferenças no campo das recepções – e os circuitos – espaços e meios que são ocupados e transformados em parte potencial da ação – são dois pontos importantes para se pensar as particularidades e singularidades destes produtores de arte em suas diversas ações.

## Coletivos

Em meados do ano 2000, houve uma significativa emergência de coletivos, grupos e/ou propostas que irão primar pela busca e articulação de agenciamentos – em lugar de exclusivas trajetórias individuais – no campo das produções de arte na cidade do Rio de Janeiro. Essa realidade já vinha se desenhando através da década de 1990, a partir do recrudescimento das atividades do campo – tanto institucionais quanto de mercado – e do surgimento de uma nova geração de produtores de arte sem possibilidade e/ou compatibilidade com o cenário que se configurava. Se desejarmos pensar que esse fenômeno tem a ver, exclusivamente, com um *retour* das propostas neoconcretas dos anos 1960, com ecos tardios de um construtivismo russo e algumas tantas outras experiências de arte pública, não estaremos de todo errados. Mas o que é realmente surpreendente aqui vai muito além de qualquer perspectiva evolucionária de processos históricos determinantes. A presença destas linhas de força da contemporaneidade – no caso, aqui, o neoconcretismo e o construtivismo russo –, devem ser pensadas como elementos imersos no jogo que irá se configurar no campo de ações destes coletivos. Talvez se deva levar em conta que a importância destes momentos de arte históricos, diante da atual produção de arte do Rio de Janeiro, tenha tanta importância quanto a presença dos *mass media* e de suas formas e forças de conformação de mundo. A geração que nasceu vendo TV é a mesma que irá se colocar de maneira afirmativa em meio às configurações comprometidas do campo da arte. Mais que questionar se determinada linha evolutiva de artistas ou determinadas referências histórico-culturais ou ainda determinados programas de ação podem determinar os processos de atividades presentes na atual cena de produção de arte, seria interessante pensar, a partir de suas ações, como se dão suas interações com essas redes de significação histórica e cultural, sem contudo adentrar no equívoco da busca de um sentido determinante a esses processos. Sendo assim, a melhor tática a executar agora é a do encontro direto com essas produções em seus campos de significação.

O agrupamento, o coletivo ou agenciamento de produtores de arte *Atrocidades maravilhosas* foi criado a partir de uma proposição de Alexandre Vogler. Esse trabalho surgiu a partir de conversas com Guga Ferraz – parceiro de criação e articulação de Alexandre – em suas idas e vindas ao *campus* da Ilha do Fundão, onde ambos fazem pós-graduação em Artes.

A avenida Brasil é uma via expressa que liga o centro da cidade à zona norte/zona oeste. Ela foi criada por Getúlio Vargas, e seu intuito inicial estava ligado a um regime de defesa da cidade: caso o Rio de Janeiro fosse atacado por mar, o recuo do governo e de seus associados se daria naquela direção, e para isso foram construídos muitos quartéis e um campo de aviação, que serviria tanto para a defesa quanto para a fuga. Posteriormente, ela foi pensada e utilizada pelos golpistas de 1964 para dar agilidade e rapidez de acesso ao centro da cidade de grandes contingentes de combate contra o inimigo interno. Prioridade: manter o controle e a ordem. Foi ali que se desenvolveu, ao longo do período do *milagre*, parte do parque industrial carioca. Hoje, ela não tem mais essa importância fundamental como centro produtor: é uma área pós-industrial, sucateada pela evasão da grande indústria da cidade. O que se vê são grandes espaços ocupados por toda uma imensa gama de comunidades populares, em suas vilas, casebres, barracos, amontoados uns sobre os outros, lançando no ar uma sensação de desolação e complexidade. Existe toda uma vida que sobrevive ali criando *outras* formas de viver e de sobreviver às condições mais tensas economicamente, psicologicamente, existencialmente. Ao longo da via, se veiculam dezenas de milhares de *outdoors*, cartazes de toda a espécie, letreiros, luminosos, toda sorte de materiais e meios de comunicação de grandes proporções. A quantidade de pessoas que passa por ali é imensa. Em termos visuais, o ambiente é tão saturado, tão poluído quanto as margens da via. Essa aparente periferia é também um centro; centro de produção de mão de obra, imensa cidade dormitório, funcionando autonomamente para além de um espaço, como a zona sul, que se comprime cada vez mais entre a crescente miséria e o mar – é um gigantesco espaço de produção de signos. É a partir da convivência cotidiana com esse cenário que Alexandre Vogler vai realizar sua proposição.

Trata-se de um desejo de extrapolar qualquer espaço que não esteja em contato direto com o público – qualquer espaço que não seja, de maneira direta ou indireta, público – e potencializar sua capacidade de circulação, veiculação, invenção e problematização. A maneira como a realidade visual da Avenida Brasil se encontra disposta abre para a possibilidade de se intervir e criar outras disposições, extrapolando, se servindo e rompendo com o regime de signos restritamente comerciais que ocupam os espaços da via expressa. Nas palavras de Vogler:

> No início de abril de 2000 o Rio de Janeiro abrigou um série de "atrocidades" realizada por um grupo de 20 artistas que, com milhares de cartazes lambe-lambe, tomaram pontos estratégicos da Cidade Maravilhosa. Esse "assalto" surgiu como desdobramento de meu projeto de pesquisa no mestrado em Linguagens visuais, em que investigava, entre outras coisas, a apreensão visual da imagem repetida sobre o prisma da velocidade, ou seja, mediante o espectador em movimento. Diante de questões que tocam tal pensamento – escala, arte fora do circuito e intervenção num contexto de paisagem –, resolvi tornar coletiva essa ação reunindo artistas para atuarem segundo as estratégias de mídia lambe-lambe: criar imagens para serem reproduzidas em grande formato e com tiragem de 250 cópias e eleger um local específico de aplicação dos cartazes, o que tornaria indissociável do seu conteúdo e as relações com seu entorno. Recorria, com isso, a uma atitude política de se fazer arte independente dos muros das instituições, pensada para questionar e alterar a paisagem urbana. (Vogler, 2001, p. 113).

O que Vogler explicita no início deste artigo dedicado à experiência são duas questões-chave para se entender o funcionamento da ação do grupo. O primeiro detalhe é o desejo de estabelecer uma ordem de relações de criação que rompa com a centralidade – tanto no campo espacial, quanto no autoral – dos trabalhados de intervenção de arte no meio urbano. A grande maioria de intervenções que se encontra no meio urbano está relacionado a uma noção decorativa/descritiva do objeto artístico e/ou do artista como epicentro do evento. Isso remete à ideia do *oitoccento* – ainda de cidades e sociedades pré-modernas –, do *monumento*, geralmente ligado a fatos ou personagens, de alguma maneira *heroicos*, intimamente ligados a grupos de poder e suas práticas – guerras, literatura, política institucional etc. Num momento historicamente posterior surge, no mesmo sentido de monumentalidade, a arquitetura moderna e suas formas de controlar/contornar o espaço. A experiência do espaço público enquanto espaço de intervenção/criação esteve – na grande maioria das vezes – ligado a textos e discursos de poder, sejam eles o institucional, sejam eles os econômicos. Para além da discussão de ocupação do espaço e do teor público desta ocupação, é significativa a ideia de pensar o espaço público como algo que, para além de um suporte, é meio de produção de sentido, que se desloca o tempo todo, que extrapola as tentativas de significação estática, que distende e nomadiza as iniciativas institucionais através da lógica do uso. Esse uso é da ordem corporal, da corporeidade. É o corpo da cidade e suas experiências de deslocamento que transformam a cidade – e são transformados pela cidade – em aspectos dessas pulsões de nomadismo e distensão.

Outro ponto que Vogler explicita em sua proposição diz respeito à tentativa de escape da ordem institucional – um trabalho final que deve ser apresentado como quesito para o grau de obtenção de mestre em Artes Visuais –, procurando, de maneira afirmativa, a busca de outros espaços e de outras formas e forças de ação, que conseguissem extrapolar as fronteiras de uma exigência institucional. É interessante perceber que Vogler não vai propor este trabalho num sentido de negação do institucional, no sentido reativo da relação, mas, sim, de maneira afirmativa:

Apesar de o trabalho lidar diretamente com a problemática institucional da arte, não julgo ter sido esse o motivo formador da iniciativa. Até porque o próprio ato de negar essa situação o leva para o mesmo discurso institucional (ainda que negando, toca-se o mesmo assunto). Preocupava-me, antes, resolver certos aspectos ligados à abrangência do trabalho, ou seja, torná-lo visível. Me passava pela cabeça a possibilidade de em dois minutos de "exposição" o trabalho ter o equivalente à média mensal de visitantes num espaço de grande porte. Melhor ainda era o fato de tornar dispensável essa ruidosa pré-disposição de espectador em encontrar um "trabalho de arte" num "espaço de arte".
A circunstância de o trabalho apresentar-se camuflado na paisagem dota-o de um certo "conteúdo virótico" capaz de instaurar uma reflexão efetiva no pedestre descuidado. (Vogler, 2001, p. 114).

O que chama atenção aqui é não só a disposição afirmativa da proposição de Vogler, mas a maneira pela qual essa mesma disposição vai contaminar a produção de sentido da produção e dos produtos de arte. Escapar, forma pela qual se vai propor uma outra capacidade de singularização presente no deslocamento de sentido em meio ao espaço urbano. A contaminação se dá pela visão deste outro deslocado em meio ao mesmo da paisagem significada das paredes de *outdoors*. O mais interessante é que não se pretende *dizer o que é*, pretende-se muito mais não definir qualquer parâmetro de obra – ou coisa do gênero – por esses dejetos visuais. A camuflagem pela qual passam esses lambe-lambes os transforma em dejetos de arte, em trechos de deslocamento. Pouco importa o olhar do especialista, importa a experiência de massa – que a partir da experiência adquire um caráter de multidão. Tanto a ação, quanto os dejetos, quanto os olhares, as experiências do ato, a interferência no campo visual são atualizações de um devir-multidão da produção de arte. É a potência de singularizar a multiplicidade de múltiplos através de uma experiência corporal. A ideia de tornar visível os dejetos nessa paisagem hiper-significada é da dimensão de uma densidade corporal associada à experiência de arte.

Outro aspecto de suma importância nesta ação é sua capacidade de articulação e agenciamento. Para além de muitas ações de grupos e coletivos no cenário de produção de arte do Rio e do Brasil como um todo, esse acontecimento acabou, de uma maneira ou de outra, viabilizando a emergência de uma rede de produções e de produtores de arte – alguns ainda jovens, outros nem tanto – que pode ser pensada como um encontro de contemporaneidade atual. Mesmo que já houvesse alguns grupos – uns bem sólidos, financeira e institucionalmente bem resolvidos –, a atualização de linhas de forças que potencializaram resistências a determinados quadros de produção, e que irão assumir posições afirmativas diante do cenário de arte como estava configurado, veio desta proposição, deste agrupamento.

Um simples e direto fato contribui para isso: pela maneira como esta configuração se apresentava, não se imaginava, e nem se cogitava – de forma alguma –, a entrada em qualquer nível de circuito de arte. A impossibilidade concreta – seja pela maneira de se pensar e de se agir arte, seja pelas tendências de mercado, seja pelos nichos de poder e suas práticas –, levou-os à alternativa de se afirmar como trabalho vivo. Não é uma reação, simplesmente se agia, porque se tinha que agir. A ocupação e a tomada deste espaço se dá, portanto, *a favor* da própria produção, e não – como ocorria nas belicosas neovanguardas dos anos 1960 – contra ou sobre nenhuma outra tendência ou forma de se relacionar com os meios e produções de arte. Esta é uma grande contribuição que essa proposição traz para o debate das produções de arte no Rio de Janeiro e no Brasil. Agora seria interessante tratar, de maneira mais específica, a produção de algumas ações desses produtores de arte.

### Aracy Amaral

Graduou-se em Jornalismo pela Pontifícia Universidade Católica de São Paulo (1959), cursou mestrado em Filosofia (1969) e doutorado em Artes na Universidade de São Paulo (1975). Livre Docência (1983) e Titulação realizada na Faculdade de Arquitetura e Urbanismo da Universidade de São Paulo (1988). Experiência na área de Artes, com ênfase em Artes Plásticas, atuando principalmente nos temas: arte, exposição, obra, artista e brasil. Autora de vários textos críticos reunidos no livro *Trópico de Capricórnio*, em três volumes.

### Ericson Pires

Nasceu na Lapa, Rio de Janeiro, em 1970. É poeta, músico e professor universitário. Faz parte do Hapax, coletivo de música e artes visuais. Autor do livro de poemas *Cinema de garganta* (Azougue, 2002) e do livro *Cidade ocupada* (Aeroplano, 2008), de onde retiramos o ensaio aqui reproduzido.

### Ferreira Gullar

Pseudônimo adotado em 1948 por José Ribamar Goulart Ferreira. Nasceu na capital do Maranhão, São Luís, no dia 10 de setembro de 1930. É poeta, ensaísta, crítico de arte, biógrafo e tradutor. Foi fundador do Neoconcretismo, em 1958. Foi preso em 1968, indo morar em Paris, depois em Santiago, no Chile, e em seguida em Buenos Aires. Volta ao Brasil em 1977. Suas principais obras são: *A luta corporal* (1954); *Dentro da noite veloz* (1975); *Poema sujo* (1975); *Na vertigem do dia* (1980); *Barulhos* (1987) e *Muitas vozes* (1999). Os textos aqui reproduzidos foram publicados originalmente no Suplemento Dominical do Jornal do Brasil, em 1959.

### Frederico Morais

Crítico, historiador da arte e curador independente. Dirigiu o Museu de Arte Moderna do Rio de Janeiro entre 1966 e 1973, onde organizou, entre outras atividades, os Domingos da Criação. Publicou mais de três dezenas de livros de artes plásticas no Brasil e outros países da América Latina, entre eles *Artes plásticas: a crise da hora atual* (Civilização Brasileira, 1979) e *Artes plásticas na América Latina: do transe ao transitório* (Civilização Brasileira, 1979). O presente ensaio foi publicado originalmente na revista *Vozes*, em fevereiro de 1970.

### Gilda de Mello e Souza

Gilda de Mello e Sousa nasceu em São Paulo em 1919. Graduou-se em filosofia pela Universidade de São Paulo, em 1940. Participou ativamente do grupo que fundou a revista *Clima*, onde publicou artigos e contos. Gilda foi uma das principais pesquisadoras na área de estética e filosofia da arte do Brasil. Casada com o crítico literário Antonio Candido, teve três filhas. É autora das obras; *O tupi e o alaúde: uma interpretação de Macunaíma* (1979), *Exercícios de leitura* (1980), *Os melhores poemas de Mário de Andrade. Seleção e apresentação* (1988), *O espírito das roupas: a moda no século XIX* (1987), *A ideia e o figurado* (2005). O texto aqui reproduzido foi publicado originalmente no livro *Exercício de leitura*.

### Hélio Oiticica

Hélio Oiticica nasceu no Rio de Janeiro em 26 de julho de 1937. É considerado por muitos o mais revolucionário artista visual de seu tempo. Fundou ao lado de outros artistas o Grupo Neoconcreto, em 1959. Um dos expoentes da Tropicália, na década de 1960, viveu na década de 1970 em Nova York. Sua obra, experimental e inovadora, é reconhecida internacionalmente. Hélio Oiticica faleceu no Rio de Janeiro, em 1980. Teve seus escritos publicados em *Aspiro o grande labirinto* (Rocco, 1986) e Hélio Oiticica – Encontros (Azougue, 2008).

### José Resende

Nasceu em São Paulo, no ano de 1945. Formou-se em arquitetura pela Universidade Mackenzie em 1967. Estudou gravura na Fundação Armando Álvares Penteado e teve aulas com Wesley Duke Lee. Fez parte do grupo Rex, participando da publicação Rex Time. Atuou como professor em instituições como ECA-USP, FAAP e Mackenzie. Em 1970, fundou, juntamente com Carlos Fajardo, Frederico Nasser e Luis Baravelli o *Centro de Experimentação Artística Escola Brasil*, onde lecionou até 1974. Ainda na década de 1970 editou com outros artistas e críticos a revista de artes *Malasartes* e em 1980 foi um dos editores do jornal *A Parte do Fogo*.

## Lorenzo Mammi

Nascido em Roma, no ano de 1957, Lorenzo Mammi vive no Brasil desde 1987. É doutor em filosofia pela USP, onde dá aulas de filosofia medieval e crítico de artes. Publicou dois livros: *Carlos Gomes* (2001) e *Volpi* (2002). Organizou as edições brasileiras de *Vida de Rossini* (1995), de Stendhal, e de *Clássico anticlássico* (1999), de Giulio Carlo Argan e os livros *Carlito Carvalhosa* (2000), *Três canções de Tom Jobim* (2004). O ensaio aqui reproduzido foi publicado originalmente no livro *Concreta'56* (MAM, 2006).

## Mário Pedrosa

O jornalista, crítico de arte e professor Mário Pedrosa nasceu em Timbaúba, Pernambuco, em 1900. Estudou na Suíça e viveu em São Paulo entre os anos 1920 e 1922. Em 1923 é diplomado pela Universidade de Direito do Rio de Janeiro e filia-se ao Partido Comunista Brasileiro em 1926. Foi um dos fundadores da Associação de Críticos de Arte, em 1948, a qual presidiu e foi diretor do Museu de Arte Moderna de São Paulo. Trabalhou como redator e crítico de arte em diversos jornais: *Diário da Noite, Correio da Manhã, Jornal do Brasil*, entre outros. Foi exilado duas vezes, primeiro durante o Estado Novo, seguindo para Paris e Nova York e depois em 1970, quando refugia-se no Chile, voltando ao Brasil apenas em 1977, ano em que foi absolvido pelo Tribunal Militar, retomando suas atividades de crítico de arte. Em 1980, participa da fundação do Partido dos Trabalhadores [PT]. Falece no ano seguinte, no Rio de Janeiro. Suas principais obras são: *Panorama da Pintura Moderna* (1952); *Mundo, Homem, Arte em crise* (1972) e Arte, *Forma e Personalidade* (1976). O presente ensaio foi publicado originalmente no livro *Arte brasileira hoje* (Paz & Terra, 1973)

## Mario Schenberg

Nasceu em Recife, no dia 2 de julho de 1914. É considerado um dos precursores da Física Teórica e da Astrofísica Moderna no Brasil. Foi cassado e preso pela ditadura militar brasileira, em consequência das suas ligações com o Partido Comunista. Mario Schenberg conviveu com artistas brasileiros como Di Cavalcanti, Lasar Segall, José Pancetti e Cândido Portinari, e também estrangeiros, como Bruno Giorgi, Marc Chagall e Pablo Picasso. Devido ao grande interesse por artes plásticas, acabou atuando também como crítico de arte. O presente ensaio foi publicado originalmente no livro *Arte brasileira hoje* (Paz & Terra, 1973)

## Paulo Sérgio Duarte

É professor de teoria e história da arte na Escola de Artes Visuais do Rio de Janeiro – Parque Lage, crítico e pesquisador do Centro de Estudos Sociais Aplicados / Cesap da Universidade Candido Mendes, no Rio de Janeiro. Ocupou o cargo de assessor-chefe do RIOARTE, ENTRE 1983 e 1985 e primeiro diretor geral do Paço Imperial / Iphan, de 1986 a 1990, foi responsável por transformar o Paço em centro cultural, período, inclusive, em que foram realizadas, entre outras, as exposições de Lygia Clark e Hélio Oiticica, Miró e Gaudi e Carlos Vergara. Publicou, além de uma série de artigos e estudos importantíssimos sobre arte moderna e contemporânea, os livros *Anos 60 – transformações da arte no Brasil* (1998) e *Paulo Sérgio Duarte – A trilha da trama e outros textos sobre arte* (Funarte, 2004). O ensaio aqui reproduzido foi publicado originalmente na revista *Arte/Ensaio*, número 9, 2002.

## Ricardo Basbaum

Nascido ano de 1961, em São Paulo, é professor, crítico e curador. Mudou-se para o Rio de Janeiro em 1977. Faz seu curso universitário em ciências biológicas, entre 1979 e 1982, na Universidade Federal Rio de Janeiro – UFRJ. Três anos mais tarde, inicia a especialização em história da arte, na Pontifícia Universidade Católica do Rio de Janeiro – PUC/RJ, finalizando em 1987, quando trabalha como artista residente na Universidade Estadual de Campinas – Unicamp. Atualmente é professor do Instituto de Artes da Universidade do Estado do Rio de Janeiro – UERJ. Organizou o livro *Arte Contemporânea Brasileira - texturas, dicções, ficções, estratégias* (Contracapa, 2001) e publicou o livro *Além da pureza visual* (Zouk, 2007). O ensaio aqui reproduzido foi publicado originalmente na Revista Gávea n° 6, em 1988.

## Rodrigo Naves

Nasceu em São Paulo, no ano de 1955. Além de crítico de artes, atua também como professor, ministrando há mais de vinte anos um curso livre de história da arte e escritor, atualmente publica seus textos em diversas revistas. De suas obras críticas, destacam-se *A forma difícil – ensaios sobre a arte brasileira* (Ática, 1997), *Goeldi* (1999) e outras, todas elas reunidas em *O vento e o moinho*, de 2007. Na ficção, estreou em 1998, com o livro de contos *O Filantropo* (Companhia das Letras, 2001). O presente texto foi publicado originalmente na revista *Novos Estudos*, Cebrap, março de 1989.

**Ronaldo Brito**

Influente crítico de arte e professor universitário, Ronaldo Brito iniciou suas atividades culturais na década de 1970, no jornal *Opinião*, foi um dos editores da revista *Malasartes*, do jornal *A parte do fogo* e escreveu trabalhos muitos consistentes a respeito do neoconcretismo, das obras de Sergio Camargo, Eduardo Sued, e outros. Como poeta estreou em 1977, com o livro *Asmas* (1982) e publicou sua coletânea de poemas, chamada *Quarta do singular* (1989). Professor de estética e históriada arte no Centro de Artes da UNI-RIO e no mestrado de História Social da Cultura na PUC-RJ. Publicou os livros *Neoconcretismo: vértice e ruptura do projeto construtivo brasileiro* (Funarte, 1985 e Cosac Naify, 2000) e *Experiência crítica* (Cosac Naify, 2000). O texto aqui reproduzido foi originalmente publicado em Arte Brasileira Contemporânea, Caderno de Textos 1, Funarte, 1980.

**Tarsila do Amaral**

Nascida no interior do estado de São Paulo, em 1º de setembro de 1886, Tarsila do Amaral foi uma das pintoras e desenhistas de maior renome do Brasil, sendo figura central da primeira fase do modernismo brasileiro. Começou a aprender pintura em 1917, em 1920 embarca para a Europa, voltando dois anos mais tarde, em 1922, quando adere aos ideais modernistas da época e é apresentada por Anita Malfatti a Oswald de Andrade, Mário de Andrade e Menotti Del Picchia. Volta para Europa em janeiro de 1923 e estuda com grandes mestres cubistas. Nesta época, inicia sua pintura "pau brasil", que faz muito sucesso na exposição que faz em Paris, em 1926. Pinta o famoso quadro "Abaporu", em 1928, o que influencia Oswald a criar o "Movimento Antropofágico". Falece em janeiro de 1973, em São Paulo. O presente ensaio foi publicado na revista RASM, do Salão de Maio, editada por Flávio de Carvalho, em 1939.